明远通识文库

通川至海，立一识大

四川大学通识教育读本
编委会

主　任

游劲松

委　员

（按姓氏笔画排序）

王　红	王玉忠	左卫民	石　坚
石　碧	叶　玲	吕红亮	吕建成
李　怡	李为民	李昌龙	肖先勇
张　林	张宏辉	罗懋康	庞国伟
侯宏虹	姚乐野	党跃武	黄宗贤
曹　萍	曹顺庆	梁　斌	詹石窗
	熊　林	霍　巍	

余玥 刘利霞 张怡 李晓宇 著

现代思想

兴起、变迁
与未来

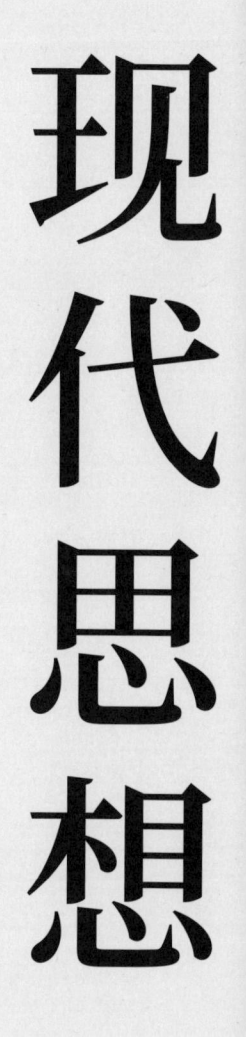

一

四川大学出版社

同认识和价值观的培养。时代新人要成为面向未来的优秀公民和创新人才，就必须具有健全的人格，具有人文情怀和科学精神，具有独立生活、独立思考和独立研究的能力，具有社会责任感和使命担当，具有足以胜任未来挑战的全球竞争力。针对这"五个具有"的能力培养，理应贯穿通识教育始终。基于此，我认为新时代的通识教育应该面向五个维度展开。

第一，厚植家国情怀，强化使命担当。如何培养人是教育的根本问题。时代新人要肩负起中华民族伟大复兴的历史重任，首先要胸怀祖国，情系人民，在伟大民族精神和优秀传统文化的熏陶中潜沉情感、超拔意志、丰博趣味、豁朗胸襟，从而汇聚起实现中华民族伟大复兴的磅礴力量。因此，新时代的通识教育必须聚焦立德树人这一根本任务，为学生点亮领航人生之灯，使其深入领悟人类文明和中华优秀传统文化的精髓，增强民族认同与文化自信。

第二，打好人生底色，奠基全面发展。高品质的通识教育可转化为学生的思维能力、思想格局和精神境界，进而转化为学生直面飞速发展的世界、应对变幻莫测的未来的本领。因此，无论学生将来会读到何种学位、从事何种工作，通识教育都应该聚焦"三观"培养和视野拓展，为学生搭稳登高望远之梯，使其有机会多了解人类文明史，多探究人与自然的关系，这样才有可能培养出德才兼备、软硬实力兼具的人，培养出既有思维深度又不乏视野广度的人，培养出开放阳光又坚韧不拔的人。

第三，提倡独立思考，激发创新能力。当前中国正面临"两个大局"，经济、社会等各领域的高质量发展都有赖于科技创新的支撑、引领、推动。而通识教育的力量正在于激活学生的创新基因，使其提出有益的质疑与反思，享受创新创造的快乐。因此，新时代的通识教育必须聚焦独立思考能力和底层思维方式的训练，为学生打造破冰拓土之船，使其从惯于模仿向敢于质疑再到勇于创新转变。同时，要使其多了解世界科技史，使其产生立于人类历史之巅鸟瞰人类文明演进的壮阔之感，进而生发创新创造的欲望、填补空白的冲动。

第四，打破学科局限，鼓励跨界融合。当今科学领域的专业划分越来越细，既碎片化了人们的创新思想和创造能力，又稀释了科技资源，既不利于创新人才的培养，也不利于"从0到1"的重大原始创新成果的产生。而通识教育就是要跨越学科界限，实现不同学科间的互联互通，凝聚起高于各学科专业知识的科技共识、文化共识和人性共识，直抵事物内在本质。这对于在未来多学科交叉融通解决大问题非常重要。因此，新时代的通识教育应该聚焦学科交叉融合，为学生架起游弋穿梭之桥，引导学生更多地以"他山之石"攻"本山之玉"。其中，信息技术素养的培养是基础中的基础。

第五，构建全球视野，培育世界公民。未来，中国人将越来越频繁地走到世界舞台中央去展示甚至引领。他们既应该怀抱对本国历史的温情与敬意，深刻领悟中华优秀传统文化的精髓，同时又必须站在更高的位置打量世界，洞悉自身在人类文明和世界格局中的地位和价值。因此，新时代的通识教育必须聚焦全球视野的构建和全球胜任力的培养，为学生铺就通往国际舞台之路，使其真正了解世界，不孤陋寡闻，真正了解中国，不妄自菲薄，真正了解人类，不孤芳自赏；不仅关注自我、关注社会、关注国家，还关注世界、关注人类、关注未来。

我相信，以上五方面齐头并进，就能呈现出通识教育的理想图景。但从现实情况来看，我们目前所实施的通识教育还不能充分满足当下及未来对人才的需求，也不足以支撑起民族复兴的重任。其问题主要体现在两个方面：

其一，问题导向不突出，主要表现为当前的通识教育课程体系大多是按预设的知识结构来补充和完善的，其实质仍然是以院系为基础、以学科专业为中心的知识教育，而非以问题为导向、以提高学生综合素养及解决复杂问题的能力为目标的通识教育。换言之，这种通识教育课程体系仅对完善学生知识结构有一定帮助，而对完善学生能力结构和人格结构效果有限。这一问题归根结底是未能彻底回归教育本质。

其二，未来导向不明显，主要表现为没有充分考虑未来全球发展及我国建设社会主义现代化强国对人才的需求，难以培养出在未来具有国际竞争力的人才。其症结之一是对学生独立思考和深度思考能力的培养不够，尤其未能有效激活学生问问题，问好问题，层层剥离后问出有挑战性、有想象力的问题的能力。其症结之二是对学生引领全国乃至引领世界能力的培养不够。这一问题归根结底是未能完全顺应时代潮流。

时代是"出卷人"，我们都是"答卷人"。自百余年前四川省城高等学堂（四川大学前身之一）首任校长胡峻提出"仰副国家，造就通才"的办学宗旨以来，四川大学便始终以集思想之大成、育国家之栋梁、开学术之先河、促科技之进步、引社会之方向为己任，探索通识成人的大道，为国家民族输送人才。

正如社会所期望，川大英才应该是文科生才华横溢、仪表堂堂，医科生医术精湛、医者仁心，理科生学术深厚、术业专攻，工科生技术过硬、行业引领。但在我看来，川大的育人之道向来不只在于专精，更在于博通，因此从川大走出的大成之才不应仅是各专业领域的精英，而更应是真正"完整的、大写的人"。简而言之，川大英才除了精熟专业技能，还应该有川大人所共有的川大气质、川大味道、川大烙印。

关于这一点，或许可以打一不太恰当的比喻。到过四川的人，大多对四川泡菜赞不绝口。事实上，一坛泡菜的风味，不仅取决于食材，更取决于泡菜水的配方以及发酵的工艺和环境。以之类比，四川大学的通识教育正是要提供一坛既富含"复合维生素"又富含"丰富乳酸菌"的"泡菜水"，让浸润其中的川大学子有一股独特的"川大味道"。

为了配制这样一坛"泡菜水"，四川大学近年来紧紧围绕立德树人根本任务，充分发挥文理工医多学科优势，聚焦"厚通识、宽视野、多交叉"，制定实施了通识教育的"川大方案"。具体而言，就是坚持问题导向和未来导向，以"培育家国情怀、涵养人文底蕴、弘扬科学精神、促进融合创新"

为目标，以"世界科技史"和"人类文明史"为四川大学通识教育体系的两大动脉，以"人类演进与社会文明""科学进步与技术革命"和"中华文化（文史哲艺）"为三大先导课程，按"人文与艺术""自然与科技""生命与健康""信息与交叉""责任与视野"五大模块打造100门通识"金课"，并邀请院士、杰出教授等名师大家担任课程模块首席专家，在实现知识传授和能力培养的同时，突出价值引领和品格塑造。

如今呈现在大家面前的这套"四川大学通识教育读本"，即按照通识教育"川大方案"打造的通识读本，也是百门通识"金课"的智慧结晶。按计划，丛书共100部，分属于五大模块。

——"人文与艺术"模块，突出对世界及中华优秀文化的学习，鼓励读者以更加开放的心态学习和借鉴其他文明的优秀成果，了解人类文明演进的过程和现实世界，着力提升自身的人文修养、文化自信和责任担当。

——"自然与科技"模块，突出对全球重大科学发现、科技发展脉络的梳理，以帮助读者更全面、更深入地了解自身所在领域，培养科学精神、科学思维和科学方法，以及创新引领的战略思维、深度思考和独立研究能力。

——"生命与健康"模块，突出对生命科学、医学、生命伦理等领域的学习探索，强化对大自然、对生命的尊重与敬畏，帮助读者保持身心健康、积极、阳光。

——"信息与交叉"模块，突出以"信息+"推动实现"万物互联"和"万物智能"的新场景，使读者形成更宽的专业知识面和多学科的学术视野，进而成为探索科学前沿、创造未来技术的创新人才。

——"责任与视野"模块，着重探讨全球化时代多文明共存背景下人类面临的若干共同议题，鼓励读者不仅要有参与、融入国际事务的能力和胆识，更要有影响和引领全球事务的国际竞争力和领导力。

百部通识读本既相对独立又有机融通，共同构成了四川大学通识教育体系的重要一翼。它们体系精巧、知识丰博，皆出自名师大家之手，是大家著小书的生动范例。它们坚持思想性、知识性、系统性、可读性与趣味性的统一，力求将各学科的基本常识、思维方法以及价值观念简明扼要地呈现给读者，引领读者攀上知识树的顶端，一览人类知识的全景，并竭力揭示各知识之间交汇贯通的路径，以便读者自如穿梭于知识枝叶之间，兼收并蓄，掇菁撷华。

总之，通过这套书，我们不惟希望引领读者走进某一学科殿堂，更希望借此重申通识教育与终身学习的必要，并以具有强烈问题意识和未来意识的通识教育"川大方案"，使每位崇尚智识的读者都有机会获得心灵的满足，保持思想的活力，成就更开放通达的自我。

是为序。

（本文作于 2023 年 1 月，作者系中国工程院院士，时任四川大学校长）

前　言

本书属于四川大学特色通识教育体系建设的成果，由四川大学通识教育核心课程"现代思想：兴起、变迁与未来"课程组四位老师共同完成。本书既可以当作通识课堂的教科书使用，也可以当作通识读物来阅读。至于阅读的群体，在作者们的设想中，主要包括高中及大学本专科的学生，以及对现代性问题感兴趣的社会大众。

在准备写作和出版此书的几年时间中，我们常常在课堂上碰到这样的问题，即为什么要学习通识课程，以及为什么要学习与现代思想相关的通识课程。为了在进入具体讲述之前，就让大家拥有一幅相关的处境导视图，我们觉得有必要先对此谈一点看法。

在课堂上和学生第一次见面的时候，我们常问："什么是你所理解的通识教育？"面对这个问题，学生们往往会给出一个高频回答，即：通识教育就是教授常识。这的确是一个很多人首先会想到的答案，但同时也是一个问题重重的答案——个中问题既源于对常识的不理解，也源于对通识的不理解。

对于一个没有上过初中的老人家来说，常识可能是"天上乌云盖，大雨来得快""一斤橘子五块钱，三斤橘子就是十五块钱"等等；对于一个接受了九年义务教育的普通人，常识可能是二元一次方程组的解法、牛顿三大定律，以及英语被动语态的用法；对于一个学经济的本科三年级学生，常识可能是博弈论和概率统计的基础知识、对帕累托最优的理解等等；而对于一个在国际经济会议上发言的经济学家或者银行行长来说，可能就连股市行情分析的复杂方法，或者相对详尽的经济通史，也都只是常识而已。常识的内容并非固定的，甚至可以说因人因地而异，但为什么这些差异如此巨大的东西，居然都可以被称为"常识"呢？

在课堂上，当这个问题被提出的时候，学生们往往一开始会陷入迷茫。他们早先的受教育经历中，很少这样向他们那些最日常的想法和语言用法发出质询，以致很多人都不太有"健康的常识"，去应对稍微深入一点的追问。但令人欣慰的是，不少学生经过思考后，还是可以给上述问题一个差强人意的答案：既然内容层面上，常识是因人因处境而异的，但它们又的确都具有可理解的"常识"含义的内核，那么这个内核规定，就不应该是在具体内容层面，而是要在形式或者功能的层面去寻找。就算学生们不是严格按此来推论的，他们也还是能够敏锐地发现，在上述各种情境中（而非在内容中），存在着一个共同点，那就是：无论哪种"常识"，都指向特定的一群人应对其日常生活所需的知识。的确，常识起码表示对一类人的一般生活而言"够用"的知识。对那个没上过初中的老人家来说，他不需要在他的日常中使用英语被动语态；而对于一个初中毕业生，起码出于应付考试和毕业的要求，他却得相对熟练地掌握它。

而通识却不是要去给某个专业的学生传授这样或那样的"够用"的知识。很难想象，一个挖掘机专业的学生，非要掌握一点关于帕累托最优的知识，或者一点媒介分析的理论，或者"碳中和"技术的一些基本原理，才可以说是"有常识"的，才拥有了对他的日常生活而言"够用"的知识。如果一门非专业的经济学、传播学或环境工程学的通识课程，上的全都是所谓专业常识的普及性内容，那么挖掘机专业的学生自然会感觉这门课很是无聊。并且如果老师说："这些都是常识啊，同学们！你们还没有常识啊！"那这简直可以被看作是一种侮辱了。通识教育绝不是要去做这样的事情。

接下来的问题当然是："那通识教育要做什么呢？"要回答这个问题，还是让我们从分析自己的处境入手吧。

或许你已经觉察到，与上一代人不同，现在的青年已经越来越少有什么"全民偶像"（就算有，很多时候，他的消失速度也未免太快了些），但同时

前　言

越来越多，有了不同的"圈子"；或许你也已觉察到，"破圈"——就像青年聚集地 B 站就算花大价钱也要发射卫星那样——这个近年流行的说法，好像不仅在资本跨领域运作层面，而且在普通人的日常生活中，也变得越来越重要，因为再不"破圈"，你好像就要被自己的小圈子给困住了。关于"圈子"的这两种现象，其实都在提醒着我们：我们所有人，尤其是青年人，所面对的这个世纪，或者这几十年的发展，与先前几百年甚或上千年都很不相同。我们要去面对一个繁杂到难以想象、被切分得极其细碎但同时又迫切需要关联和整合的世界——**一个真正多元的世界**。

　　多元的世界：从我们朴素而真诚的愿望出发，这意味着我们可以自己去选择要成为什么样的人，并去实现它，而不会遭到指责和根本上的否定。"我要当网红"也可以和"我要当科学家"一样，都拥有某种"光明的未来"。

　　多元的世界：它建立在枝节丛生的分工系统之上，并且这些分工还伴随着日益高耸的专业壁垒和领域门槛。一个杜甫诗歌的专业研究者，未必敢声称自己也懂杜牧；一个对热血动漫颇有心得的二次元 UP 主，对"日常番"却很难插上话。

　　人间的千种面目下，有着千种生命的感受和这样去过生活的理由，包括欢笑和痛苦，包括兴趣或责任。它们都属于"我"这个个体，以及与我同类的人，但不必与你的相同。这当然是一个方面的时代事实。但这枚硬币还没有被翻过面来。不必与你相同的，不只是我的选择，还有我的职业和社会身份。然而，这种多元化的分工在带来自我实现的喜悦的同时，也一并带来了更大的沟通障碍，更多的统筹困难，以及更高的交流成本。这还不是最糟糕的。由于存在着这些障碍和困难，即使在那些被认为有前途的专业和领域中，也挤满了（或者很快就会挤满）过江之鲫般的专业人员。当他们被迫置身于这个圈层化严重的"多元社会"中时，要是从他们原来的愿望来看，他们也未必就过上了"自己想要选择的生活"。因为一旦面临社会和行业的瓶颈（比如所谓"人才过剩"的压力），那么就算具有深厚的专业知识，也未必能对此帮上什么忙：没办法"破圈"，那就只能"躺平",或者继续拼命"内卷"。

这并非只有在中国才能见到的场景。在 20 世纪 40 年代,哈佛大学就出版了通识教育红皮书,1978 年,哈佛大学制定了本科教育通识计划的核心课程(并于 2018 年进行了最新修订),旋即引发了全美和世界范围内的通识教育范式革命。这个教育计划之所以如此成功,原因之一,就在于当时美国教育也一定程度上面对着如今中国教育面对的困局。而这个计划的核心,就是要培养面向未来的"T 型人才"。字母"T"中的竖线,表示专门知识的深度,而横线则表示跨领域、跨学科的知识贯通度。或者用另外的说法,通识教育的目标之一,就是让人们在多元社会中,可以拥有一些**整体性、框架性和贯通性的知识**,从而拥有更为广阔的眼光及能力,并有可能成为能够协调各个领域和专业的综合性人才。

拥有具备通识视野的人才,是件非常重要的事情。对个体来说,能够掌握并且运用这些框架性的知识,肯定是件好事,因为它起码可以帮助抵挡专业外的风险。尤其在由于社会需要转变或者产业需要升级转型,原先所从事专业的各种收益受到威胁的时候,通识视野可以帮助人们在较广阔的框架下寻求突破,或者转换跑道。更不用说,从整个社会层面来看,这些跨领域知识框架的搭建,对于发现创新点和形成战略协作等具有无可替代的意义,这些都是关于社会、国家乃至人类命运的大事。一言以蔽之,在相对于分工而言的**合作、创新和战略协同**中,就有通识教育最广泛的用武之地。也正是因为此,无论是在清华、北大,还是在复旦、川大,你都能看到在这个世纪初就开始渐臻高峰的通识教育体系建设风潮。

如果以上说法,让你一方面觉得通识教育忽然变得高大起来,另一方面却不免怀疑,在连专业知识都没学好的情况下,自己是否有必要朝着这样高的目标拼死奋斗,或者说,在都还没当上行业大佬的时候,是否有必要受那些"全人教育",掌握什么"通识框架",仿佛有了它就能统御六军、纵横捭阖似的。那么,我们就必须就此指出,除了以上所说的之外,通识教育还有一层意义,就是它对于多元社会中的日常生活也有着切实的作用。

前　言

也许就是在那些 12 点过后的深夜里，我们常常感到，在这个各人有各人的事情的社会里，虽然有一片繁华，但也存在着一地的落寞。**心灵的孤独**：它可以是歌词里说的"无名之辈，我是谁""像我这样迷茫的人……，你还见过多少人"，也可以体现为实实在在的病症——比如抑郁症。根据《柳叶刀》的一项调查，全世界大约有 3 亿的抑郁症患者，而在中国，这个数字已经超过 9000 万。病症成因当然多种多样，但作为一种在现代社会的常见现象，它显然也与社会隔膜、圈层分化和原子化的生活方式关系匪浅。即使先不讨论那么严肃的问题，就只是在一般人的日常生活中，心灵的贫瘠化，以及随之而来的生活兴趣的丧失，也不是什么要讳言的事情。毋宁说，这已经是一道每个人都可能遭遇的阴影：当人们在辛苦工作之后，嚼着爆米花看着都市白领爱情剧时，或者喝着浓茶打着麻将时，他们未必不知道，这是在虚度（宝贵的）时间，但也就是在打发（无聊的）时间。

我们越是身处于一个斑驳陆离的世界，我们就越难理解这个世界：这不仅是因为我们或许离这个"多元世界"太近，以致无法对之加以框架性的统览，并进而失去了在复杂局面中为我们自身行动定向的能力，而且还是因为，我们甚至可能连去行动的兴趣都已丧失。单是看着这些错综复杂的形象，我们就已经感到头晕目眩。分辨不清的套路和层出不穷的花样，它们能够刺激我们产生的兴趣，很多时候只是一种逃离的兴趣——又有谁能够抗拒"一场说走就走的旅行"在言语上（却不一定是在事实上）的挑逗性魅力呢？

正是在这个意义上，通识教育也具有它另一重无可替代的作用：**开放兴趣的激发和维持功能**。除了知识、收益、权力之外，对于一个活生生的人的日常生活来说，更重要的还有他的兴趣，要在更为广阔也更为深邃的空间中——比如在爱情、篮球或者音乐中——感受到他自己是人，而非仅仅是一架机器。况且，这会损害什么呢？一个富裕的人，不会因兴趣感到负担，一个贫穷的人，也不会因兴趣陷入沮丧，甚至连一个灵魂都已败坏的人，也都可以拥有他自己的无害的小兴趣。——不过不能忘记的是，在很多时候，兴

现代思想：兴起、变迁与未来

趣也需要培养，并且如果培养的方法不对，就连天生的兴趣都可能会变弱。可惜的是，很少有人为我们提供这种培养，他们宁愿给我们一栋大房子（一种特定的专业训练，它可能在就业市场上大有前途），让我们走进去，然后关起来，也很少愿意为我们打开通往各个异世界的门，指给我们看那些美妙的风景，为我们介绍可能的朋友，而又不让我们冒贸然孤军深入之险，虽然这是一件多么好的事情啊！倒是通识教育有志于做这种好事情。一门不错的通识课程，就是一次穿越时空的旅程，能够让人感叹或者欢笑，也能够让人回味，因为通识教育本来就是要去开门和游历，而不是建楼和定居。而正是在开门与游历的过程中，才有可能克服我们时代的心灵孤独症候群，因为它时常就产生于自我闭塞。

对通识教育意义的整体说明差不多就到这里。在这篇前言剩下的部分，让我们再来说说，为什么我们要写作一本主题是"现代思想"的通识书。

如果有人问起，什么叫作现代？我们对此有哪些框架性的理解？或者对于现代性历程中的种种现象，我们能够抱有一种什么样的开放兴趣？我们可能就一下子不知说什么好了。再一次地，出现了课堂上的沉默，并且再一次地，对于"现代"这个词的日常语言用法，我们显得好像连"健康的常识"都没有。

这当然不是说，我们根本无法回答这些问题。恰恰相反，回答可以五花八门，令我们左右为难。比如说，现代就是科学与技术发达的时代——但莫非古代就没有发达的科学与技术？又比如说，现代就是人民当家做主的时代——但这难道不是一个范围过窄的说法，根本都不包括诸如现代科学与艺术的面向？或许还有更为耍赖的解释，说现代就是现代，或者说现代就是个无厘头的时代——但这和说现代也是后现代，或者说现代是理性昌明的时代有什么区别？它们看上去好像互相矛盾，但又好像都是对的。更别提说，假如我们问"什么是后现代"，那得有多少几乎要借助"量子力学"才能解释的不确定答案了。

我们当然也可以对这些问题视若无睹。与其和这些说不清的问题打交道，不如去听一场德云社的相声——传统不也挺好，为何非得弄懂现代性！

前　言

但就算是听传统相声，其实也和现代问题有关。"相声是一门语言艺术，讲究说学逗唱"，可相声什么时候居然就成了"语言艺术"？早先清朝天桥下的相声，不都只是江湖"把式"吗？怎么它就进入"艺术的殿堂"了？再者，以前天桥下面听相声，喝茶吐痰吃喝骂街都无大碍，但为什么现今到了大剧场，手机也要静音，更别提高声喧哗？这算压抑人性吗？还有，就算德云社演员认为自己是"臭说相声的"，但你能像以前对待天桥艺人那样对待他们吗？还是说，毕竟要给演员这身份以尊重呢？为什么？

与其在这里直接回答以上问题，还不如把它留给人们再好好想一想。这显然与现代道德以及艺术评价方式的某些关键转变相关，只是我们虽身处其中，却并没认真思考过而已。这类型的例子俯拾皆是。比如你读鲁迅的《故事新编》，看见他说，这本书初版时，大家都觉得，除了《不周山》（《补天》）这一篇，其他写得都很庸俗，于是他就在再版时把这篇抽掉，只剩下庸俗在飞扬跋扈，你作何理解？你再看他的兄弟周作人，写《雨天的书》，明明是所谓"美文"，但他自己说，这书里说的都是流氓土匪一般的话，不过底下却又闪烁着道德的光辉，你又作何感想？没有对现代性的一点把握，读起这些来就难免磕磕绊绊，不得要领。

或者不谈这些"经典"作家（他们其实现代得紧），说说我们自己的事情：你特别支持"汉服"，为此不惜花呗欠账，别人批评这是现代消费主义，你反问他知不知道传统的民族精神，重不重视自家的民族企业，有没有祖上的民族气节，但完全不了解"民族（国家）"本是个现代概念，这是否和你想象中的传统有冲突呢？你又要不要因此修正说法呢？又或者，你的母亲说秋冬季节要穿秋裤，你无法听进去，她说这是为你好，你反驳穿什么是你的权利，那在这里，到底是善（好）优先于权利，还是权利优先于善（好）呢？对这个（虽然你可能不知道）经典的现代性问题，你又持什么立场，有什么理由呢？

面对以上这种种问题，但更为重要的，面对我们自己身处其中不得不面对的现代处境，《现代思想：兴起、变迁与未来》这本书（以及这门课），试图通过十讲，给现代科学、道德、艺术等方方面面的典型特征及其变化类型以一种大略的刻画。"大略"不是什么客气的说法，而是我们限于篇幅和课程性质只能做到的程度：这里所提供的"现代"解读，就算不是沧海一粟，也不过是管中窥豹罢了。但即使管中窥豹，也算煞费苦心。我们尽量点出那些对于现代理解而言最关键的因素，比如人的有限性，比如现代科学的经验性和数学性特征，比如现代契约论与社会概念的兴起，比如资本主义文化批判与后现代的要点内容，比如现代艺术和当代艺术中欣赏方式的转变，等等，将它们组织在一个框架中，并且尽量为之充实以能够引发思考的内容和例证。此外，我们也提供少量阅读建议、阅读文献和讨论题目，以便在进入现代之旅后，为大家提供进行半自助行程规划的便利。总之，**展现框架，抛出问题，激活经典，引发兴趣**，这就是我们的任务。希望我们所做的这些，并不都是白费力气。

前言少叙，让我们就此动身吧！

引子

目 录

第一篇 我们创造的世界 1

第一讲 古今之辩：现代思想的关键词 3
　　历史分期与古今之辩 3
　　"人"作为现代思想的关键词 13

第二讲 伟大的复兴：现代科学思想的兴起 25
　　现代经验科学的兴起 25
　　现代科学、数学与哲学 36

第三讲 上帝死了：现代实践生活的开端 55
　　共同生活的危机与契约论的兴起 55
　　道德尊严与社会平等 67

第二篇 文学与艺术的辉煌 81

第四讲 哈姆雷特之问：现代思想的文艺呈现 83
　　文艺复兴时期世俗文化的兴起 83
　　时代兴替和文学中"新人"的生成 92

第五讲 现代生活中的个体与艺术观看秩序的变迁 115
　　现代城市生活与机械复制时代艺术的兴起 115
　　现代主义艺术与形形色色的感性实验 123
　　新艺术机制兴起与观看秩序的转向 135

第三篇　现代性反思与批判 143

　第六讲　理性人？——现代主体遭受的冲击 145

　　反传统的"暗流" 145

　　弗洛伊德：潜意识 154

　　马克思：人的异化 160

　　韦伯："祛魅"与"铁笼" 167

　第七讲　历史的新天使：文明与野蛮 175

　　对进步主义的反思 175

　　逃避自由 183

　第八讲　一切坚固的东西都烟消云散了？ 190

　　存在主义 190

　　后现代主义 196

　　未完成的现代性 201

第四篇　现代性在中国 207

　第九讲　佛教中国化的现代启示 209

　　佛教创立与传入中国 210

　　佛教教义与儒家学说的冲突 214

　　佛教中国化的完成 218

　　佛教中国化的启示 221

　第十讲　旧邦新命：现代性的中国表达 224

　　东西方思维的比较 224

　　中西现代差距的形成 228

　　数千年未有之大变局 233

　后　记 237

第一篇
我们创造的世界

第一讲　古今之辩：现代思想的关键词

历史分期与古今之辩

讨论"现代思想"，首先就涉及时代划分。但棘手的是，我们如何来确立划分时代的标准呢？

在本书前言中，就已经提到了理解"何谓现代"的困难。这一困难在于，表面上对此的答案太多，但这些答案的可信度却都不太高，要么过于狭隘，要么过于草率。为了保证接下来的旅程不会在一开始就碰到定向困难的问题，我们需要在对现代特征进行勾勒之前，对时代划分的问题做些准备。并且之后我们也会看到，这种准备本身也就是"现代思想"的一部分。

两种时间叙述

让我们首先考虑以下两个问题：

1. 请试着回忆并叙述，在你今天起床之后，依次发生的三件事情是什么？

2. 请试着回忆并叙述，在你至今为止的人生中，对你影响最大的三件事情是什么？

对于第一个问题，我们的答案可能是："睁眼，打开手机，刷小红书"，或者"下床，吃早饭，去晨读"，等等。至于第二个问题，我们曾经得到过的回答就很有意思：有人回忆起了他的恋情，或者单恋，或者至今单身的苦闷；有人说到了亲人或朋友的离世；有人讲述一次他在矿山上读书的场景，那时仿佛突然有光照亮了他；也有人报告他在一次疾病的袭击中，如何沉入了内心的黑暗深海。凡此种种，不一而足。

两种都与回忆和时间有关，但方式并不一样，它们对于"时代划分"问题的重要性也不可等量齐观。在使用第一种回忆方式的时候，我们依次叙述了一系列按时间先后发生过的事情，而在使用第二种回忆方式时，那些事件是不是被依次叙述的，则并非关键问题。重要之处反而在于，那些某种意义上的"高光时刻"，标明了我们自己生活中的某些分界线，并且就算我们在当时的时间流逝中并没有立即觉察到这一点，在我们的反思中，它也日益地鲜明起来，为此我们却不必历数之前发生过的所有。

当我们面对古代与现代的分野问题时，我们当然也是在与回忆和时间打交道。那么，这更接近于上述两种方式中的哪一种呢？答案显而易见。时代划分并不是从依次发生的事件中做简单的提取，因为就算我们只拥有一部残缺的编年史，我们也并非不可以通过反思辨认出一些时代转换的关键节点。在这里，**思想运作**起码和事实序列同样重要。一个足以被认为是"划时代的事件"，它同时也是一种反思性的**"思想事件"**。尽管这一点并非那么难以理解，但却常常容易被人们遗忘。

沿着这个方向继续走下去，下一个问题当然就是：我们认定的"划时代事件"，难道一定就是事实上也如此的吗？对我来说被反思到的"高光时刻"，就必定是对于时代而言关键性的转折时刻吗？难道这不会有太过于主观的嫌疑？

这种嫌疑当然存在，并且不易洗脱。为此我们可以先举一个例子来说明其中问题所在。有一门多个专业学生选修的、每周3学时的通识课，在这门课第一周上课时，一位学生发现，有一个他并不认识的其他专业的女生，总是不断向他那里投以热烈的目光，在第一节课下课后，她就开始在自己附近稍远处逡巡，而在第二节课下课后，她甚至就在旁边走来走去。由于这些明显的迹象，这位一直还单身的学生心中不免漾起了如下想法：

"她该不会是喜欢我吧？"

这是一个主观的反思判断。假如它也是事实，那它甚至可以具有对这位学生来说在其个体生命历程中"划时期"的意义。在第三节课结束的铃声响起之后，这位学生终于等来了那个女生羞涩地递来的团着的字条，一切似乎都已经得到了确证，直到这张字条被打开，上面写着：

"同学你好，虽然我之前不认识你，但觉得你是个好人。所以很不好意思地请你帮个忙：我很喜欢你的同桌，而且你们好像关系不错，你能帮我和他说说看吗？"

由于我们自己的爱好、经历和偏见等，在我们进行反思性的"时代划分"的时候，就可能出现这位学生那样的主观判断，直到更为决定性的事实出现，证明这一判断有误。此外，很多时候，就算这些信息并未出现，但当我们的心意有所不同时，这些判断也都可能随之改变，比如这位学生长着一张大众脸且时常被认错，那他当时的判断就可能是："她该不会也认错人了吧。"这就要求我们必须非常警惕自身所做出的主观反思判断（尤其当它被认为是对一个关键"分期事件"的判断时），并用恰当的方式及时修正它。否则，一个热情追星并且觉得人们都应该像他一样热爱明星 A 的人，在经过他的主观反思（甚至包括为此所做的论证）之后，他就向我们宣布，只要 A 在他心中没有"塌房"，我们的时代就可以借由这个明星 A 的"出道元年"得以划分，那么这种划分居然也可以算是一种有效的"时代之分"了吗？这显然是荒谬的。

而修正这种带有主观印记的反思判断的方法，在上面也已经有所提及。其一，它可以借助一些关键性的事实证据得以修正。但这并不是随时可能的。带有主观色彩的历史分期判断，并非随时都有运气获得它的决定性的"字条"，用以印证或否证它自己。更多的时候，我们能看到的反而总是那些多少有些暧昧的"迹象"。但其二，这并不是说，在那些足以一举定乾坤的证据出现之前（它们可能永远都不会出现），我们就无法有效修正自己的判断，从而必然落入某种上述"追星族"般的窘境之中。实际上，在大多数情况下，也存在着喜欢明星 B 或者不追星的人，甚或对追星持反感态度的人，他们基于自己的反思和论证，完全可以不同意"明星 A 的'出道元年'也是我们划分时代的标准"这种说法，并要求另寻标准，或者起码要求进一步的讨论和修正。换言之，即使在缺乏决定性证据的情况下，我们仍然可以指望，通过各种反思判断间的相互平衡、辩难与承认，去校正单一个体的反思性"时代划分"判断。通过这种交互的不断再反思，再检验和再清晰化，可以期望得到一个在相对大的范围内被较长久认可的"共同事件"，并将之作为一个划分时代的标志性事件。在这个事件之前的，就可以被称为前一个时期、前现代或古代，而在它之后的，就是当下时期或现代。

这样一来，我们就可以说，**时代划分的标准，很多时候是由共同反思活动所确定的**。在这个意义上，对"现代"的认知一定也得到这种相互校准的共同反思活动的内部支撑。但这马上引出一个更麻烦的问题：除了摆出决定性的证据外，难道历史分期真的就只能主要以共同反思为标准来进行吗？再没有别的标准了吗？比方说，"天意如此"为什么不行？上天就是要叫这个时代过去，甚至"苍天当死，黄天当立"，这凭什么不能是历史分期的标准？

共同反思 vs. 天意

天意，命运，劫数——这些在很多"现代"人看来只会出现在修仙小说中的不经之谈，却在很长时间中作为时代分期的经典标准被使用。其方式多种多样，我们在这里只举其中两种为例，其一被今天的我们称为"历史单线论"，其二则可称为"历史循环论"。

在勒高夫的《我们必须给历史分期吗？》一书中，我们可以发现第一种例子。在圣经《旧约》里，但以理曾在异象中看到了四只怪兽，它们化身为四个王国，而这些怪兽就在这些王国中相继为王，后面的国，总是吞没前面的国，直到第四个永恒王国的出现。这个说法以各种各样的形式影响了其后漫长岁月中的时代划分活动。甚至直到1751年，当伏尔泰写作他的《路易十四时代》的时候，仍将这种说法作为划分时代的最重要标准：

> 无论怎样的人思考，这个人有着多么不同的品味，在世界的历史上只有四个时代。这四个幸福时期使艺术臻于完善，塑造了伟大的人类精神，它们是繁荣的榜样。[1]

---

[1] 勒高夫：《我们必须给历史分期吗？》，杨嘉彦译，华东师范大学出版社2018年版，第9页。

第一讲　古今之辩：现代思想的关键词

它们分别是：古希腊时期、凯撒和奥古斯都的时代、穆罕默德占领君士坦丁堡之后的时期，以及最后一个时代。在这最后一个时代中，自命为历史学家的伏尔泰——是的，他自己并不太喜欢我们一般认知中的那个文学家身份——写下了他最为重视的作品（《路易十四时代》），作为奉献给永恒的伟大之书。这多少有点令人惊讶，因为，作为一向被视为"现代开端"的启蒙运动中的领军人物，伏尔泰居然仍依照着这样一种古老的"异象"传统在进行历史分期，并且如此笃定，根本不顾别人的什么"共同反思"："无论怎样的人思考……"都一样——历史就是如此单线式地走向它在永恒之中的"happy ending"。

第二个例子则可以在中国古代找到。自从战国"阴阳家"邹衍创立五行相生相克学说之后，在很长时间内，这一学说就成了人们进行历史分期的标准参照。

五行生克学说

在《史记·秦始皇本纪》中，对于秦始皇如何将自己创立的时代与前周相区分，有着如下记录：

> 始皇推终始五德之传，以为周得火德，秦代周德，从所不胜。方今水德之始，改年始，朝贺皆自十月朔。衣服旄旌节旗皆上黑。数以六为纪，符、法冠皆六寸，而舆六尺，六尺为步，乘六马。更名河曰德水，

7

以为水德之始。①

自称"始皇",这当然不是因为嬴政知道他是"从奴隶社会向封建社会过渡的第一位君主",而是因为"方今水德之始",所以才把登基之年叫作第一年,并且为了比配水德,衣服颜色、朝贺时间、度量规矩等都要重新规定。至于为何是"水德",又是因为前朝是火德,秦生周灭,所以如此。就这样一生一灭,循环往复,天命不息。在这里面,也寻不到什么"共同反思"为历史分期的迹象。

以上都是古代曾经风行过的历史分期学说。它们甚至在相当长的时间中,都在"历史分期"这一问题域中拥有统治性地位。不过举出这些例子,肯定也不能遽然动摇眼下的一般认定,即我们觉得,无论是"四异兽说"还是"五德终始说",无论走直线的天意还是画圆圈的命运,这些标准都不是今天进行历史分期的"好"标准。那么必须得以解释的就是:为什么我们会觉得,基于"共同反思"的历史分期标准,看上去是一个更好的标准?

古今之辩

对此的各种回答中,有一个最为常见,那就是我们现代人,在经过启蒙洗礼之后,已经倾向于不再相信"天意",而是更愿意从自身经验判断及其修正程序出发来理解包括历史分期在内的各种问题了。假如一种主张对此来说是可疑的,那么即使它曾经拥有过统治性的解释效力,我们如今也不再愿意接受它了。可惜的是,这个听上去简洁有力的答案,与其说解决了问题,不如说把我们引向了更为复杂的新问题。

我们之前的说法是——时代划分的标准,很多时候是由共同反思活动所确定的。通过共同反思所认可的标志性的共同事件,不同历史时期(包括古代与现代)也得以区分。在此之后,我们声称我们是不同于古代人的现代人。但现在,为了回答"为什么共同反思才是主要标准"这个问题,我们又主张,正因为我们是现代人,所以,我们才采纳了一种我们更愿意接受也更

---

① 司马迁:《史记》(一),中华书局2014年版,第306页。

第一讲　古今之辩：现代思想的关键词

能够基于自身去论证的"共同反思"标准，而不是"天意"——我们是现代人，是采纳了共同反思的标准所得出的结果，但之所以要采纳这个标准，又是因为我们是现代人。这个典型的循环论证，这个让现代思想既当裁判员又当运动员的霸道逻辑，难道不是糟糕透顶吗？

正是基于这个问题（它起码是原因之一），我们总是不断碰到各种各样的**"古今之辩"**。代表古代的一方时常指责说，存在着一种"现代霸权"，它毫无同情之了解，就想把很多并非不能成立的"前现代"思想扫进历史的垃圾堆。这样的情形其实很常见。比如当长辈劝你别总是用花呗欠款买球鞋，那只是易耗品的时候，你不屑一顾地回道："你懂什么，现在的年轻人都这样。不消费，什么都留着，怎么刺激经济！"这中间就完全可以包含着某种"大家都认可的现代超前消费观念的好，怎么会比你那些老皇历差"这样的价值判断，并且笃信此般价值判断的人往往拒绝对此进行讨论。同理，我们常听到的"古人只会愚昧地相信上帝，而我们现代人拥有科学"，或者"没有经历过现代共和思想的洗礼，就必定只能落入古代的专制皇权统治"等等说法，其中也可以埋伏着"不科学，就愚昧""凡无共和，必定专制"的霸道想法，而且很难说这不是现代人基于对古人的优越感所共同反思出来的。在这种情况下，一个了解古代实际并愿意带着温情为之辩护的人，当然就会和这些"现代霸权主义者"争论起来。古今之辩，于是就可能变成价值孰高孰低之争。

关于这些争论，我们将在之后的阅读文献中给出一些进一步的指引，有兴趣的读者可以了解。目前我们还是保持在自己的问题上：面对这种"现代思想霸权"的批判，我们能够怎样为在现代具有较高接受度的"共同反思"标准做辩护？

从一个较弱的但基础更为广泛的"人"的角度出发，这一辩护并非不可能。它不需要首先设立古今之别，而只是说，无论古人今人，其实都有着"共同反思"的能力。甚至关于"四异兽说"或"五行学说"的接受史和创新性运用史，也已经说明了这一点——不管但以理或者秦始皇自己怎么想，这些历史分期的方法在不同的时代，都已经加入了不同的思想规定和运用变

现代思想：兴起、变迁与未来

形，比如伏尔泰对但以理的变形（他要用之批判处于阴影中的中世纪，而但以理显然没有这种想法）。明白了这一点，我们就可以反问：那些对"现代思想霸权"的批判，它所批判的对象到底是"作为某种共同反思产物的现代标准"的僵化性，还是"共同反思"本身？而批判的目的，到底是要引发对这些僵化标准的反思，从而让人们共同反思的结论得到校准和完善，还是要打造某位"新天意"的代言人，或者预知大事吉凶劫数的命理大师？

对于这两个问题，答案显然都是前者。但这也再次提醒我们，即使是共同反思，也不能彻底摆脱"主观偏见"的嫌疑。对它所标明的那些具有时代划分意义的重大事件，我们总还要不断加以审视和调整，包括重视那些对看似通用的"现代标准"的批评，否则我们就可能陷入某种自以为是、毫不宽容的"现代霸权"。历史的"迹象"是繁杂多样的，而从"迹象"中进行抽象并划分时代，总有可能是以偏概全。很多时候，出于自己的意愿或有限经历，我们就会有意无意地忽略一些迹象早已存在的信息，断言那其实是新近才有并且重要无比的。比如我们习惯于接受"启蒙运动"就是现代的开端的看法，其理由是之前的世纪——正如伏尔泰想要说的那样——都处于尚未得到光照的阴影之中，尤其是"黑暗的中世纪"，在那里根本没有什么科学与理性而言。但如果我们得知，有着无数的重要技术发明和观念突破，就是在中世纪产生的，且这也绝非用"历史的偶然"就可解释，那么，我们还要坚持谈论这种"黑暗"，并且以启蒙时代的反思为历史分期的不易标准吗？还是在勒高夫的《我们必须给历史分期吗？》一书中，在"漫长的中世纪"这一节的标题下，这些技术和观念的突破都已经被约略提及，包括技术上的火药、十字弓、风车与四轮马车、酒精蒸馏，经济上的"价值"观念、契约思想，以及政治上的民族国家观念，等等。它们共同展现了一种漫长但繁荣的中世纪场景，并对源自启蒙思想家的"黑暗时代"批评构成了有力的反驳。正因为看到了这一切，在该节结尾，勒高夫写道：

> 可能应该强调，"真正"的历史时期，习惯上讲，是漫长的：历史永远不会静止，所以它是演变的。在这个演变过程中，它经历了重生，这些重生或多或少是辉煌的，而它们经常依靠的是充满魅力的过去，这

种魅力对于过去来说已经被时光中的人性所证明。但这个过去只是作为能够让我们迈向新时期的遗产。①

共同反思所进行的时代分期，不仅要面向"新"，而且要面对"旧"。它关注变，也同样关注不变。这当然是一个艰难的任务，并且无法指望被一次性地完成。在这个过程中，"古今之辩"就总是会出现，并提醒我们注意那些被忽视的古旧魅力和过往遗产。但这绝不意味着，为了接受这些遗产，就连"共同反思"的态度以及据此进行历史分期的尝试，我们都要抛诸脑后。

再反思进程中的历史分期

以上所说再次表明，时代划分很多时候是一个思想事件（比如在启蒙思想家那里），并且始终伴随着再反思的要求（比如在勒高夫那里）。为此可以举出无数的例子，在这里，我们只提一两个关系清末民初的例子来帮助理解（因为这个时段对于讨论现代中国而言十分重要），并结束这部分的讲述。

第一个例子是关于"中国近现代的初始年份"的。在通行的教科书上，有一个统一的说法——1840年。这当然是有道理的，但近几十年的历史研究指出，相比于1840年来说，1898年也是一个可以纳入考虑的时代分期的标志性年份，并且某种意义上更具代表性。1840年，第一次鸦片战争爆发，英国入侵中国，而1898年则是中日甲午海战，日本获胜。两次都是外国入侵战争，为什么历史学界会有意见觉得后者作为分界年也不错，甚或更好？

基于战争引发的思想动荡规模，可以看到"1898年说"的优势。1840年的入侵，虽然也导致了严重的后果，但在当时一般人的眼中，那毕竟更多只是边远之地发生的事情。打败仗在历史上常见，而这次打输的结果，看上去也不过赔了些钱，在不甚紧要处开了埠而已。在当时的共同反思层面，这未必就是性命攸关的大事。但甲午海战则完全不同，被打败的，是知耻后勇之后举全国之力厉兵秣马打造出来的北洋水师，当时号称亚洲第一海军。而打败它的，是不被看好的"蕞尔小国"。"国将不国"的信号如此强烈，自然

---

① 勒高夫：《我们必须给历史分期吗？》，第129页。

现代思想：兴起、变迁与未来

激起了全国性的愤怒和反思。从清王朝的命运来看，1840年后，虽然大小麻烦不断，但到1898年近一甲子的时间，国运还算衰而未坠。但甲午之后，直到1912年清帝逊位，短短十多年，王朝便分崩离析、土崩瓦解。这已经充分说明了甲午战败后思想动荡的剧烈程度。正是基于当时这种共同反思的广度和烈度，历史学界也强调1898年的历史分界线意义。并且，重要的是，这种今日历史学界的反思，也影响着我们自己对中国近现代的分期判定。关于此的学术讨论当然可以继续进行，但要在再反思进程中持续进行古今之别辨析的必要性，已然可见。

第二个例子则是关于"民国范儿"的。一般见解中，常常把民国知识分子看作新时代的典范，觉得他们的生活在"新生活"的意义上特别值得追求，他们的新精神与新风度也特别具有魅力。无论是拍民国文化人的电影《黄金时代》（这名字意味颇多）曾经的火爆，还是各大书店中作为"推荐学生读物"的民国作家作品至今的畅销，都见证着我们对这批"现代伊始"人物的推崇。并且我们也很乐意将之作为共同反思认可的典范，来衡量和批评先前和后来的知识分子。对此，李零教授曾经写过文章予以分析，有兴趣者不妨找来他的文章《一代人有一代人的境遇，一代人有一代人的使命》看一下，现收录在《北大中文系第一课》一书中。在文章中，李零教授关注到民国时期的诸多情况，并谈及了"民国范"这一概念含义的复杂性与模糊性，比如，民国时期知识分子对"民国"这一说法的差异态度，以及这些不同的态度如何与他们自身的道路选择相关等等。总而言之，把"民国范"当作中国现代知识分子的能够被识别的主要特征，实际上是非常值得再商榷的。

了解这些，倒不是要推翻民国知识分子在现代历史上的地位，但它显然提醒我们，不要轻易塑造"现代神话"，然后用它去责备古人或后人。除此之外，它还提醒我们，在我们常见的那些时代划分标准作用之下，经常出现被勉强甚至不当划入的情形（比如王国维和陈寅恪被划入"民国范儿"的代表），出现过于理想化而误判处境的做法（比如认为民国是自带吸引力的黄金时代）。这些都是我们在之后的通识之旅中必须小心加以避免的。也正因为如此，在下面的讲述中，我们并不会着力去给出一个固定的现代分析框架，而是要讨论一个对形成诸现代框架而言核心性的"路标"。根据这一路标，我们不仅可以走向对现代科学、道德和艺术的理解，而且也可以反过头来，为人的"共同反思"标准增添新的理解维度。此外，更重要的是，它也允许批判和反对意见，并因此处于再反思的进程之中。这一路标，就是"人"自身。

"人"作为现代思想的关键词

文艺复兴和宗教改革，标志着西方世界进入了一个新的时代：现代。这是在初高中就被我们了解的"常识"，但却没有在古今之辩的视野下被好好审视。关于文艺复兴，我们之后还会进一步介绍，它也是平常大家接触得更多的部分。至于宗教改革、革命和战争，大多数人或许就当作"神仙打架"的故事听听罢了。然而，如果说现代最为人所熟悉的口号之一"上帝死了"已经表明，在西方发生的那场宗教运动，以及随之而来的上帝信仰在其整个社会范围内的分裂及相对衰落，还有人自身地位的上升，属于我们观察和反思现代时最惹人注目的迹象之一，那么显然，转变中的"神—人"关系问题，就是我们在理解现代思想时绕不过去的问题。正因如此，我们必须对宗教改革及宗教战争的实际影响做一番考察。它将会把我们现代人的伟大气度和现代性的悲哀底色一并带到我们眼前。把握这种伟大和悲哀的结合，在我们之后关于现代科学和道德的分析中，也是关键性的。

存在的巨链

用不着艰深的研究，只要看看近代以来那些号称最聪明的头脑——哲学家们——所写的最重要作品的标题，我们就能明白，人的地位已经变得多么重要：它们包括《人类理解论》（洛克）、《人类理智研究》（莱布尼茨）、《人性论》（休谟）等等。斯宾诺莎，这位磨镜片的思想家曾倾其一生写过一本将形而上学、物理学、心理学等融为一炉的书，这本书的名字却被叫作《伦理学》，即关于人类行为的科学。哲学家康德曾写作"三大批判"，用来解决关于知识、行动和希望的哲学问题，但这三个问题都围绕着一个最终的问题展开，即"人是什么"。马克思在他一生中，坚持不懈、不断革命想要达到的目标，就叫作"全人类的解放"。

甚至都不用顾及这些哲学家的工作，只看看一般处境，这都是非常明显的事情：正如在前面所说，谁要在当代生活中动辄大谈"天命"和"神灵"，我们就会觉得这人大概是算命先生或修仙小说作者之类的人物。诚然，当今世上，下至平常吃穿用度，上到产业发展、科技攻关、政策制定，我们都有"人"的办法来解决，并且效果不错。宗教与神灵？那离我们世俗中人好像有些太远了。

然而，只要我们不把宗教和迷信错误地混同起来，认为那只是一堆骗人的鬼话，那么我们就还是得承认，在宗教中想必也包含着某种类型的知识。这些知识虽然不同于物理知识、经济学知识或者政治知识，但它也应该有自己的目标、问题域和解决方案。尽管它们或许非常特殊，以至于在绝大部分的生产生活领域中，我们好像都既见不到也用不上它，但它们肯定直到今天仍然在发挥着某种效力，因为宗教至今并未消亡，这当然有其原因。但这些宗教所提供的知识究竟是什么呢？为什么宗教知识曾在古代漫长的岁月中受到极高的重视，甚至被奉为中心性的知识，且至今虽衰未绝呢？

之前已经提醒，在面对古今之辩时，要特别小心一种"现代霸权"。在这里，它就意味着，不能简单断言——之所以宗教性的知识曾占据古代西方思想世界的中心，不过是因为古人愚蠢罢了。为什么这样说呢？通过宗教社会学调查，我们得知，在信仰宗教的人群中，老年人占据了很大部分，这个结论也与我们的日常直觉相符。究其原因，肯定不是因为老人都变糊涂了，而我们还很聪明。一个更直接的理由其实也不难发现，那就是——因为老人离死亡更近，甚至对他们而言，死亡迫在眉睫。而死亡的意义问题，就是宗教尝试给予解答的问题。类似的问题还有很多，比如，宇宙为什么会发生大爆炸？包裹着我们的宇宙与多元宇宙的那个"场所"是什么？生命在地球上的诞生仅仅是偶然吗？亲耳听到"爱过"这个答案，真的很重要吗？那些离世的亲人们去了哪里呢？伴随着整个人类历史的残酷战争，什么时候才会彻底消失？一个一生没做什么坏事的老实人，当他不幸被害凄惨离世，我们除了喟叹他很倒霉，就再无别的安慰了吗？等等。

所有这些宗教试着应对的问题，有的也许还要等待无比漫长的时间，才会由比如科学更好地回答，而有的也许永远都没有别的更好的回答。也因此，这一类问题就有了一个统称——**"终极问题"**。而宗教的核心知识，就是要去处理此类问题，并提供应对方案。或者说，它们为看似无根的东西提供根据，为看似无底的东西铺设基底。

这远远不只是一种文学性的表达。在整个古代，一切都有必要围绕着这些终极根据和基底被组织起来，链接在一起。无数条**"存在的巨链"**，从这个尚未败坏的中心被放出，牵引着整个宇宙，并给予每件事物一个相对牢靠的位置。为了理解这一点，我们只需要举三条巨链为例。

其一：你正看着眼前这本书中的这一句话。你能理解这是一本书中的一句话，是因为它有上下文并被放在了这本书里。后者是前者的原因。你能够理解这是一本书，是因为你拥有关于书的经验和印象。你能够拥有经验和印象，是因为你的大脑和五官正在工作。它们之所以在工作，是因为一系列生化反应。这些反应，又是因为各种力的作用，等等。这是一串还可以一直追问下去的"因果链条"。我们在这一场景下具有的知识，就是在这根链条上的因果知识。现在请问：这根链条有没有开始之处？如果答案为否，那就意味着，我们所有能够理解的结果，终归都源于某些还可以被不断回溯的、我们不知道的原因。这等于说，我们的知识永远都只建立在某些不被理解的晦暗理由之上，就如同建在沙滩上的房子，说不定什么时候会整体崩塌。为了对此加以挽救，为了确保知识的稳固和可靠，就必须要求有一个最初的原因，它除了是自身的原因之外，就不会再有别的原因了。只有这样，糟糕的无限回溯的因果链条，才获得了可靠的锚点。而这个既是自己的原因，也是万物的原因的存在者，就可以被我们称为"神"。

其二：你正在某个高中或者大学的课堂上课。你来上课，是为了通过考试。通过考试，是为了顺利毕业。毕业是为了找到工作，找工作是为了赚钱，而赚钱是为了结婚，等等。这是一串还可以继续实施下去的"手段—目的链条"。它不同于前面那根链条，因为目的不是已经存在，而是尚待实现的。并且它关乎实践活动，而不是单纯的知识。但无论是什么目的，采取什么样的手段来达到，重要的是，它们总会是某种类型的"好"，并因此带有**价值**评估成分。在非常极端的情况下，就算一个人选择了自杀，那也是因为他觉得"不如死了好"。现在请问：这根链条有没有终结之处？如果答案为否，那就意味着，我们所做的一切究竟是为了什么，永远都无法得到价值层面的充分肯定回答。也就是说，我们总是不知道，所做的一切是否终归是好的。如此一来，我们就可以只认自己目前意愿的那种"好"，并依此行事，这就可能导致走一步算一步，导致价值失序，或者导致我们对比如自杀行为的谴责乏力。为了避免这一点，就必须要求有一个最终目的，它除了是自身的目的之外，就不会再有别的目的了。只有这样，糟糕的无限前推的目的链条，才获得了它的可靠的目标点。而这个既是自己的目的，也是万物的目的的存在者，也可以被我们称为"神"。

以上两条巨链，第一条关系着"**知识的稳定性如何保证**"的问题，第二条则关系着"**道德善是否值得追求**"的问题。如果既没有知识的统一标准，也没有共同的道德目标，那么，人与人之间的交往就会是完全随意的。你出于你的理由，为了你的目的，完全可能不顾及我的利益，否认我的见解，尽管那也是有理由的、在你看来"好"的。换言之，人与人之间最基本的信任都可能因此消失。这样一来，连接不同的人，让他们能够形成一个共同体，拥有共同的价值观和对世界的见解，并彼此安定友善生活的那根链条——也就是第三根存在的巨链——就会出现裂痕，乃至出现断裂的风险。为了不让这一切发生，就有赖于一个从最根本处维持知识的稳定和道德的价值的存在者，它从而也维持了**共同体的和平有序发展**。这样的存在者，我们已经知道了它的可能名称——"神"。

在古代西方的漫长历史中，起码出于以上三重关键的理由，而根本不是由于"古人愚昧落后"，宗教知识就被放置到了各种知识的中心点上。这样一来，与我们在前面所提到的情况一经对照，问题马上就变得尖锐起来：古代那种以"神"为中心的、具有坚实理由的重大现实作用的想法，是如何演变成近代以"人"为中心的思想潮流的？这一变化对于上述三个方面来说，又意味着什么？宗教知识日益远离我们的世俗生活，真的如现在看上去那样不痛不痒吗？如果它曾经那么重要，那么在它衰微之后，谁以怎样的方式来发挥它曾经发挥的功能呢？难道这不值得担忧吗？

宗教战争与"人"的地位

宗教战争及其后果为回应上述问题提供了一条线索。与争名逐利的世俗战争不同，宗教战争，尤其是一个原本相对统一文化内部的宗教战争，意味着一个十分糟糕的情况：我们这些原来在神的护佑下长久地共同生活着的人，从现在开始，却在"**终极问题**"上再无法取得一致了。新教徒信仰的上帝，与天主教徒信仰的上帝，就算是同一个上帝，对他的信仰解释也是根本不同的，处于难以消除的摩擦之中的。这不是什么"神仙打架"的、和凡人关系不大的问题而已。恰恰相反，经由那些存在的巨链，终极处的解释争议迅速被传递到社会生活的方方面面，并引起了后世难以想象的巨大变化。比如，我们究竟还要不要再听教皇的命令行事？对神的侍奉，是要献出自己最宝贵的财富，还是要不断工作和祈祷？前一个变化关系到最顶端的权力归属问题，也就是已经延续千年的"教权与王权"孰先孰后的问题，以及"政教分离"原则的确立问题；而后一个变化关系到社会经济组织方式的选择问题，也就是选择崇尚奢侈朝奉的旧制度，还是选择一种鼓励工作和节俭（它有利于原始资本积累）精神的资本主义制度的问题——如果我们读一读著名社会学家马克斯·韦伯所写的《新教伦理与资本主义精神》一书，就会对此有更深的理解：

> 近代的资本主义精神，不止如此，还有近代的文化，本质上的一个构成要素——立基于**职业理念**上的理性的生活样式，乃是由**基督教的禁欲**精神所孕生出来的，而这就是本文所要加以证明的。……在此，我们不过企图在某一点上，而且是在这真的重要点上，追溯出事实及其影响方式的心理动机而已。但接下来，就有必要对基督新教的禁欲本身，在发展过程中及其特质上，是如何受到整个社会文化条件特别是经济条件的影响作出说明。因为，整体而言，近代人即使抱着最大的善意，也往

现代思想：兴起、变迁与未来

往无法理解宗教意识内容对于生活样式、文化和国民性真的有过**如此**巨大的意义。①

政治权力和经济组织方式，都因此发生了肉眼可见的巨大变化。这些巨变也都最终反映在了最日常的生活上，比如礼拜方式的改变，自治小社团的形成，现代公司制度的发展，甚或细微到装饰画的选择品味更动，等等。总的来说，宗教战争虽然绝不能被视为这一切复杂变化的唯一原因，但它的确是一条"导火索"，在古代西方文化内部，将这些连带着"终极"差异的不同思想效果及其冲突推上了舞台。

这正应了我们之前的隐忧。宗教改革和接踵而来的战争，与其他各种原因一起，也导致了整个西方在知识稳定性、价值评判方式和共同生活维持方面的危机。它绝非什么"无关痛痒"的事情，而是那些曾千年不坠的存在之巨链从头断裂的开始。1562 年至 1598 年的法国内战（胡格诺战争），1568 年至 1648 年反抗腓力二世的尼德兰革命，1567 年反抗玛丽·斯图亚特的苏格兰叛乱，1588 年西班牙对英格兰的侵略，1618 年至 1648 年的三十年战争，1640 年至 1660 年的清教徒革命以及 1688 年至 1689 年英格兰的光荣革命，全部属于宗教冲突。在法国，对胡格诺派的大屠杀所导致的宗教内战，使近三百万人死亡。在德国，宗教战争令它直到 1800 年左右才恢复 1600 年的繁荣水平。在英国，清教徒被迫乘坐五月花号前往新大陆，查理一世也因宗教冲突丢了脑袋，成为欧洲历史上第一个被公开处死的君主。光荣革命之后，欧洲更是进入了革命丛生、流血遍地的动荡时期。这些都是存在巨链断裂后实实在在的惨痛后果，并且如果没有对这些根源性危机的洞察，我们也会很难理解，为什么培根后来要进行"伟大的复兴"计划，重新全盘整理知识基础，为什么尼采要"重估一切价值"，而为什么马克思又要建立一种新的、基于阶级分析的人类共同体。用不着再做过多的历史研究，我们已经能够察觉到，寻求一种新的、共同认可的知识和价值基础，就是当务之急。事实上，它的确也

---

① 马克斯·韦伯：《新教伦理与资本主义精神》，康乐、简惠美译，广西师范大学出版社 2010 年版，第 181—184 页，译文略有调整。

是宗教战争之后几个世纪思想家们共同为之努力的关键所在。

而这个新的共同基础，在最浅显的意义上也不难被发现，那就是：虽然我们对于"神"的理解已经很难统一，但起码我们都还是"**人**"，同属于人类——这一点应不至于有太大疑义。于是，我们在前面看到的那种以人类研究为中心的思想现象，就迅速变得鲜明可见起来。穿越宗教战争之后的重重风暴，在变得日益动荡的世界之海上，由于获得了"人"这块新的大陆架可能存在的消息，我们就好像有了重新看到陆地并再一次安定地共同生活的希望。

随之而来的，却是在现代思想上最困难的问题之一，并且它首先让这一新希望重又变得渺茫起来。为了澄清这个问题，让我们首先反问一下，我们都是"人"，这件事情难道在古代就有什么不同吗？为什么它在西方古代并没有被当作知识、价值和共同体稳定的最重要核心，而是由"神"牢牢占据着这个位置呢？对此的回答是：这是由人和神相比所具有的**重大缺陷**所决定的。在基督教中，对于神的描述，一定是"全知、全善、全能"的，这在我们先前对三条存在巨链的分析中，也能够看得出来：神是第一知识、最终目的，和能够维护共同生活的主宰，他是阿尔法，也是俄梅戛。相比之下，人却是"不全知、不全善、不全能"的存在者。我们拥有了无数法律知识和实践经验，但还是难以阻绝罪恶。我们甚至在选美比赛上都为世界和平高呼，但全人类的永久和平仍然遥不可及。假如神曾带给我们解决这些问题的希望，那么我们在一开始却不能确定，是否对人也可以同样抱有如此大的信心：比起跟随神来说，跟随一个你自己也不算了解的、会犯严重错误却未必能改正的生灵，这难道不是一件过于冒险的事情吗？在无限的神面前，人显得太有限了，他本质上是一种残缺不全的存在，脆弱并且渺小。这样一种连维持自身都要拼尽全力的东西，能凭借什么去为全部知识、价值和共同生活的系统做长久的担保呢？

有限性与完善化

人是脆弱和渺小的。去除一切现代文明的装备，即使再强大的野外生存者如贝爷（贝尔·格里尔斯），也很难比得过一只刚刚出生几个月的猴子。论跑步，人比不上他养的狗；论游泳，他也比不上他养的鱼。他不会像鸟一

现代思想：兴起、变迁与未来

样飞，像蜘蛛一样结网，像壁虎一样爬墙。比起水熊虫，他的生存能力就更不值一提了。——从根本上而言，这些都表明了人相对于神的有限性，或者说人的不完善。如前所述，它给宗教战争之后的重建知识和价值世界的希望蒙上了一层阴影，并且构成了现代思想的一层关键性的、悲哀黯淡的底色。与我们一般认知中那种始终乐观向上的现代人形象对比，它显得天差地别，并因此尤其引人深思（比如在陀思妥耶夫斯基那里）。

然而以上并非事情的全部。与这幅弱小图像相反，人明显也有非常强大的一面。作为生物链上最顶端的存在者，人通过其努力，彻底改变了这个世界的面目。可以为此做证据的，除了覆盖全球的通信、能源、交通网络，林立的城市，密密麻麻的工厂和商店以外，还可以看看他必须为之负责的全球性的气候危机、海洋危机、生物危机等。

问题在于：这两幅同样真实但南辕北辙的图景，怎么可能是对同一种生灵同时正确的描绘呢？——除非在人身上拥有某种能力，能够让他自己克服那些脆弱与渺小，并走向近神的伟大，否则这一切就不可设想。这种让人从不完善变得较完善的能力，被许多近代思想家（如卢梭）称为"完善化能力"：虽然人不会飞，但他发明了飞机帮助自己飞；虽然人跑不快，但他发明了汽车让自己跑得更快，如此种种。正是借助于这种人所独有的完善化能力，才使得人不会被他的生活环境所限，并逐渐拥有了更完善的知识系统、更健康的价值判断、更有力的共同生活，以及可供他驱策的整个世界，而那些比他更快更有力的动物，却仍始终被局限在它们的本能和领地上。

对此般情景，帕斯卡尔曾有过经典的描述：

> 人只不过是一根苇草，是自然界最脆弱的东西；但他是一根能思想的苇草。用不着整个宇宙都拿起武器来才能毁灭他；一口气、一滴水就足以致他死命了。然而，纵使宇宙毁灭了他，人却仍然要比致他于死命的东西更高贵得多；因为他知道自己要死亡，以及宇宙对他所具有的优势，而宇宙对此却是一无所知。
>
> 因而，我们全部的尊严就在于思想。正是由于它而不是由于我们所无法填充的空间和时间，我们才必须提高自己。因此，我们要努力好好

地思想；这就是道德的原则。①

1691年王室制作的帕斯卡尔画像

用不着使用诸如《星球大战》里的死星炮，或者《三体》中的二向箔打击，要让一个人死亡，饿他几天，让他一口气喘不上来，就足够了。这是个如芦苇般易折的生物，但他身上却有超越宇宙的力量：他的思想。借助于人的自我完善的意识和反思，人类才通过不断改进自身，拥有了独属于他的尊严和他的世界。因此，努力用好这种能力，就是"道德的法则"。相反，一旦现代人放弃了思考和自我完善，那么在这个终极答案纷争不断的时代里，他也就同时放弃了作为人类仅存的希望，放弃了知识、价值与共同生活得以重建的可能。

基于人的有限存在和伟大意识，也就是基于那层悲哀底色和在其上的不断完善，一幅新的世界图景就将逐渐展现在我们眼前。它对每个人的实际影响远超我们一般人的想象。在本书接下来的几讲中，我们都不断看到这种以"人"为关键词的新图景在科学、道德和审美等不同领域的展现，并且直到"后现代"所宣称的"人之死"（福柯），才会看到另外一些颠覆性的想法出现。在这部分讲述中最后要做的，只是点出这些海量影响中常见的几个，借

---

① 帕斯卡尔：《思想录》，何兆武译，商务印书馆1985年版，第157—158页。

以说明其重要性而已。

首先，这造就了一种**进程性思想**在现代的优势地位。我们最为熟悉的那些历史描述方式和思维习惯，都与之有关。由于人是有限的，而又是能不断完善自身的，所以以此为基础，我们就总是倾向于认为，相比于过去的悲哀状况，经过一代代人的努力，现在人的处境肯定是更好的，而未来又会比现在还好。这是一个典型的具有进化论倾向的想法，它促成了我们习见的历史乐观主义，以及"古人很落后，很愚昧""明天会更好"之类说法的泛滥。而包括进化论，以及"原始社会—奴隶社会—封建社会"等进步史观，却只有在人的有限性和完善化成为新的地基之后，才可能在"现代"蓬勃发展起来并占据理论优势。正如我们在之前已经看到的，主导性的历史观，反而是单线论或者循环论等，它们都并不包含（或不强烈主张）后代就比前代好的意思。单线论指向一个终局（或末日），所以不会不断进展下去；而循环论虽可持续进行，但并不包含实质的进步许诺。在历史进程论的冲击下，这些历史观在今日的影响都大大衰微了。

相应于进程性思想的占据上风，另一个明显可见的变化是——那些主张"上帝之国"永恒性或"天不变，道亦不变"的声音，也迅速变得微弱起来。古代对洞见永恒"神意"与"天道"的过往大师道路的遵循，以及对传统的高度尊重，被现代人颠倒了方向，变为对未来更好生活向往的不断强调——"先人"让位给了"青年"，因为后者才代表未来。无论是尼采对年轻人的极力赞颂，还是梁启超的《少年中国说》，都是这一范式转变的典型例证。在那些对于未来的热情乃至狂热的影响下，"新的"常常就被等于"好的"，并用来批评和嘲讽"旧的"，而持这种论调的人常常忘记了，古今思想可能运行在不同的地基之上。虽然具有以上种种问题，但同时我们也不能忘记，这是人类在困境中基于自身努力所争得的、对于自己来说可希望的未来，并且正是由于这种希望的鼓舞和指引，我们才创造了今日世界的（虽仍伴着危机的）繁盛景象。

其次，"人"的新图景也要求处理问题的**新方法**。由于人的有限性，我们开始工作时的处境总是很不完善的，而要完善它，就需要一系列能够应对

第一讲　古今之辩：现代思想的关键词

这些问题重重的处境的工具。在古代，这些自身处境改善性的问题，未必是在根本意义上有多么重要的问题。一种方法，与其问它是不是"对我的特殊处境有用的"（能够引发更好变化的），不如问它是不是"神会喜悦的"（具有永恒和普遍价值的）。但现在，特殊处境改善的方法论问题，也具有自身的合法性，甚至优先性。这显然不仅是对单个人来说的，而是说，这种方法应有利于全人类的知识积累或幸福增加，因为全部的"人"都是新的地基。那么，从单个或者少数人特殊的、受其感知和经验限制的不完善处境出发，如何才能一步步解决具体问题，最终寻得对大多数或者全部人类都较为有效和完善的知识或价值呢？整个近现代时期，西方那些最杰出的思想家们都为此殚精竭虑，掀起了"方法论"探究的热潮。我们这部分开头说到的所有那些大人物均在其列，也包括未曾提到的如笛卡尔、牛顿、霍布斯、狄德罗等等。在下一讲中，我们也将讨论一种对现代科学而言至关重要的方法，它是培根为了全盘重新整理知识的地基所锻造出来的，其目的就是打通从特殊处境到普遍知识的道路，这就是"归纳法"——一种所有从事调查性或实验性科学研究的学生都必须掌握的工具。

最后，"人"的新图景也让我们的日常生活得到了重视。正如上文所说，由于人的有限性，所以他总是首先生活在一种受到局限的处境之中，然后才走向更为辽阔的世界的。作为一切走向星辰大海之基础准备工作的，是柴米油盐。在此不妨提一下"革命"（revolution）对于现代的意义。它的原初含义，却不简单如我们习常以为的，是一种意图推翻旧有上层建筑、建立新时代的暴力活动。"re-"这个前缀告诉我们，它与"重复"有关，被不断重复的，就是命运之轮，它总是在宇宙间旋转不休。在这巨轮上居于上位的东西，终将归于下位，而现在下位者，也能跃居其上。原先，王公贵族是居于上位的，历史很大程度上也都是"王侯将相"史，但现在，居于下位的日常生活，也就是我们最一般的生产生活实践活动，却要被评估为是基础性和支撑性的，因此是更为重要的。在这个意义上，现代革命总是伴随着对一般劳动和生活的颂扬，同时被抬升的，还有个体性日常的意义。它们以前是因粗糙有限而被贬斥的东西，但现在却因是完善化活动的起点而被认为是大有前途且相当合理的东西（这也对应着我们对"青年"的热情)。由此开始，无论是在哲学、政治学或者经济学中，"日常"需求、行为与语言等都日益成为关键性的概念。对于现代历史学家和考古学家来说更是如此：有什么比通过遗址挖掘，看到通过史书很难了解的古人的"日常生活场景"更吸引人的事情呢？——以上这些都是现代革命的效果，但一味强调它也并非好事。只要我们想想它可能引发的对"小日子"的过度迷恋，沉迷于社交媒体的肤浅体验，对于更为宏阔和深邃生活的兴趣寥寥，以及一直想要停留在青春期状态中的执念等，我们就能明白危险所在：如果我们始终"只是个宝宝"，那么"宏观视野"就总有丢失的风险。这不是危言耸听，即使是许多当代的一流大学学生和行业精英们，也常常深陷自己的日常之中，而表现出对社会和历史整体面貌的把握无能。

最后，我们也愿意提醒，关于"共同反思"标准的讨论，其实也是与对人的有限性和完善化的洞见有关的：没有有限性，我们就不需要"共同"反思和再反思进程，而没有完善化，我们就不能在"天意"之前为其效力辩护。因此，总归而言，"共同反思"也是现代思想的体现。在下一讲中，我们将保持在这一线索之内，去分析现代科学的一些框架性特征。

阅读文献

以下两本书从两个不同的立场对现代性的古今之变进行了分析，这些见解并非就是本书作者持有或主张的。但是，通过阅读它能够更进一步开拓视野，使得读者能够掌握多种讨论现代性问题的进路和方式。当然，我们也希望，大家在阅读时，能够从我们提到古今之辩的语境出发，去对之进行理解。

1. 安东尼·吉登斯：《现代性的后果》，田禾译，黄平校，译林出版社 2011 年版。
2. 史蒂文·史密斯：《现代性及其不满》，朱陈拓译，九州出版社 2021 年版。

讨论和彩蛋

第二讲　伟大的复兴：现代科学思想的兴起

现代经验科学的兴起

我们在上一讲中，已经说明了人的有限性和完善化努力对于理解现代思想的关键意义。在这一讲中，从这个原点出发，我们可以看到所谓"现代科学"的一些最重要的特征慢慢浮现在历史进程中。事实上，考虑以下这个问题，可以马上让其中一个特征变得鲜明起来，即：

相对于"现代科学"的"古代科学"，它的代表性学科是什么？

我们在这里完全在通俗意义上使用"科学"一词，而暂时不去管诸如"古代中国有科学吗"之类的问题，后者涉及科学的定义。非常明白的是，无论是古代中国或者外国，都有一些"学科"特别具有代表性，并且常常被视为一个文化或文明是否高度成熟的标志，如数学（算术）、几何学和天文学。毫无疑问，这些学科在今日也非常重要，它们似乎并不能在第一眼看来就表明现代科学的独特性（虽然我们很快会看到近代以来数学思想的一些巨大变化）。但只要我们看一看今日大学学科设置，就会发现，那些现在最重要的、通常被放在"工科"名目之下并被视作主流的科学，比如材料学、信息学、化学工程等等，在古代却并没有十分准确的对应物。而只要对这些学科稍有了解，就知道"做实验"是其中非常重要的组成部分，以至于人们越是到了更高的研究阶段，越是得花更多的时间在实验室里，甚至牺牲掉吃饭时间和周末。——的确，**大规模、精细化的实验科学**，是现代科学研究的最重要组成部分，但在古代，这种实验科学的确难觅踪影。为什么事情竟然如此？

现代思想：兴起、变迁与未来

新工具

实验科学意味着试错。通过不断尝试，从不完善的处境中，人可以慢慢摸索出一整套的方法和理论，来改善自身的生存处境。这与我们第一段提到的现代思想原点是紧密相符的。当然，这也意味着，我们现代人需要一种有别于古代的新方法，用以进行相关科学真理的探索和真假判断。为此，培根写作了他的《新工具》，这本书属于一个培根自己终其一生都没有完成的计划——"伟大的复兴"，而该书标题就已表明他要更新一种"旧工具"的愿景。这一工具早在两千年前就已经大致成型，此即亚里士多德与他的《工具论》。在其中，尤其在"前分析篇"里，亚里士多德发展出了他的"证明的科学"，即三段论学说，这一学说至今仍是逻辑学中判断推理形式正确与否的最重要方法之一。比如以下这个三段推理：

我是美女。

所有的美女都有浓密的头发。

所以，我有浓密的头发。

这是一个形式上正确的 IAI 式的推理，但下面这个 III 式的推理却是形式错误的：

我是帅哥。

有的帅哥有女朋友。

所以，我有女朋友。

这里所谓的 A 代表"全称肯定判断"（所有的……都是……），I 则代表"特称肯定判断"（有的……是……），除此之外，我们用字母 E 代表"全称否定判断"，O 代表"特称否定判断"。于是，我们就可以组合出各种各样的推理形式，比如 AIE、EEO 等等。通过亚里士多德的研究，在所有这些推理形式的组合中，只有一部分才是正确的，另外一些则是错误的。这就构成了关于正确推理形式的基础性知识。它的原理用我们中学学过的欧拉图就可以很好地说明，比如 IAI 式，其实就是 I 真包含于 A 的情况。这些原理的数量是一定的，就如同欧式平面几何的公理有五条一样。且正如所有的几何学定理和证明都可以从公理系统中演绎出来一样，所有的三段论推理也都可以

第二讲　伟大的复兴：现代科学思想的兴起

从这些基本的逻辑学原理中被给予形式上正确与否的辨明。

从基本原理出发进行分析、演绎并得出具体的结论，这是古代逻辑学和几何学最擅长使用的方法。但在培根心目中，这种方法的局限性太大。因为它的所有发现都已经被包含在最初的那些（被看作是不可动摇的）原理或公理之中，于是就**没有真正"新"的科学**能在此基础上被成就。培根因此写道：

> 正如现有的科学不能帮助我们找出新事功，现有的逻辑亦不能帮助我们找出新科学。
>
> ……
>
> 钻求和发现真理，只有亦只能有两条道路。一条道路是从感官和特殊的东西飞越到最普遍的真理，其真理性即被视为已定而不可动摇，而由这些原则进而去判断，进而去发现一些中级的公理。这是现在流行的方法。另一条道路是从感官和特殊的东西引出一些原理，经由逐步而无间断的上升，直至最后才达到最普通的原理。这是正确的方法，但迄今还未试行过。①

的确，如果所有的知识都只是被从**最普遍的原理**演绎出来的，且都没有超出这些原理的范围，那太阳底下怎么还会有新鲜事呢？就算我们面对着一种从没有见过的平面几何图形，比如正257边形，我们也可以宣称拥有关于它的所有知识，就算这些知识并不清楚地被我们知道，但却也是明确地可演绎和可推导的。

诚然，人们可以反驳说，在"古代科学"中，当然并不仅仅只有逻辑和几何，而且也有非常多的实验，比如"炼金术"，并且在古代，也并非没有所谓新的发明创造。但这并不足以改变"古代科学"的一个主要特征，就是这些实验和发明，终归都系于"存在的巨链"上（见第一讲相关内容），并由此被引向最普遍的和最根本的"神"或"天意"——而相对于它们来说，

---

① 培根：《新工具》，许宝骙译，商务印书馆1986年版，第10、12页。

实验和发明多半是一些"琐屑之事"罢了。要从事它们，更多的也只是"技"的要求，而非"道"的要求。但恰恰是培根所主张的第二条道路，也就是"直至最后才达到最普遍的真理"的上升之路，却**将着重点放在了起跑线上，放在了"感官和特殊的东西"**上，后者并不首先要求预设普遍原理的统治性效力，但从它出发却是"正确的方法"。

培根画像（创作于 1617 年）

这的确从根本上提出了一种对知识构建的新要求，即要求从人的有限处境出发，去**重新评估所有知识是否有利于解释和改善这一特殊处境**，也就是说，去考察它们是否对我们自己更加完善地进行生产生活实践有作用、有效力。实际的效用，因此就成为培根对真正知识关注的关键之一。它当然也就是那句我们从小就熟悉的培根名言——**知识就是力量**的真正思想泉源。的确，知道粮食夏天生长、秋天收获，或者知道三角形内角之和等于 180 度这些典型的"古代知识"可以表明我们理解了某些"天道恒常之理"，但并不直接表明我们拥有了改变世界的力量，或者表明应用这些知识会产生的有效性；因为毕竟我们还是只能一直等到秋天才能收获，而不能在夏天就揠苗助长。在这种情况下，说知识是一种力量，就显得多少有些滑稽，因为我们更多地的承认了"春种秋收"自然之理，并且顺从它而已。——但现代科学却不一样，它的企图远不仅是要顺应天道，而毋宁是要构建起那些**对我们有利**

第二讲　伟大的复兴：现代科学思想的兴起

的知识。并且只有在这个背景下，知识才不会如古代那样，主要关系到对"善"或者"天理"的理解，而是从一开始就与"力量"和"效用"绑在一起，也就是和人的有限性及完善化能力绑在一起。这一点非常容易理解，只要我们想一下，绝大部分我们之前提到的"工科"知识，还有非常多其他知识，都明确地以追求这种知识的处境改变性力量为目标就够了。我们甚至都不用太了解这些知识到底怎样发挥着改造世界的力量，在我们报考大学的时候，大部分人选择专业和日后就业方向的目标，其实就只在于这种专业实际多大程度上能够拥有改变生活的效力，而不在于能够获得多少"善知识"，虽然后者才是古代士人心之所向。

并且，正是由于这种**知识目标取向上的古今重点转移**，培根才强调，我们如今必须重新评估整个知识体系，去除那些已经朽坏或者没有前途的旧东西，从根本上迎接一次**"伟大的复兴"**——也就是那些在古代就已经存在，但却没有显示出其自身力量的"人"的知识的复兴。这当然同时也就是一次科学观念的革命，它标志着**"应用型"知识**开始在现代获得其中心性的地位。因为正如培根所说，"科学的真正的、合法的目标说来不外是这样：把新的发现和新的力量惠赠给人类生活"[①]，相形之下，其他方向皆是迷途。而我们将在下面讲述中具体看到，培根为此发展出了一种（虽然今日看来平常，但其实）多么有趣却也问题重重的新方法，来为这些知识的地位进行辩护。

从特殊经验出发

为了进一步明白培根的新方法的革命性意义，我们不妨首先将他与伽利略来做一些比较，后者也常被认为是"现代科学"的先驱和代表，并且就是在反抗神学压迫、坚持科学真理的意义上这样说的。但今日的科学史考察——虽然不是要推翻伽利略的地位——却为我们展示出了事情的另一面。

我们今天已经清楚，伽利略本人与教廷的关系虽然紧张，但远不到水火不容的地步。伽利略因为宣传日心说等原因而受到了宗教审判，这并不就足以说明当时教廷对他的复杂态度，否则就难以解释，为什么在多次审判之

[①] 培根：《新工具》，第58页。

后，伽利略只是被软禁（在一位大主教家中！）而已，其生活条件也并不因此难以忍受（他甚至还可以会客，继续他的研究并出版著作），没有受到如布鲁诺般进一步的迫害，甚至死后还被同葬在米开朗琪罗所在的圣十字圣殿。事实上，在伽利略发表他的科学名著《关于托勒密和哥白尼两大世界体系的对话》一书之前，他的好友，教皇乌尔班八世就已经知道他的部分想法，但并没有强力阻止该书的出版，只是要求他在论述其支持哥白尼的观点时，说明教会也有其他的观点而已。伽利略本人事先答应了这一请求，但却并没有这样做，这或许才是教皇发怒的直接导火索（甚至晚在 1616 年，哥白尼日心说才被教会明令禁止，那时候连布鲁诺都已去世十多年了）。况且，在此书中，除了日心说，伽利略的其他学说也未必那么正确，比如他将潮汐的原因归于地球自转运动，这显然就是错误的。但伽利略也并没有注明其他观点。

这种复杂的历史局面提醒我们，要小心反思"科学—神学"对立的那些常见说法，它带给我们的更多的是一个举着"日心说"的火炬面对整个宗教黑暗的孤勇者形象，但这一形象其实是失真的。科学与宗教（神学）并非简单地处于对立面上。这就是说，科学兴起的历史处境其实是十分复杂的，乃至在一些所谓典型人物身上都是如此。事情绝非简单地如我们所以为的，与宗教做斗争，就是与愚昧作斗争，走出了神学，就是走进了现代科学。并且，以下事实还可以加强上述印象：在伽利略自己的自我认知中，他不是什么"自然科学家"，而毋宁是一位"魔法师"。一些"自然魔法社"是他那个时代从事科学研究的最著名的人们，包括伽利略或者布鲁诺等经常进行学术交流的所在，比如伽利略加入的"猞猁社"。这里所谓的**魔法**，意义比我们今日广泛得多，它其实可以被理解为一种"自然操纵术"。就如同孙悟空行至一地，要打听消息时就会施展魔法，"拘"出一位土地老儿一样，这些"魔法师们"所进行的研究，就是对如何解释和控制某些自然力量的技艺的研究。这并非一定就是反宗教的，因为操控自然并不等于操控上帝，相反，它或许还需要借助来自上帝的理性光照，去洞见到整个自然是一部机器，也是一个巨大的有机体，改变其中的某些要素或运作程序，就可以获得一些与

第二讲　伟大的复兴：现代科学思想的兴起

平时不同的、人们想要得到的结果。当然，这种想法和前面所言的"存在的巨链"也完全可以配合在一起。因为那些要素和程序都处在一个巨大的、相互关联的宇宙系统之内（其中心就是上帝），它们服从着一种遍布世界的**"自然齐一律"，即在整个自然中，存在着某种恒定且一贯的理性秩序**，而我们是可以利用它的。

仅就这些想法来说，与其说伽利略是一位完全现代意义上的科学家，还不如说他更是一位仍带有"巫术"传统色彩的古代学者，且同时还是上帝的信仰者，以及教皇的好朋友。让伽利略成为现代科学代表的，更多是我们在回望历史时，在他的研究方法中能发现的、对物理运动做系统的数学定量描述的倾向（它体现为比如伽利略三大定律），这一点当然也非常重要，但它显然并非眼下语境中要关注的。

而相比于伽利略，培根对其学说的自我认定就是"**科学**"，并且是从特殊现象出发的"新科学"。它并不首先依赖那种存在于整个自然中的理性秩序。这初看起来与其说是个直接的进步，不如说是个麻烦的想法，因为这使得它从出发点上就是极不完善的：没有普遍理性的内在保证，那我们就只能说，在这些特殊的现象中，也就无法包含着某种承诺，让它们是真理的展现，或者指向真理，换言之，它们完全可能只是一些**假象**而已。有谁能保证，你看到的路人都那么好看，不是因为你的六百度近视的原因？而又有谁能够担保，你做实验时在显示屏上发现的奇特现象，一定不是因为屏幕坏了一部分？就算把这些明显的假象都排除了，谁又能许诺，一切假象都可以被排除呢？

因此，从特殊经验出发的新科学，一定要配备一套系统的方法，用以系统化假象的种类，并寻求对治的办法。对这一点，培根有着非常清楚的认识：

> 人类理解力的最大障碍和扰乱却还是来自感官的迟钝性、不称职以及欺骗性；……感官本身就是一种虚弱而多误的东西；那些放大或加锐感官的工具也不能多所施为；一种比较真正的对自然的解释只有靠恰当

31

而适用的事例和实验才能做到。①

这种真正实验性的方法，就是**归纳法**。它：

> ……做起来虽然困难，说明却很容易。它是这样的：我提议建立一列通到准确性的循序升进的阶梯。感官的证验，在某种校正过程的帮助和防护之下，我是要保留使用的。……我要直接以简单的感官知觉为起点，另外开拓一条新的准确的通路，让心灵循以行进。
>
> 以真正的归纳法来形成概念和原理，这无疑乃是排除和肃清假象的对症良药。②

可以看出，归纳法起码有两个要点，其一，如已经多次说过的，它开始于简单的感官知觉和特殊经验，其二，它必须配合一个**校正过程**，这种校正过程构成一种对可能是假象的那些经验的逐级检验。只有通过这些检验的经验，才能够被认为是通往真理的。这些校正程序在培根之后已经得到了非常充分的发展，比如，在2012年最重大的物理学发现——希格斯粒子的发现中（因为关系到对质量来源这一困难问题的回答，这种粒子也被称为"上帝粒子"），科学家宣布其可信度达到了"五西格玛"。这里的"西格玛"，意思就是高斯分布的标准差，而"几倍西格玛"反映的是实验结果的可信水平，五西格玛事件，代表着实验结果的可信水平达到了99.99994％以上，它是科学**证实**的起码标准。而一个三西格玛的事件，在科学研究中则只算是**有证据效力**的。对此的计算以及为此需要做到的实验保证，有着一整套严格的规定，通常情况下，它们在今日科学研究中已经十分确定，其结果曾受到、也可以再受到反复检验。事实上，必须再次强调的是，归纳法在科学中的大规模运用，很好地体现了现代以来"人"的思想的兴起，即从有限的、问题重重的处境出发，从被假象所困扰的特殊经验出发，运用人自身完善化的思想能力，在一个**进程**中，去进行真理探求并建立对自身有效的知识，而不必事

---

① 培根：《新工具》，第26页。
② 培根：《新工具》，第2、19页。

先依赖上帝在存在之链中的中心性地位，或者某种"自然齐一律"（虽然培根可能希望在事后确认这一点）。在这里，这种完善化的能力以及相应的方法，则特别体现在人可以通过不断的经验归纳和实验，来了解**自然的因果作用**这一点上。它当然带来了（我们时常宣扬的）人类知识的进步，以及对此的普遍信心，但随之而来的，则是一个（我们不常说到的）至今仍然以不同的方式困扰着"现代科学"的问题：休谟问题。它提示我们，一种进步论式的现代科学，**在其根基处可能就是不够牢靠的**。

休谟问题

培根的新方法提供了一个新的角度去理解因果作用。他的道路导向用因果关系的**可能性和发生概率（概然性）**，**去取代**原先在存在巨链中的因果关系的**必然性**。如果说在伽利略时代盛行的"魔法"研究中，统治性的想法仍然是改变宇宙秩序中的某些因素，就必定会改变某些随之而来的结果的话，如果说在我们很多人的一般见解中，自然因果规律是一种不可移易、**必然如此**、不随我们的想法转变的规律的话，那么，**从特殊经验出发的因果归纳，就肯定达不到这种必然性**。这首先是因为，我们对某种事件出现的原因的科学归纳，尽管可以通过一系列的实验和程序得以校正，但却始终无法获得绝对的确定性，正如我们在看到一千只，乃至一千万只白天鹅之后，也不能确定下一只天鹅是否一定不会是黑的一样。这就是所谓的"黑天鹅事件"，它在科学研究中同样存在。但实际上，这里的困难还**不仅在于归纳的不完备性**，因为科学研究也未必需要获得100%的真理，而只需要获得对大概率的事实规律的了解就足够了。更大的困难在于：我们凭什么认为，这些被以一定概率归纳出来的因果关系，就是事实上的因果关系，而不是我们认为如此的？换言之，比如我们归纳推断出的希格斯粒子的概率存在，**究竟是一个物理事实，还是仅仅是一种心理上的信念而已**？

正是在这一点上，休谟发起了他的攻击。这种攻击最重要的对象，就是前面提到的"自然齐一律"，也就是说，自然的进程是永远一致地延续着，且保持同一不变的。如果事实上存在这样的规律，那么就算归纳是不完备的，我们也可以说，被归纳发现的原因，也属于一种自然的事实。因为根据自然齐一律，实在的原因就始终保持为实在的原因，并且就算在归纳中有错误出现，那也是因为我们被假象所蒙蔽，或者是校正程序还不够完善罢了。但休谟却指出，千万不要忘记了，我们是从特殊经验现象间的邻近或接续关系出发，去归纳出它们之间的因果关系的。比如，我们经常先看到太阳照耀，然后感到石头发热，就得出"太阳把石头照热了"这个结论。但严格来说，这无法证明太阳就是石头发热的事实上的原因，因为我们能够经验的，始终不过是一些特殊的片段而已，也就是说，始终只是"太阳照，然后石头热"而已，我们从来没有经验过一种完全延续性的"太阳把石头照热"，正如我们从未经验过一种永恒的原因的持续作用一样。

这其实也非常容易理解，因为既然我们是从特殊经验出发的，那么当然就不可能拥有一种"连续作用于自然整体内"的原因的普遍观念，而只拥有临近或接续着这个特殊经验的另一个特殊经验，以及它们俩"经常性地先后发生"的观念。这首先是源于我们有这样的感官印象，即它们总是相继的，然后，基于这些反复的印象，我们也**习惯于期待并且相信**，当 A 出现的时候，B 也会出现。这就是我们称为"因果关系"的全部内容，它完全基于我们的有限观察、信念和习惯，因此也仅仅具有观念上的、概然性的连续关系，却没有事实上的、必然性的连续关系。除此之外，没有任何特殊经验可以保证，这种关系会在自然之中永远地延续下去。就算我与地球同龄，并且四十六亿年来都看到太阳东升西落，也无法保证这就是自然中永恒的真理。事实上，当明天的太阳还没出现的时候，我就始终只是怀着它还是会从东边升起的信念而已。对此，休谟的说法是：

> 我们所有的因果概念只是向来永远结合在一起并在过去一切例子中都发现为不可分离的那些对象的概念，此外再无其他的因果概念。我们不能洞察这种结合的理由。我们只观察到这件事情本身，并且总是发现对象由于恒常结合就在想象中得到一种结合。①

---

① 休谟：《人性论》（上册），关文运译，商务印书馆 1997 年版，第 111 页。

第二讲　伟大的复兴：现代科学思想的兴起

我们将在之后的阅读文献中，展示休谟问题所引发的一连串反应，对它的回应，以及这些回应的问题。这些相关讨论直到今天都在科学哲学上处于未有完全结论的状态。但此处需要着重指出的是，当我们从特殊经验出发进行科学归纳时，这种归纳难以避免的**心理学性质**问题，也就是说，我们缺乏一种可靠的保障，去说明那些被发现的因果规律，是事实存在的，而不是仅仅被我们"相信"如此的。如果不能提供这种保障，那么就很难说物理学是关于事物本身性质的科学，而不是另一种形式的经验心理学。这样一来，几乎所有借助归纳法的实证科学，都既无法说明因果关系的事实延续，也无法说明自身的实在性质，更不要说能提供事实上的必然关联了。这甚至可以进一步与如下问题关联在一起，即我们究竟要主张一种实在论的科学，还是一种反实在论的科学？

比如，今天的学生到了高中就都知道，原子是由原子核和核外电子所构成的，并且原子核又是由质子和中子构成的，它们又分别由各种夸克组合而成。但是，目前人们实际能够显微成像的，就只到原子级别，也就是说，我们最多只拥有某些原子的形象经验。换言之，我们至今无法亲眼看到诸如电子一类东西。它的存在，其实是我们通过比如放电管中的阴极射线在电磁场和磁场的相互作用下的轨迹来推断的。但问题就在于，我们并不能保证，存在着关于这些轨迹的特殊经验，就一定说明了电子的物理实存，这种特殊经验与其说是证明了某种物理存在，毋宁说是我们相信有一种原因，是它造成了这种轨迹，且我们为此提出了一种理论上的、而非事实上的解释，即这种原因就是电子。这样一来，电子就不必是一种实际存在，而可以仅仅是一种**理论解释条件**罢了，并且按照休谟的想法，它的根源甚至可能就是**心理学理论**。

无论如何，以上这种反实在论的科学解释，尽管并非目前科学哲学的主流，但也并非可以轻易打发掉的无聊想法。相反，它的确在科学的根基处提出了严肃的问题：如果现代科学的兴起是与人的有限性紧密绑定在一起的，那么它就必须面对一个困难的境况，即人的有限经验证明不可能提供关于自然整体必定实际存在的证明，而既然自然整体的必然实在难以说明，那么我们对它的特殊部分的那些现象性观察和推论，也就无法拥有通盘的实在基础。这样一来，所有自然科学的必然性和实在性，就很容易统统陷入危机之中。当然，可以希望的是，基于人的自我完善化能力，这一危机并非无法解决。起码马上我们就能看到，通过给现代科学提供一种**数学结构**的支撑，我们就可以一定程度上回应科学（尤其是实证科学）的基础只是经验心理学的那种意见，尽管我们也可以预料到，作为有限性的人，这些回应多半也是问题重重的。但在最低限度上，它不至于因此就被视为是劳而无功的。

现代科学、数学与哲学

让我们首先来回顾和总结一下上面讲过的内容。在休谟对因果关系的解释中，值得关注的有以下几点：

1. 我们能够看到的、在某些特殊经验间恒常出现的邻近或接续关系，不能说明在自然整体中就存在着一种事实上的、持续性的必然因果关系。

2. 我们之所以将这些特殊经验间的关系称为"因果关系"，是因为我们不断观察到它，对之进行了归纳，逐渐形成了习惯，且相信它还会继续发生。

3. 因此，因果关系其实是我们自己在观念中，以心理学的方式构造出来的。

4. 至于事实上是否有这种因果关系，对此我们只能保持怀疑和谨慎的态度。且我们相信它应该发生，也不等于它事实上就会发生。

5. 而如果像我们相信的那样，某种因果关系好似在事实上也发生了，比如太阳下一次出来后，石头还是发热了，那么我们对此也只能说，我们并不明确地知道它为什么会实际发生。换言之，事实上的"因果关系"——就算它确实存在的话——我们也只有一些关于它不精确的、不确实的观念知识而已。

6. 这样一来，要是有人主张说，具有因果归纳特征的自然科学，能够

第二讲　伟大的复兴：现代科学思想的兴起

带给我们那些关于自然自身的规律或真理，它们是事实上必然如此的，或者我们可以精确描述并确证它们"为什么如此"，那么这种主张就是必须被怀疑和批判的。

但有趣的是，即使是休谟也不认为，所有的知识因此就都是不精确和不确实的，比如**数学**就是这样一个例外。休谟的说法是：

> 因此，就只剩下代数学和算术这两种仅有的科学，在这两门科学中，我们能够把推理连续地推进到任何复杂程度，而同时还保存着精确性和确实性。我们有一个精确标准，我们能根据它去判断一些数的相等和比例，按照数的是否和这个标准相符合，我们确定它们的关系，而不至有任何错误的可能。①

尽管休谟自己并未对此做进一步尝试，但这为人们保留了一种希望，即：就算我们不能在事实上精确且确实地解释，一件事情为什么会实际发生，但我们毕竟可以对这些因果关系做出数学上的定量分析，并保证它是严格的、成系统的，从而起码**在描述的层面让科学摆脱经验心理学嫌疑**，且也不至于因此就落回到主张"自然齐一律"的地步中去。恰恰是这种可能性，构成了现代科学发展的最重要线索之一。对此，数学家、数学教育家和数学史家克莱因在他的《西方文化中的数学》中写道：

> 近代科学成功的秘密，就在于在科学活动中选择了一个新的目标。这个由伽利略提出的并为他的后继者们继续追求的新的目标，就是寻求对科学现象进行独立于任何物理解释的定量的描述。如果把近代科学与以前的科学活动进行比较，那么我们将会更加懂得科学中这一新观念的革命意义。②

正如这段话最后一句所暗示的，这件事情并没有这么容易理解。因为首先，正如我们在这一讲开始就说过的，古代数学已经非常发达，所以仅就此

---

① 休谟：《人性论》（上册），第 87 页。
② 克莱因：《西方文化中的数学》，张祖贵译，商务印书馆 2020 年版，第 236 页。

来看，似乎很难从这个层面说明现代科学的独特性，这就需要进一步的分析；其次，我们也还不明白，什么叫作"独立于任何物理解释"的数学定量描述，它又为什么具有非经验心理学的精确性和确实性；最后，理解数学对于现代科学的意义这件事情，还会冲击我们的一些想当然的"常识"，比如对牛顿而言，"万有引力"并非如我们理解的那样，是一种"实实在在"的物理力。而解释这一点，则可以将我们引回对"思想"本身力量的关注，并进一步通往那些初看起来古怪的现代哲学思想，比如"我思故我在"。

古今数学之别

如同之前已经说到的，古代数学的成就，最主要的体现之一就是几何学，比如我们都非常熟悉的毕达哥拉斯定理，也就是勾股定理的发现。再比如常被人津津乐道的圆周率的计算。从古希腊开始一直到现代早期，欧几里得几何学很多时候都被视为是完美科学的典范。它**完备、清楚、直观**：完备是指它拥有从一定量的公理到定理和证明的整套系统；清楚是指它的推论严格且清晰，且并不需要我们那些含混的特殊经验（比如"冷"或者"热"），而只需要简单明了的普遍观念（比如"角"或者"直线"）；直观则是指，尽管几何学的观念是普遍的，但它却可以表现在非常具体的图形和图形关系上，并被我们观察到。

正是由于几何学具有的这些重大优点，所以柏拉图甚至曾用它来说明，在我们的心灵之中，存在着一种与生俱来的完美知识，它不需要通过特别的后天学习，只需要摆脱一些俗世的干扰，就能被回忆起来。这些知识就是关于数与理念世界的知识。在《美诺篇》中，借着苏格拉底之口，柏拉图引导一位从没有上过学的小奴隶，自己动手去解决几何学问题。他在这里提出的，是关于方形边长与面积换算的问题，但解题方式却不是教给孩子面积公式或者勾股定理之类的知识，而只是不断向他提问，为他作图，并由他自己来回答。比如问他："你看这个方形，四条边是不是相等的？"或者"你看这个边长扩大了一倍的方形，把它画下来，是不是相当于原来四个方形？"等等。这一做法最终取得了成功，小奴隶求出了他原来并不知道的新方形的面积，并且理解了方形边长与面积的换算关系。但此处最重要的，却不是这个

第二讲　伟大的复兴：现代科学思想的兴起

成功的结果，而是苏格拉底如何只借助提示性的问答，帮助一个无知者，通过他自己的直观和清楚的推理，一定程度上建立知识系统并获得普遍知识的过程。并且，由于这种知识不是被传授的，而是那个原来对几何学一片茫然的小奴隶自己发现的，所以，它肯定只能是他在内心中本来就有的，否则他就不可能发现它了。

这种关于心灵中存在着永恒理性知识的主张，很容易与我们之前说到的那个古代科学的特性连接在一起，即在古代科学中，处于存在巨链中心地位的，是那些从最高的普遍原理出发的演绎性知识，它体现了变幻自然中不变的理性秩序。柏拉图这里只不过是说，我们首先需要借助回忆和问答法，返回到这些知识上去而已。由此，在古代的确存在着这样一种希望，**以类似几何学的方式，去建立对自然因果的系统解释**，它就是对我们之前所说的"自然齐一律"的各种研究。如果这一尝试成功了，我们就拥有了对"天道""神意"的清楚完备的认知，那当然也就是最好的和神性的知识了。

但到了现代，这种想法却发生了重大的转变。其原因不仅是我们是有限性的人，不再能指望从一开始就拥有完备的神性知识，也不仅是现代科学强调从特殊经验而非普遍原理出发，从而体现出很强的实验科学特征，而且**甚至连几何学自身的发展，都日益说明这种想法很成问题**。比如休谟就认为，虽然比起一般的自然因果知识来说，几何知识是具有优越性的，但要是比起代数学和算术来说，它却是比较不精确和不确实的。正是在这个意义上，如同克莱因所说，古今数学的第一个重大区别，就在于**"代数和几何作用的完全颠倒"**：

> 希腊人偏爱几何，因为它是他们能够得到严密性的唯一方式；甚至在 17 世纪，数学家们还觉得应当用几何证明去为代数方法辩护。可以说直到 1600 年数学的主体是几何的，加上一些代数和三角的附属物。经过笛卡尔、费马和沃利斯的工作，代数成为不仅仅是适合于本身目的的一套有效方法，而且也是解决几何问题的极好途径。分析方法在微积分中表演出来的更大的有效性解决了竞争，于是代数成为数学中占优势

现代思想：兴起、变迁与未来

的实体了。①

为了说明这个变化，让我们来提出这样一个问题：为什么柏拉图在《美诺篇》中的问答，是用"方形"作为切入点，而不是日常生活中更常见的"曲形"？答案非常简单：因为准确的曲线作图和曲率计算，在古代是极其困难的，而这又是因为，曲线是进行连续的、无限微小的变化的，而恰恰是这种"无限微小的变化"，既无法被直观，也难以被清楚地计算。正是因为这种困难，古代求圆周率时，才会"割圆为方"，即把圆形尽量地分割为可以更清楚直观地被计算的方形。但由此得来的数值，显然是不够精确的。事实上，只有当解析几何和微积分的代数方法成熟之后，这些问题才能得到妥当的解决。

而当笛卡尔创立解析几何时，最直接的动机，也是解决古人没有很好解决的曲线作图问题。但这里重要的还有他的方法，即将几何与代数的优势结合起来——今日我们只要上过高中，就清楚地知道，它的实质就是利用坐标轴，将图形变化转化为一系列的方程变化，或者说，**将几何代数化**：

> 我可以在这里给出其他几种描绘和想象一系列曲线的方法，其中每一条曲线都比它前面的任一条复杂，但是我想，认清如下事实是将所有这些曲线归并在一起并依次分类的最好办法：这些曲线——我们可以称之为"几何的"，即它们可以精确地度量——上的所有的点，必定跟直线上的所有的点具有一种确定的关系，而且这种关系必须用单个的方程来表示。②

这就将那些复杂的、无法再凭借"回忆"就直观到并清楚解决的几何问题，转变成了精确代数运算的定量分析问题。微积分当然也有同样的作用。而这些新方法都有着极广的实际用途，比如解决赤道半径测量的问题，或大航海时代的航线计算问题等。但**更重要的是**，这些代数方程和符号，比如莱

---

① 克莱因：《古今数学思想》（第二册），石生明、万伟勋、孙树本等译，上海科学技术出版社2014年版，第1—2页。
② 笛卡尔：《笛卡尔几何》，袁向东译，北京大学出版社2008年版，第19页。

第二讲 伟大的复兴：现代科学思想的兴起

布尼茨发明的一系列微积分运算符号，以及运用它们对无法直观的微小变量和无穷级数的处理等等，**都是数学家从自己的脑中导出的抽象概念**，其用处是对诸如曲线的曲率变化等做精确的描述，而**非解释变化的成因**。所以，它们也不必被归入因果的存在巨链，不再必然地导向上帝，而完全可以是**我们人类自己**为了解决实际问题，**通过我们的思想规定能力所建构出来的一整套工具**，也就是说，它们是"**思想的产物**"。这就引出了克莱因说到的古今数学差别的第二个要点：

> 数学本质的另外一个更微妙的变化已经被大师们不知不觉地承认了。直到1550年，数学的概念还是直接观念化的，或是从经验中抽象出来的。当时负数和无理数已经出现，而且逐渐赢得了承认。再加上当复数、使用文字系数的广泛的代数以及导数、积分的概念进入数学的时候，问题就变成从人类脑子的深处导出的概念占优势了。……换句话说，数学家们在贡献出概念，而不愿意从现实世界中抽象出概念。但是这些概念在物理研究中是有用的，因为（除复数还必须检验它们的价值以外）它们和物质的现实性存在着某种联系。……1700年以后，越来越多的、更远离自然界的、从人的脑子中源源不断地涌出的概念进入了数学，而且以较少的疑虑被接受了。由于数学概念的起源，使它逐渐从感觉的学科转向思维的学科。[①]

正是因为数学逐渐变为思维的学科，所以各种作为思想产物的数学概念及其运用还有一个显而易见的好处，那就是它**并不依赖于经验心理学**，因为它越来越强烈地表现出非具体经验的抽象性——莫非我们中间有谁曾经验过无穷小，或者虚数 i 实际上是什么吗？但如果没有这些抽象观念，我们怎么计算变加速运动，或者怎么书写麦克斯韦电磁方程式呢？如果这些都做不到，我们又怎么制造发动机，或者修建通信塔呢？又怎么开车和玩手机呢？再说一次：这些对现实物理研究和实际生活有着重要作用的数学概念，并不

[①] 克莱因：《古今数学思想》（第二册），第2—3页。

是从具体的经验中抽出来的，而是一些纯粹的概念设置。也正因为如此，它们就**不会受到经验变化的干扰，而只服从思维规定的严密性和精确性要求**。这虽然不是对休谟问题的直接解决，但极大地缓解了我们对于一切科学因果知识只能是一种心理信念的焦虑：起码现在，它们也能够通过精确和严密的数学分析被描述性地证明。

当然，也正因为如此，**数学的定量分析**，就**不能和实际物理变化的成因分析混同起来**——它并不解释物理因果关系"为什么发生"，而只描述它**"怎么样发生"**。这也就是克莱因说现代数学"独立于任何物理解释"的理由。一方面，这与古代理想拉开了差距，即人们不再寻求以类似几何学的方式去建立自然科学，以揭示上帝的理性在宇宙中的统一作用。但另一方面，它也带来了**深深的疑问**：为什么这种人脑子想出来的数学概念结构，居然就可以这么好地描述现实世界中发生的那些物理现象呢？它们是怎样形成配合的？甚至看起来，它们好像还是根本一致的？正如克莱因所说，在 1700 年以前，对于接受这样的数学分析力量，人们还是疑虑重重的。在此之后，我们之所以对此再没有那么强的疑虑，很大程度上也只是因为这些分析实在太有用了而已，而不是因为我们对上述问题已经拥有无可争辩的答案[①]。通过分析另一位最重要的现代科学家的典型事例，我们可以更清楚地知道这些问题的困难程度——这就是牛顿，以及他的作为"数学原理"的万有引力学说。

《自然哲学的数学原理》

至少通过著名的"牛顿脑袋被苹果砸了"的故事，我们中的绝大部分人都自以为熟知"万有引力"这种"物理力"，并且把牛顿看成是这种物理力的伟大发现者。但这与科学史通过对牛顿的仔细研究告诉我们的却并不一致。

[①] 所以有趣的是，要是我们追问应用数学之实际效果的原因，很可能就又会绕回归纳法，即因为我们通过归纳发现它总是很有用。那么在这里，休谟问题就会再一次出现，即数学总是那么有用，这会不会只是一个心理信念而已。对此我们将在稍后再进行简单分析。

第二讲 伟大的复兴：现代科学思想的兴起

让我们首先来弄清楚，那些我们在初中就知道的牛顿三大定律以及万有引力定律，究竟是出自牛顿的哪本著作。很多人也许甚至不用搜索都知道答案——《自然哲学的数学原理》，但他们可能却从没有想过，**为什么这些最经典的"物理学"定律，却是在一本介绍"数学原理"的书中被提出的**？

牛顿自己对此书写作意图的解释是这样的：

> 由于古代人在自然事物的研究中极重视力学；而现代人，抛开实体的形式和隐藏的性质（qualitates occultae），努力使自然现象从属于数学的定律；因此这一专著的目的是发展数学，直到它关系到哲学时为止。①

很明显，他的目标就在于发展不同于"力学"的"数学"。当然，这里的"力学"和我们现在使用的含义不同，主要指那些较不精确的实践技艺，比如如何移动重物等；而数学，则是指如同几何学一样具有完备性、精确性和清晰性的学问（是的，即使牛顿也仍然推崇古代的几何学典范，这也是他为什么在创建微积分时，没有像莱布尼茨那样发明使用大量代数符号的原因之一，而现在看来，后者的做法肯定是更为成功的）。因此，当他在提出"万有引力"的**假设**的时候，他所想到的，与这本书的写作宗旨完全一致，即为物体间的相互吸引作用提供一种在数学上完备、精确和清晰的定量分析和描述的方法。运用这些方法所得出的结果，虽然可以为实验所检验，但这并不等于牛顿主张，万有引力就是一种"实实在在"的物理力，并且就是任意两个物体"为什么"互相吸引的原因。而只是说明，他提出的数学计算模型是可行的，并且就是在解释**"怎么样"**精确计算两个物体的互动吸引这一点上是可行的。至于回答"为什么"的问题，那可能需要我们对前面提到的"希格斯粒子"有了更好的实验观测和研究之后，才能做到了——这当然不能指望牛顿本人来完成。

---

① 牛顿：《自然哲学的数学原理》，赵振江译，商务印书馆2015年版，第 vi 页。

现代思想：兴起、变迁与未来

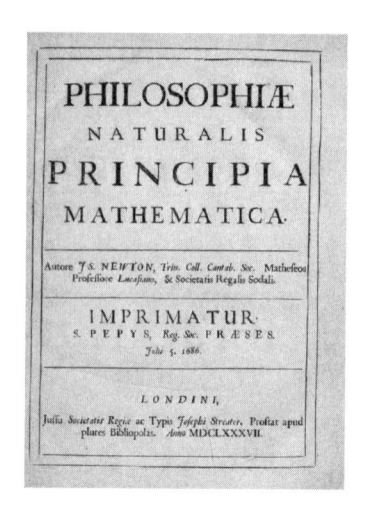

1686 年版《自然哲学的数学原理》拉丁文封面

换言之，对于牛顿而言，与其说"万有引力"是一种真实的"物理力"，不如说它是一种被他的思想所假设的**"数学概念"**，是对比如"苹果砸到脑袋上"这件事进行科学分析的数学上的**"理论条件"**，而不是其物理上的"现实原因"。只不过由于它在实验中的运用太过成功，所以很多人——包括牛顿的第一批拥趸者，也包括我们——就把这种数学分析和事实因果混同起来了而已。在著名科学史家柯瓦雷撰写的《牛顿研究》中，他想要强调的也正是这一点：

> 我们知道，牛顿本人从未承认过引力是一种"物理的"力。他反复重申，引力只是一种"数学的力"，不通过作用者就能直接作用于其他物体的超距作用是绝对不可能的（不仅是物质，就连上帝也是如此）；因此……引力不能被当作物体（或物质）的一种本质的基本属性，……引力是一种有待解释的属性；牛顿无法做出这种解释，由于他不想在缺乏好理论的情况下就贸然给出一个假想的解释，而且由于科学（数学的自然哲学）没有这种解释也能进行得很好，所以他宁愿不做解释（这是他著名的"我不杜撰假说"[Hypothese non fingo]的一个意思），而使这个问题悬而未决。但奇怪的是，或者也可以说很自然，除麦克劳林以外，没有人在这一点上认同他。牛顿的第一代学生……都认为引力是物

第二讲　伟大的复兴：现代科学思想的兴起

质所具有的一种真实的、物理的甚至首要的属性。他们的这种学说传遍了整个欧洲，遭到牛顿同时代的欧洲大陆学者持续而强烈的反对。①

在这一批反对者中，包括了惠更斯、莱布尼茨等一大批重要的科学家。而最重要的反对点之一，就是上文提到的**"超距作用"**。如果主张引力是一种物理力，那么就要解释，两个距离无限远物体，它们中间没有任何中介，但怎么就能够相互吸引呢？这件事情**实际**上是如何发生的呢？比如莱布尼茨等人就认为，除非把它理解为一种超自然力量，否则它就根本没法被解释："诸物体从远处互相吸引而无任何中介……这也是超自然的"②。那就非常可笑，因为牛顿的拥簇者明明主张牛顿学说是科学，但这种科学的核心，居然尽是些无法解释的超自然奇迹！这也无怪乎人们群起而攻之了。

事实上，直到今日，关于"超距作用"到底是怎么发生的，我们也只拥有一些存在争议且并不完整的回答而已。但对于牛顿来说，这个问题首先并不重要，因为正如之前所说，他的引力学说只是一种"数学原理"，是如同"虚数"一样的思维的产物，它提供的也仅仅是定量分析描述的框架，而非实际的因果解释。然而这种说法当然会引发（我们之前就说到的那种）疑虑，即**凭什么这种作为人类思维产物的数学学说，居然就能这么刚刚好地描述物理现实**？这难道不是一种奇迹吗？还是说，我们其实不是作为有限存在者，从自己脑中抽象出了这些数学结构，而是在自己的心灵中"回忆"起了在自然世界中本就永恒存在的那些属神的理性秩序，如同柏拉图主张的那样？那岂不是绕了一大圈，还是回到"最普遍的原理""存在的巨链"和"自然齐一律"之类的东西上去了吗？尽管牛顿本人并没有回答这些问题，但在前面引用的那段原文中，他还是为我们指出了一个方向，那就是他发展数学所最终关系到的**哲学**，尽管不是他的哲学。

人为自然立法

现代数学具有高度抽象的特点。它可以被看作是我们自己的思维所构建

---

① 柯瓦雷：《牛顿研究》，张卜天译，商务印书馆2016年版，第20—21页。
② 莱布尼茨、克拉克：《莱布尼茨与克拉克论战书信集》，陈修斋译，商务印书馆2013年版，第38页。

起来的，并且虽然可以被运用于经验中，但却不会反过来被比如心理经验所改变。作为人的思维的产物，它在科学上所获得的成功，还有它所产生的问题，现在都表明了如下任务的重要性和紧迫性，就是我们要去研究，**人的思维是否以及在什么限度内可以成为某些知识的独立来源，而这种思维的知识与现实间的关系又如何**。在整个现代哲学与科学的互动中，以上问题都是关键性的，它们被无数伟大的科学家和哲学家以各种方式研究过，并且至今仍在热烈地讨论中。

在说明思维与知识的关系方面，笛卡尔走出了决定性的一步。他把一种纯粹的思想，作为了一切知识能够得以清楚明白地建构的最重要出发点之一。而在方法论上，这与他将几何代数化的努力是一致的，就是要通过非常简单明了的一套初始规则，来为整个知识系统打好基础，哪怕这套规则看上去和我们的日常经验很不一样，显得难以借助日常经验被直观地说明。这一决定性的步伐，可以用他最有名的话来说明："**我思故我在**。"伴随着对它的巨大误解和由它引起的"不明就里"的惊讶，这一哲学金句经常被征引、被赞叹，也被嘲弄。

那些对此金句的广告式改造——"我运动，我存在"，或者"我爱，我存在"，与"我思故我在"拥有完全不同的语义结构。这是因为，"运动"或者"爱"是包含着各种具体经验的，比如"篮球"或者"唱跳明星"，但"我思"不一样，它首先只是排除了一切经验内容的某种**纯粹形式规定**。这句话乍听上去颇令人费解，所以我们要对它做以下一些解释：

笛卡尔对"我思故我在"的论证始于**普遍怀疑**，其目标却是要找到不可怀疑的、清楚明白的知识原点。因为要是知识的构建在原点上就是含混不清的，那后续就很难有什么明白性可言了。那么，什么叫作普遍怀疑呢？考虑你眼前或者之前看到的一个人，他穿着衣服和鞋子。你怎么知道，在那些衣服之下，那确确实实是一个人，而不是一个仿真机器人呢？你面前摆着的那些事物，有形状、色彩和温度等，但它们真的就是确定的吗？别人看来或者感受起来，它们的颜色等会不会就是另一个样子呢？甚至比如算术，你认为3+4等于7是没问题的，但万一在一切的背后，有

第二讲 伟大的复兴：现代科学思想的兴起

一个魔鬼，它能操纵你的心灵，让你每一次计算时都以为 3+4 等于 7，而实际上它却等于 8，这为什么不可能呢？你怎么肯定，现在你看到的和相信的一切都是真实的，而不是一场大梦呢？从最平常的感官经验，到我们自以为熟悉的算术规则，一切的一切，都可能是假象，因此都是可被怀疑的。"怀疑"并不是说，它们就是不真实的或者错的，而只是说，它们**完全有可能**是不真实的或错的，所以是可怀疑的。而这正是因为，做这般思考的我们，只是有限的存在，所以我们没有无限的神的理性，来确保它们的绝对真实。普遍怀疑于是就可以这样运行下去，最后，在一切都被怀疑之后，当然就该问出那个关键性的问题：你又可不可以怀疑，你真的是在进行怀疑吗？

回答是：当然可以。你于是怀疑你在怀疑。而这还可以被进一步地怀疑，也就是你怀疑你怀疑你在怀疑。一种无止境的"套娃"游戏宣布开始，它可以一直玩下去：我怀疑我怀疑我怀疑我怀疑……，以致无穷。——然而，就是在这场套娃游戏中，在这种看似无聊的戏谑与玄想中，一种**不可怀疑的确定性**却已经出现了！那就是，无论如何，你总是在进行着怀疑，你总是在以怀疑的方式**思想着**：因为就算我始终怀疑我在怀疑，我肯定也是在怀疑着！所以我也就是在思想着（因为怀疑就是一种思想活动）。尽管这种思想什么具体经验内容都没有，既没有篮球，也没有唱跳明星，但这并不影响"我在思想"这件事情，它也就成了"我存在着"的一个清楚且坚实的基点和明证。这就是说，**我总是能思考且正思考着什么，我起码以这样的方式存在着**，尽管这并不直接说明，我的肉体也实实在在地存在于这个世界上。

普遍怀疑是一个有效的程序，它排除那些并不确切的知识、干扰性的假象、不靠谱的经验，并提纯出**思维活动的独立性**。不仅如此，更重要的是，这种独立的思维活动，是**我们有限者的思维活动**。它并不包含存在"自然齐一律"之类宇宙秩序的承诺，更不是什么神的"全知"。通过这样的程序，我们的思维就被确定为一个可靠的知识发源点，尽管对于知识的构建来说，这还远远不够。因为"我思"是没有内容的纯粹思维规定性，所以从它出发，当然也就并不能直接得到自然科学知识，或者任何经验知识，它们都是拥有确切的内容的。"我思"最多能够为作为"思维产物"的那些抽象数学概念提供某种辩护，说明它们的确可能只服从思维法则，并具有不依赖经验的独立性而已。但就算这一点，也是困难重重的（因为比如解析几何方程也可以是普遍怀疑的对象）。

接续笛卡尔工作的是康德。他将在笛卡尔那里的纯粹思维实体，也就是"我思"，发展为一个具有不受变动经验影响的稳定性、独立性和准确性的思维整体。或者说，在康德那里，**"我思"先天地包含着我们能够普遍有效地理解和解释世界的一整套语法，它既是数学的语法，也是自然科学的语法**。所以，我们并不是先看到了那些本来就存在于宇宙中的现实，然后再用我们的有限思想去符合和解释它们，相反，那些被我们感官搜集起来的素材，只有经过我们自己思维语法的整理，才能够具有对我们而言的、可理解的稳定结构。

针对上面的这个想法，康德使用的最著名比喻，是**"哥白尼革命"**。在我们的课堂上，当问到哥白尼"日心说"的革命意义时，学生们常常会按初高中老师的说法，将之理解为科学事实对神学偏见的革命。但经过之前对伽利略的时代的分析，我们已经知道，这种"科学反对神学"简单叙事是需要小心辨明的。然而此处可省去这些辨明，因为"哥白尼革命"的另一层真正意义在这里更重要：假设有一位哥白尼同时代的人，看见他望着天空，说着太阳才是宇宙的中心，于是这人陪着哥白尼一起观察太阳，那么，一整天过去之后，这个人会合理地认为，哥白尼就是个骗子。原因非常简单：因为他明明看到了太阳东升西落，绕着地球这个原点转了一圈。他的经验直接告诉他的当然是：地球才是中心。而哥白尼革命的伟大之处，恰恰在于，**他提出了一套知识（"日心说"），并要求我们的经验要去符合这种知识，而非反过来，让知识去符合我们的经验！**康德认为，这才是真正的科学精神，而他也正是这么做的。至于太阳是不是宇宙的中心，反而不过是个参照系选择问题罢了，它并不真的那么重要。

由于我们的感受和经验只有在思维语法的组织整理下才是有意义的，也

第二讲 伟大的复兴：现代科学思想的兴起

才能够成就数学和自然科学，所以，与一般的想法不同，并不是人去遵守自然界本来就有的法则，而是反过来，**人为自然立法**。这乍听上去好像是说，人们想什么，自然就要跟着做什么，那就太荒谬了。康德的意思并非如此，而是说：

首先，这里的人仍然是有限的人。他**没有办法为自然本身立法**，而只能为他所能观测、描述和解释的那些**自然现象**立法。至于事物本身是否遵循自然法则，遵循什么样的自然法则，这是我们并不知道的事情。也就是说，我们思维整理和规范的，只是那些对我们而言能被认识的自然现象。

其次，就算是这样，我们思维所做的也仅仅是立法而已。换言之，它可以做形式上的规范，但并不能决定实际上我们会拥有哪些材料。而这些**必需的实在材料**，还是**只能通过感官搜集才能获得**。这就排除了诸如"我们想让自然中有什么，它就会有什么"这种荒唐的想法。

最后，"人为自然立法"同时包含着乐观和悲观的**两幅图景**（在本书第一讲最后，我们就已经看到了这两幅图景）：一方面，因为人总是可以在一个进程中，不断去调整思维语法与增长中的实际经验的关系，以进行更多更好的表达，包括自然科学的表达，所以，自然科学研究总是可以不断前进和不断完善的；但另一方面，无论它再怎么完善，也都是有限的，因为我们作为有限的人，就始终没办法拥有所有的经验材料，也只能处理我们能处理的现象。

而借助以上想法，康德又为我们赢得了什么呢？

其一，康德认为，他为我们赢得了一种**彻底抵御休谟式心理主义**的机会。只要"因果关系"也是根据某些思维的先天语法而被用于经验理解的，那它就不会只是一种后天习惯所催生的心理信念而已。这就是说，自然科学现在可以放心地在一套严密且独立的思维框架下进行自己的因果研究了。当然，这样做的界限是，它只对我们拥有感性经验的那部分自然现象有效，而不能非法地去主张什么"自然齐一律"。

其二，这种提供世界理解的语法规则的"我思"，也远远超出了笛卡尔的理解。后者更多地只说明了思维活动的独立性，而没有表明**内在于这种活**

动中的思维规则的自治性。这样一来，关于思维和数学及自然科学的关系问题，以及思维知识与现实的关系问题，康德也就提供了比笛卡尔直接得多的回答：对于我们来说的现实，就是根据思维规则才整理得出并获得理解的现实，而其途径，就是通过体现了规则的不同运用的数学和自然科学等认识。

这种杰出的哲学，为我们理解现代科学的兴起、它的基础、它与思维的关系，以及它与人的有限性和完善化，都提供了饶有助益的系统性说明。尽管如此，它也是后来许多争议性问题的滥觞。在本讲最后，我们将举出其中两个问题，它们至今都仍然处于学问研究的前沿，并且深刻影响着我们现代人的世界观。

两个问题

第一个问题：细心的读者可能已经注意到了，在牛顿及之前的部分，我们提出的问题是，作为思维产物的数学与事实科学为什么看上去具有很好的相互配合关系，乃至具有一致性。而直到康德，对此给出的答案仅仅是，因为我们拥有一种规范着数学和自然科学的统一思维语法。但这并不足以说明，数学性的语法运用就和自然科学的语法运用可以配合或达成一致。换言之，它们完全可能是一套语法的两种不同运用，并且得出两种不相干的结果。这样一来，就算我们说明了思维的独立与自治，还有它与知识的关系及界限，也并不等于我们就说清楚了数学和自然科学的关系。

在康德之后，为了回答这个问题，人们已经发展出了非常多的理论和技术手段。比如，我们可以尝试将数学和自然科学放在统一的逻辑架构下来理解，主张世界在整体上具有一种可分析的逻辑结构，并且可以通过形式化语言来表达和运算它，包括对归纳法进行逻辑化处理等。这种想法大大推动了数理逻辑的创立和形式化语言的发展，它们在今日计算机科学与人工智能等领域取得了卓越的成绩。但问题是，这最多能够证明，自然科学**理论**可以很大程度上以数学和逻辑形式来表达，却不能证明，**事实上**算作自然科学的发现，也完全能用数学和逻辑计算的预测模型来代替；毕竟，实验室里究竟会发生什么，以及为什么它实际发生了，至今并不能完全通过理论预测得知。那么，这究竟是因为这种逻辑结构还不够完善，还是因为理论和事实其实是

第二讲 伟大的复兴：现代科学思想的兴起

不同的两种东西，就存在重大争议。当然，通过哥德尔等人的工作，我们今日已经能证明，二阶以上的逻辑系统都不可能完备。但这绝没有完全堵死我们的道路，我们可以去寻找一种或多种能够更准确地缩小或解释科学理论和实际差距的逻辑方法。只不过，那是否仅是通过形式化语言就能完成的，就又是一个问题了。

除此之外，这种数学和逻辑架构，与我们的思维语法又是不是一回事呢？数学概念，它究竟是一个有思维认识条件的概念，还是一个（类似柏拉图的）无条件的客观理念呢？或者，它其实根本就是被经验归纳出来的而已，是一种信念表达，而笛卡尔和康德都错了？虽然我们之前一直这么说，但数学真的是"思维的产物"吗？就算是，它真的是某种独立自治的思维作用的产物吗？这些问题涉及数学、逻辑与我们心智结构的关系，也涉及它们与"实在世界"的关系，康德对此最多只是提供了一种解答而已。在他之后，形形色色的解答数不胜数。而至于这些至今仍悬而未决的问题的复杂程度，我们只要看一看爱因斯坦对物理理论道路的说法就可以明白。这一道路表面上充满了激动人心的力量，但实际上却将信念、理解、逻辑与实在等难分难解地搅和在一锅里，还加上了比如"世界是和谐的"这样的佐料，并且或许是因为不得不如此（因为以上问题就算对于顶级物理学家也实在困难）：

> 我们试图凭借物理理论找到一条道路，穿过观测事实的迷宫，整理和厘清我们的感官印象世界。我们希望观测到的事实能从我们的实在概念中逻辑地推出来。倘若不相信我们的理论构造能够把握实在，不相信我们世界的内在和谐，就不会有科学。这种信念是而且永远是一切科学创造的根本动机。在我们的所有努力中，在新旧观点每一次戏剧性的斗争中，我们都看到了寻求理解的永恒渴望以及对我们世界和谐性的坚定信念。理解上的障碍越多，这种渴望和信念就越强。[1]

第二个问题：尽管来自爱因斯坦的上述引文，对于解决第一个问题没什

---

[1] 爱因斯坦、英费尔德：《物理学的进化》，张卜天译，商务印书馆2019年版，第224页。

么帮助，反而徒增困扰，但它倒是提醒我们，科学很可能与某种价值观绑定在一起。在这段引文中反映出的价值观，就比如"世界是内在和谐的"，它与爱因斯坦的另一句名言有着同样的意象，即"上帝不掷骰子"。既然上帝不掷骰子，那么物理学中也就没有什么随机的、无法预料的混乱，所以世界当然是和谐的。但随着量子力学的发展，这句话已被证明是糟糕的，因为量子的那些奇妙的随机性质，比如海森堡的不确定性原理所说的那样，恰恰说明了"上帝也掷骰子"。但我们这里并不想关心这个"骰子"公案（它可以在随便哪本物理科普书上被找到），我们关心的是：**科学真的如同很多人相信的那样，是价值中立的吗**？

正如爱因斯坦引入了"和谐"的价值一样，当康德去论述数学和科学都需要的那套思维语法时，他也认可了"我思"的中心地位，并且因此被很多人批评，他由此引入了一种**主体中心**主义的价值观。这就是说，他把人的思维放在了整个世界认识都要围绕着它的地位上。正因如此，康德也带了一种非常危险的乐观主义，即对于作为主体的人来说，科学的不断进步总是一件好事情。而在康德影响下的那些"主体性哲学"，无论是否赞同康德，很多也都倾向于把不断求知看成是一种乐趣和任务，并且是人在宇宙中的独特中心地位和卓越能力的体现，比如尼采。在充满了价值判断意味的书名《快乐的科学》下，他将科学与求知和我们的生命价值深度绑定在了一起：

> 这样，知识成为生命本身的一部分，进而变成日渐增强的力量……思想家这时成了这样的人：在求真的本能欲望被证明是一种保存生命的力量之后，他内心求真的本能欲望便与那些保存生命的错误开展了首次斗争。与这斗争的重要性相比，其他的一切都无关宏旨。
>
> 这么说来，对科学的信仰是无可争议地存在，信仰的原因……是依从"追求真理的意志"，"不惜代价地追求真理的意志"。[①]

[①] 尼采：《快乐的科学》，黄明嘉译，华东师范大学出版社2007年版，第196、326页。

第二讲 伟大的复兴：现代科学思想的兴起

这里的说法，强烈突出了求真欲望和科学信仰对人的生命来说的决定性意义。它甚至可以作为爱因斯坦所说"寻求理解的永恒渴望"的绝佳注脚。尼采甚至将它作为"上帝死了"的原因之一，因为人完全可以凭借他的力量和他的意志，追求他的科学真理和他的生命快乐，甚至创造他所喜悦的世界，而不需要任何上帝。从现代科学开始发展的第一天起，这种价值追求似乎就已经被写进了它的骨子里面。

但在今天，众所周知，这种乐观主义也遭到了诸如"环保主义"等各种理论的责难，因为它把人的地位和人的意志估计得太高了。由此便产生了"人类中心主义"，其来源于"人"这个理解现代的关键词，并被现代科学和主体哲学所推动，在过去几百年中占据了中心地位。如今，面对这种思想所带来的各种全球性的环境灾难，比如全球性的气候危机，是时候反思作为主体的"人"是否真的那么强大，以"人"为中心的科学进步事业是否真的那么良好了。再一次地，人的有限性又在我们的时代被强调。随之被严肃检视的，还有现代科学中的那些隐藏价值倾向。在这种情况下，不管我们是要坚持科学的中立性，还是要批评科学主义的危害，或者是弄清科学研究是否有界限，首先需要做的，就是要批判性地理解科学与价值从现代兴起时期就纠缠难解的关系。这是一项至今未竟的事业。在这件事情上，单纯抱着一种"长大了要当科学家"的理想，或者不加辨析地鼓吹"科学的价值观"，又或者人云亦云地主张"科学中立性"，都是无济于事的，甚至是败事的。

阅读文献

以下作品都是一些短小的通识读物。它们不仅有助于读者把握本讲中的一些关键问题，比如休谟问题、实在论与反实在论的问题等，并且，由于这些读物既包括对科学哲学今日处境的介绍，也包括对哲学史和哲学问题的介绍，所以可以帮助我们从横向和纵向两个层面，进一步获得对本讲的全方位理解。

1. 奥卡沙：《科学哲学》（牛津通识读本），韩广忠译，译林出版社 2013 年版。
2. 拉德克利夫：《休谟》（世界思想家译丛），胡自信译，中华书局 2002 年版。

现代思想：兴起、变迁与未来

以下材料都是关于现代兴起时期科学史和数学史的一些简明介绍或章节精选。在进行阅读时，我们特别提醒大家注意现代科学兴起的复杂社会文化背景、它的特征，以及它与思维、哲学的关系。

1. 普林西比：《科学革命》（牛津通识读本），张卜天译，译林出版社2013年版。

2. 克莱因：《西方文化中的数学》，张祖贵译，商务印书馆2020年版，第十二、十三、十六章。

讨论和彩蛋

第三讲　上帝死了：现代实践生活的开端

共同生活的危机与契约论的兴起

在上一讲的最后，我们提到了《快乐的科学》一书。它强调科学属于人的创造世界的活动，并彰显人的独一无二的能力，为此我们不再需要上帝。"上帝死了"这句话，因之也就成为尼采最有名的金句。他说：

>　　上帝死了！永远死了！是咱们把他杀死的！……这伟大的业绩对于我们是否过于伟大？我们自己是否必须变成上帝，以便与这伟大的业绩相称？从未有过比这更伟大的业绩，因此，我们的后代将生活在比至今一切历史都要高尚的历史中！
>
>　　我们欢乐的含义。——"上帝死了"，……此乃最近发生的最大事件。……这事件过于重大、遥远，过于超出许多人的理解能力，故而根本没有触及到他们，他们也就不可能明白由此而产生的后果，以及哪些东西将随着这一信仰的崩溃而坍塌。①

通过对前面两讲的学习，也就是通过了解宗教战争的重大意义，"人"的地位的提升，还有在此背景下现代科学的归纳法特征和数学思维基础，我们已经能够明白"上帝之死"的一些重大后果。在这个意义上，作为已有一些心理准备者，我们也看到了这一事件引发的欢乐和痛苦，看到了发展中的未来，与坍

---

① 尼采：《快乐的科学》，第209—210、323页。

塌中的过去。问题在于，我们是否因此就"生活在比至今一切历史都要高尚的历史中"？还是其实我们多少有些"过于伟大"了？想要回答这个问题，那就必须好好看看，在这个据说是由我们创造的世界中，我们生活得究竟如何，而我们的"创造力"又从何而来，如何运用？这当然是件困难的事情，因为正如尼采所说，上帝远逝的后果来得如此急促且复杂，以至于要理解这个时代，就需要框架性的眼光和小心翼翼的态度，而这并非容易获得的。

实践、筹划与共同生活

让我们从简单的事情开始。

讨论我们的生活和创造，也就是要讨论我们的实践行动。我们虽然经常使用这个词，但很少想过，哪些行为才算是"实践行动"，所以要对此略作研究。

先来比较以下三种情况：

情况一：李雷周六一大早就出门，晚上十一点才加完班回到学生宿舍，一整天都在软件园辛苦实习，以便习惯之后的程序员生活，顺便拿"实践课程"的学分。

情况二：韩梅梅周日在宿舍睡到中午，点外卖解决了午餐，打了一下午游戏，又点完外卖解决了晚餐，然后睡到晚上九点，起来打了通宵游戏。她也"实践"了一整天。

情况三：林涛因为发烧41度，周一被隔离在医院，吊着点滴盖着被子，可还是一整天都瑟瑟发抖。他说这也算是种实践吧。

在以上三种情况中，"实践"一词的用法，显然只有第一种才是易懂的。第二种用法就已经非常勉强，需加引号，而第三种就真的难以理喻了。但是，这三种情况，肯定都存在着人的活动，而并非所有的活动，都被视作实践行动。那么，究竟是什么因素，使得第一种情况与后两种区分开来了呢？

稍加思考就很清楚：只有那些**有意识的主动活动**，才被我们称为实践行动。所以无意识的发抖、眨眼、打寒战之类是算不上实践的（情况三）。而"有意识的"，又特别是指有规划、有目的、有控制的，所以任意而为、随遇而安的活动也很难算作实践（情况二）。我们通常也把这些有意识（有规划、

第三讲　上帝死了：现代实践生活的开端

有目的、有控制）的行动，称为"**筹划**"。筹划无处不在。对于个人，一旦我们开始脱离父母的护佑，就要开始筹划学业、规划职业，安排什么时候完成实验，什么时候准备结婚；对于国家，要制定五年规划、碳中和计划、供给侧改革计划；对于世界，要关心核裁军、贫困人口教育或者极地生态长期保护等。在今天，几乎没有地方看不到筹划的愿望、要求和影响，它也对每一个平凡人有效。

相比之下，古代（尤其是皇权或王权鼎盛时代）虽然也有"筹划"，但对普通人来说，却常常有着一个在存在巨链中被大致指定的、为神或天所看管的位置，比如"龙生龙，凤生凤，老鼠儿子会打洞"的位置。这也就是说，人们身份的固化和世传是常见的，"三代为官，满门忠良"也不怕被网传为"官僚世袭"，甚至还是种赞誉。与之相适应地，也就有了对一种特殊美德的强调，即对"**安分**"或"**驯良**"的强调，这恰恰是因为古代共同生活要求天意秩序下的稳定性：一旦不安分的人多了，就容易上下失位，纲纪失序，就容易世道大乱，人生不安。这是理性能够看清的，也是经验时常证明的，所以尽量不要多做大的变动。由此可见，"筹划"的范围通常是事先划定的，而在这个范围内，就算不幸出了些问题，也常有其他的担保：小到农忙时村里乡亲的互助，大到有德之君自有的"天佑"。

但上帝远逝之后，情况不同了。首先，由于天意秩序的逐步撤销，人的自主筹划的**范围**也开始变大。人们逐渐不用着重考虑传统中相对固化的身份和地位，而只需凭借自身的完善化能力，去争取属于自己的更好未来。最理想情况下，这些未来究竟指什么，仅仅取决于他自己的兴趣和努力。换言之，原则上每个人都拥有广阔的可能去成就自身。其次，为此所需要付出的**代价**，则是那些原先有效的保障机制也逐渐消失。不仅上帝和天意越来越不被当作安分驯良者获得幸福生活的保障力量，而且传统的那些小范围互助，也因为身份的剧烈变化和广阔的可能性，常常失去了效力：比如当你离开村子去上大学时，隔壁李大婶就再帮不上你多少忙了。

以上两点共同造就了现代筹划活动的最显著特征：在（很多时候）缺乏保障的情况下，人要根据自身的自由，在充满广泛可能选项的境况下，去进行自主选择，并自己承担选择的后果。**实践的自由，因此同时也是选择的重负**。它要求我们，不仅把"做出选择"看成是自我实现和自我成就的第一步，而且要看成是把一系列相关（未必好的）后果的责任归给我们自己的理由。对此有趣的现实例子是，为了"鼓励学习"，在我国的高中，学生常常能从老师家长那里听到"上了大学，你就自由了"这种说法。它经常带来的仅是关于"选项多，且选择自主"的想象，而缺乏对"无保障，且后果自负"的信息传达，尽管这二者其实是紧密交织在一起的。随之而来的，就是在大学阶段常见的迷茫，这种迷茫感在青年初入社会时也经常再次袭来，因为人们在这些时候虽貌似拥有百万种未来的可能，但却没有对这些可能性做主动且严肃的筹划。

而就算每个人都以自我实现为目标，秉持着自我负责的态度，进行了自我筹划，事情或许会因此变得更糟。因为很显然，当我与你同时面对一份利益时，在你的筹划中，作为将要走向人生巅峰的人，你为什么要与我共享它？为什么不选择将自身的利益最大化，并为自己的未来争取更多的可能？你为什么不能"走自己的路，让他人无路可走"？同样的，我为什么不能也这么想，这么做？这样一来，岂不是到处都是不可调和的利益之争了吗？那么，在古代通过存在巨链连接起来并得到保护的**共同生活**（见第一讲），现在要怎么持续下去呢？——毕竟上帝已死，巨链断裂，而每个人为自身筹划的自由中，又并不自带某种要与他人共同良好生活的任务或承诺！事实上，当我们去分析时下社会"内卷"的原因时，不是很容易就能看出上述问题，即每个人都拼命筹划和实践所导致的紧张竞争和糟糕局面吗？而这样一来，我们一方面要求现代人为自身做筹划，另一方面又说这种筹划会在共同生活层面惹出麻烦，不就显得很矛盾吗？

人性与契约

对于这样一种每个人基于自由筹划和实践行动，而与他人陷入无休止的利益之争的可能情况，霍布斯有着非常清醒的认识。他将这样的人比喻为"狼"，将这般状态称为"狼与狼的战争"。这是在现代早期对**"并不完善的有限人性"**的一次深入探究尝试，其目的是在这种可设想的糟糕情形中，去

第三讲　上帝死了：现代实践生活的开端

讨论人类继续共同生活的可能性条件。

我们首先要承认，每个人都是有理由且有能力为自身做筹划的。不能因为它会引起的共同生活的麻烦，就要求人放弃这些现代筹划。这就像不能因为大学中存在着不同实践取向的冲突可能，也存在着迷茫和失策的可能，就永远要把大学生像高中生那样管束起来，让他们安分行事一样。按照霍布斯的想法，这是因为，这种筹划关系到我们对自身幸福的争取，以及未来的持续可欲求性，并因此与古代十分不同，它不再被最高的目的或善所束缚，也就是不再为天意秩序所限定：

> 旧道德哲学家所说的那种极终的目的和最高的善根本不存在。……幸福就是欲望从一个目标到另一个目标不断地发展，达到前一个目标不过是为后一个目标铺平道路。所以如此的原因在于，人类欲望的目的不是在一项间享受一次就完了，而是要永远确保达到未来欲望的道路。因此，所有的人的自愿行为和倾向便不但是要求得（到）满意的生活，而且要保证这种生活，所不同者只是方式有别而已。[1]

作为培根曾经的助手，霍布斯也明白"有利于人的'应用型'知识"的重要（见第二讲），并因此在保证幸福的生活与面向未来的筹划间画上了等号。进一步地，他补充到，在正常的成年人中，虽然有着体力或智力的差异，但他们的筹划能力还是大体相当的。极少会出现比如"惊奇队长"这样的碾压性存在——她从实力出发就和我们所要求的东西不同，且就算相同，如果她要，我们也很难和她抢夺。排除这种极端情况，那么"由这种能力上的平等出发，就产生达到目的的希望的平等。因此，任何两个人如果想取得同一东西而又不能同时享用时，彼此就会成为仇敌"。这就会导致"每一个人对每个人的战争"，它体现在人性中，就有"三种造成争斗的主要原因存在。第一是竞争，第二是猜疑，第三是荣誉。第一种原因使人为了求利、第二种原因使人为了求安全、第三种原因则使人为了求名誉而进行侵犯"[2]。

---

[1] 霍布斯：《利维坦》，黎思复、黎廷弼译，杨昌裕校，商务印书馆1997年版，第72页。
[2] 霍布斯：《利维坦》，第93—94页。

现代思想：兴起、变迁与未来

　　人们或许会反驳说，这种对人性的理解过于消极了。我们难道没有彼此之间的爱、和平、谦让和包容吗？莫非这些人性不伟大、不明显、不正能量吗？比如在小孔融或特蕾莎修女那里那样？对此可以有两点回应。第一，如霍布斯说过的，尽管我们不能否认这些善良人性的存在，但必须要问的是，作为有限的人，我们人性中那些不够伟大的地方，是否因此就不重要，或者不会对爱与和平的生活产生破坏？答案显然是否定的。而现实中，能够长时间让这些伟大人性占据上风的人，他们的数量是否足够多，以至于随时都能支撑起一个持续稳定的社会呢？这起码也是值得怀疑的，因为毕竟不是每个人都能坚持做特蕾莎修女。不能要求我们总是克制那些没那么伟大的个人欲望，它们数量庞大，且还与我们切身相关。第二，在一个比以往选择面要广大得多的社会中，考虑那种"爱与谦让"没有充分发挥其作用，而是存在着大量人与人利益冲突的实际情况，也相当有必要。这种情况既是理论上可能的，也是经验中常见的，所以我们当然要寻求在伟大人性不占上风时的解决办法，即使仅仅是为了备用——而对于霍布斯来说，它甚至就是宗教战争时期摆脱困境所急需的策略。

　　这种方法的核心要义，就是那些平等筹划着的人们所签订的**契约**。比如我和你都同意，不干涉对方的自由，不掠夺对方实践的产品，并且在出现利益争端时，通过理性协商和法律来解决，而不诉诸私人暴力。若有违反，则违反者将遭到惩罚，而被侵权者会获得相应的补偿等。这样一来，一种最低限度的共同生活就可被设想了。但要确立这样的契约，显然有除了追求幸福的欲望之外的**别的人性条件**。因为仅仅出于满足自己的欲望，不会就使得人愿意去签订与别人和平相处的契约：比如当我口渴已久，却又正好看到被一个小瘦子照管的瓜田时，说不定契约还会阻碍我追求自身的幸福呢。

　　如此说来，这些别的人性条件会是什么呢？它肯定不是"爱与信任"，因为如果彼此始终爱与信任，就没必要签契约了。契约签订，本就是为了警惕和防范一方主动违约的风险，既然如此，爱与信任感显然在这上面不占上风。所以，这些条件多半也要在那些并不伟大的人性中去找。霍布斯对此的答案是：

第三讲　上帝死了：现代实践生活的开端

> 使人们倾向于和平的激情是对死亡的畏惧，对舒适生活所必需的事物的欲望，以及通过自己的勤劳取得这一切的希望。于是理智便提示出可以使人同意的方便易行的和平条件。这种和平条件在其他场合下也称为自然律。①

自然律的核心，就是**自我生命的保全**。而人与人的战争是最不利于自我保全的，因为在这些随时可能爆发的冲突中，"横死"的概率非常高。人的理智可以看出这里存在的危险。所以，并非出于对他人的爱或其他高尚的德行，而是出于保护自身生命和未来发展的考虑，人们共同筹划，签订契约，交出自己不顾他人安危去进行自身实践的权力，把它交给一个第三方机构，让它在有人违反契约时，可以对违约者进行惩罚，从而保证人与人平时的和平相处。这就是**现代国家诞生的理由**。因此，现代共同生活，也被霍布斯一派的学者理解为，是在共同国家契约保障下的、互不侵犯的和平共处状态。**它不需借助上帝，而只需借助不完善人性间的相互掣肘及理性计算**。这种和平生活虽然并非亲密的，但却可以是正义的，只要契约得到了公正执行的话。

"私人的恶德，公众的利益"

霍布斯的以上想法，经过曼德维尔的改造，很快促成了现代大型社会的出现。它一方面始终拥有变动和发展的动力，而另一方面却不会因此变得混乱不堪，或者分崩离析。这两方面均与古代社会不同，古代社会虽然在整体结构上更稳定，流动性更低，但对于巨大的变化也更缺乏控制力。换言之，从现在开始，一种**超大型的文明共同体的出现和迅速扩张**就是可能的，比如几百年间就遍布全球的资本主义文明。如果说古代被限制在一定范围中的筹划和实践，适配于某种"熟人社会"的话（就如同那些祖祖辈辈生活在一起的乡里乡亲的关系），那么现在，基于普遍人性、共同契约、非亲密的和平生活和广泛选择自由，就可以期待一种新型的**"陌生人社会"**。

在这个社会中，人们可以根据自己的选择和筹划，进行频繁的职业变换和

---

① 霍布斯：《利维坦》，第96—97页。

处所流动，但不会因此付出巨量的社会关系成本。因为绝大部分与你生活相关的人，都是陌生人而已：比如你穿着李宁的鞋子，喝着蜜雪冰城，准备看一场电影，但你根本不知道谁制造了你的鞋子，提供给你吸管，卖给你电影票或者坐在你后面——他们全部都是陌生人，但这并不影响你的生活，反而也许在某方面使生活更方便。而为了结成这个社会，你也并不需要爱这些人，向他们投入熟人般的热情关照，你只需要他们和你一样履行社会契约，并且和你一样害怕违约后果就足够了。这当然会造成人际关系的疏离，心灵的孤独，还有稳定生活的困难，以及交往的利益取向，但它同时也造就了社会的繁荣，分工的细致，选择的丰富和生活的便利。**伴随着自由的重负，我们也获得了更多的选择自由**。但再次强调：拥有这种自由和繁盛共同生活的现代社会，它并不起源于完善的神性，而是源于不完善的、算不上伟大的、逐利的和自保的人性。正因为看到了这一点，曼德维尔才说出了以下招致众怒的名言：

> 使人变为社会性动物的，并不在于人的追求合作、善良天性、怜悯及友善，并不在于人追求造就令人愉悦外表的其他优点；相反，人的那些最卑劣、最可憎的品质，才恰恰是最不可或缺的造诣，使人适合于最庞大、（按照世人的标准衡量）最幸福与最繁荣的社会。[①]

以上说法，也常被表述为"**私人的恶德，公众的利益**"。在曼德维尔对它的解释中，为了达成大型社会中的共同利益，私人的野心、向个体开放的世界，以及个体在这个危险世界中为了自我保存的小心算计，这三项因素都必不可少。

首先，曼德维尔要求个体人性是骄傲的、好比较的，而不是谦逊的、安分驯良的，因为这样的人性可以提供给社会源源不断的扩张和发展的动力。比如当我们还没什么钱的时候，你就穿着阿迪达斯，在我面前显摆，那等大家都稍微有钱了，我就要穿上古驰，压你一头。这种追名逐誉的攀比心，对于产业升级非常重要，因为它刺激欲望，并寻求新的满足手段，让人在追求

---

① 曼德维尔：《蜜蜂的寓言》（第一卷），肖聿译，商务印书馆2016年版，第1页。

第三讲 上帝死了：现代实践生活的开端

一切可欲幸福的道路上越来越完善。

其次，曼德维尔还需要这些个体不是受到良好保护的，而是被抛到一个充满可能与危险的开放世界中的。他们的骄傲和完善化能力，并不足以让他们作为单个个体不再渺小和有限。或者说，这些个体只要独自发展的话，就总是困难重重的，这些困难可以来自自然灾害，也可以来自人与人之间的相互谋害等，不一而足。这样一来，人们就会恐惧，因为他们的发展受到了阻碍，乃至生命都受到了威胁。

最后，人并不是只会在危险面前恐惧的生物，他还有能力进行处境分析和计算，并寻求改善方法。一旦他发现，只要人们在一起，通过分工合作、提高效率，就能更好地抵御开放世界中的危险时，他就会用虚伪的礼貌掩饰自己的骄傲，以与他人达成合作。这种理性筹划的最终成果，就是彼此之间订立的契约，在它的保护下，人们才愿意共同抵御风险，不论他们是相知相爱，还是彼此毫无关心。这就是说，如果骄傲提供了社会发展的持续动力的话，那么出于恐惧和算计所达成的契约，就提供了维持社会运行的底线保障。出于骄傲、恐惧、算计、虚伪的礼貌等私人的恶德，在一个足够开放世界中，与陌生人共存并共同发展，获得公众的利益，到此就是完全可能的。

用不着再做过多说明，只要不是完全被幻想的玫瑰色气泡遮住了眼帘的人，都可以看出，这些设想在当下社会生活中的现实性程度。而事情何以如此，也并不难理解，因为它们本来就是为了改善糟糕处境而被设计出来的**"有用"**知识，因此这些实践筹划也属于培根所说的应用型知识的伟大复兴。作为社会的丑恶面，它们同时也是社会的现实面——这种奇特的辩证关系，就源自人的有限性和完善化能力的交互作用。而这种大型社会中的理性状态，就是典型的**"工具理性"**状态，在其中，不仅对欲望的克制是欲望达成的工具，而且与他人的共处也是自我成就的工具。对这种工具理性的批判，我们将在之后做出。但眼下，必须强调这种**在开阔世界中，有理性的弱者的自保和共同经营策略的成功之处**，因为它在上帝死后的巨大风险中，为**我们所有人**保住了共同繁荣和个体自由。

如果要为这样的现代人形象代言的话，那么鲁滨逊就是一个极好的选择。这个荒岛上的流浪者和建设者，这个开阔世界中的有理性弱者，这个白手起家的社会构筑者，在李猛教授的描述中是这样的：

> 鲁滨逊一方面喜爱闯荡，热爱冒险，渴望漫游世界，不肯安于稳定的生活秩序；但另一方面却又极端小心翼翼，想方设法保证自己的安全，对各种危险谨慎地加以防范。……无论和自然打交道，还是面对自己的同胞或野蛮人，只要一有机会，鲁滨逊总是先从自己的安全出发，满怀戒心地设想各种可能的危险，渴望建立令他安心的秩序，对生活进行尽可能有规律的安排。鲁滨逊的历险，往往始于"不安定"的漫游和闯荡，而终于理性的设计和秩序。鲁滨逊令人惊奇地将一种非常理性化的算计与一种极端冲动的历险精神结合在了一起，并赋予这种结合以一种精神救赎的意涵。正是这样一种精神化地结合理性与历险的生活方式，才使鲁滨逊的世界成为了我们的世界。[①]

1719 年版《鲁滨逊漂流记》中的插图

[①] 李猛：《自然社会：自然法与现代道德世界的形成》，生活·读书·新知三联书店 2015 年版，第 35 页。

第三讲　上帝死了：现代实践生活的开端

这肯定是无数现代早期思想家和政治家痴迷于这本古怪小说的原因之一：他们在其中看到了自己作为现代人的形象，**自私又合群，怯懦又勇敢，浪荡又拘谨**。——况且此处连"小说"这一现代文体形式都是值得玩味的。比起强调行动的传统戏剧，小说在其早期发展中，特别注重**内心世界**的刻画。比如在《鲁滨逊漂流记》中，它反映着那些外在行动已不足以表达的，甚至与之相左的**复杂思维计算和策略选择**。这些"思想"现已必须要用专门的文体来进行处理，其结果就是一个有张力的叙述整体，它是由有时冲突、有时合作的内心世界（理性计算）与外在行动（外部遭遇）的关系所构成的。小说的兴起和成功因此说明，在现代，我们不仅实践和筹划的方式变了，而且思维和表达的方式都变了——不仅思想的内容不一样了，而且连叙述的风格甚至体裁都不一样了。

在之后几讲中，我们还会说到现代文艺形象与新思想和新实践的密切关系。不过作为这一部分讲述的结尾，尚需说明的要点还剩下：工具理性思维主导下的（超大型）社会的契约，**仅仅是一种类型的契约**，并且其本身是有**严重问题**的。在上帝死后长久维持人类共同体存在方面，曼德维尔式的契约完全可能是脆弱的，远不如它所宣称的那样能保长治久安。这是因为，除去了人性中的美德，那么这种契约所维持的局面，不过就是**恶与恶之间暂时的平衡**而已。也就是说，所谓的和平共处，不过是一种"**苟安**"局面而已。没有人能够保证，这种表面的安宁，不会因为一些细微的变化就被打破，因为没有人能够保证，人的骄傲或欲望不会在相对安宁时蠢蠢欲动。这就如同在《权力的游戏》中，我们时常可以发现的那些各有居心的脆弱结盟约定一样，或者如同美俄强权间签订的《中导条约》一样，它们随时可能因势力失衡或寻求势力再平衡而被抛弃。而由于自由筹划是复杂的，所以各种权力及欲望实现程度的此消彼长当然也是复杂的，这就更增加了契约的不稳定程度，不仅签约前的算计可无限复杂，导致签约时间不断后延，而且签订后的执行也困难重重，毕竟每个人仍可计算契约的漏洞，甚至利用它进行权力局势的再筹划。一言以蔽之，在如曼德维尔的思路下，契约不一定是权力游戏的终止，而完全可以是**它的工具**，或是新一局游戏开启的信号。这个危险的游戏，仍随时可能将我们引向毁灭的深渊。

而霍布斯的做法更加极端。为了终结权力游戏和它所带来的危险，他引入了一个受共同契约保护的、不容推翻的"绝对主权者"。按照霍布斯所述，只要这个主权者，也就是国家的君主，能够保护我们的生命，那么对于我们其他的权力，他几乎可以予取予求，比如搜刮我们的财产，或者使唤我们的身体。这样一来，我们实际的选择自由，甚至可能变得比上帝在时更少。但如果没有这种绝对权力，相对权力的博弈游戏及其契约困境又难以终结，并不断造成灾难和动荡。而这正是光荣革命前、宗教战争时期英国悲惨处境的真实写照。虽然在签订霍布斯式的契约之后，我们结果上并不见得幸福，但霍布斯会说，起码我们都能够活下来，这已是最重要的。——即使如此，仍然成问题的是，我们签约自愿把权力交给无双的君王，是因为对"人与人的战争"中死亡的恐惧，但理性莫非不会计算，这种恐惧是否真值得用这么大的自由代价去克服吗？答案显然是不一定的，因为对长期低质量生存的预期，未必比对短期高水平生存的预期更有吸引力。换言之，在"苟活"与"爽死"之间的比较，可以有各种差异极大的选择结果出现。这样一来，契约仍然是难以签订的，因为它仍然受困于这些精打细算的理性，和它们那些不一而足的算法。对此，霍布斯可能估计严重不足，他或许还需要向今日的"营销学大师们"多学习些令人生死不得的套路吧。

无论如何，当权力的花招套路变得缺乏吸引力，在混乱中悲惨死去的恐惧也不足以让人自愿接受绝对主权的时候，维持这种"契约"空壳的，就只剩下伎俩已露的欺骗或赤裸裸的压迫。在这个时候，共同生活就会陷入比上帝死去时更大的危机，因为在这种类型的社会契约中，我们与其说是取代了上帝，不如说是唬住了公民。但如果公民唬不住了，还能怎么办呢？回头拥抱人性美德和神恩太过艰难，且我们如今拥有的广阔选择自由并非无理，那种方便我们的大型社会也确实有用，难道因为批评这种契约，我们就要把这些全部一起丢弃吗？要让它们也随着对现代权力均衡术或掌控术的失望而一同葬入深渊吗？就好像这契约不是我们为了自己所努力争得的一样？就好像这社会不是我们有限自由能够做出的伟大功绩一样？在这个问题上，草率主张一种无法对这所有问题和遗产负责的、对一切权力契约的"通盘革命",通常就是一场浩劫,它不仅难以带回神(因为它本来就不是无限的神,而是有限的人所发动的)和神之下的生活,而且还让之前勉强可控的局面完全失控。在近代历史上,这些打着"权力解放"旗号的重大灾难,也会随着对这些契约论问题的揭露,一并进入我们的视野,比如后期笼罩着白色恐怖的法国大革命。但我们接下来的任务,并非系统分析这些事件,而是要去尝试可以避免上述契约论问题的新路径,尽管这仍保持在"有限"存在者的视野之内,轻易不必求上帝复生。

道德尊严与社会平等

既不过度关注人性不完善的相互制约,也不直接依赖人性中的神性美德,而是寻求一种更恒定的、属于有限人类自己的道德力量,用以支撑现代共同生活。并且还要求,这种力量不会破坏我们已经获得的选择自由的广阔性,以及大型社会生存的有用性:这是刚刚的讲述结束处我们接到的任务。它听上去如同要在布满漩涡的海面上通行,十分棘手、难以完成。好在即使面对如此困难的任务,我们的前人也已经取得了相当的进展,虽然它也伴随着种种争议和问题,但我们今日却毫无疑问地受惠于之。

意志与欲望

作为说明新方案的准备工作,让我们先区分一下"意志"自由和"欲望"自由。为此可以先考察以下两种情况:

情况一:作为一个财务自由的人,六十岁的他不仅吃穿不愁,想买什么买什么,而且还经常想着用金钱去换取色相。他有那么多的欲望已被满足,但还有三倍的欲望在等待被满足。

情况二:尽管他出身不好,父母双亡,但从小他自己就下定了决心,要过上好日子。后来七岁打工,十几岁当兵,再后来尝尽人间辛苦,他的意志都从没改变,直到五十岁当上老板,财务自由,实现了自己的理想为止。

在这两个充满张力的句子中,"欲望"和"意志"的区别到底是什么呢?

这一问题其实不难回答。在情况一中，欲望的持续存在是指向外部的，这就是说，吃穿用度一旦满足，欲望就会消失，因为吃饱了就不会再想吃。虽然我们也常说，欲望始终存在，只不过欲望的对象变化了而已，比如吃喝不愁后，这个人就开始想着色相，但其实他的欲望也从对食物的欲望转为对其他的欲望，并且后面那种欲望可被视作全新的，它与前者也没有什么必然一贯的关系。但情况二却不一样，意志的持续存在是指向其自身的，且不管条件怎么变化，只要意志的自我规定没有变化，它就可以持续。比如即使当上老板后，如果此人仍然决定让自己过更好的生活，那么这意志就没有变化。此外，正因为意志的对象是在自身中持续着的，所以它在各种处境中一贯存在，七岁时如此，五十岁时依然如此。

因此总的来说，**欲望自由是外向的和变动的，而意志自由是内向的和一贯的**。当《海贼王》里的路飞说要找到传说中"ONE PEACE"宝藏的时候，或者当《阿甘正传》里阿甘想跑步的时候，其实宝藏到底是什么，或者究竟可以跑多远，这些都不是最重要的，最重要的是他们自身整个人生的精彩展开过程。这样的实践行动，当然也被看作是他们自身意志的展现。相反，当《哆啦A梦》里的大雄想要靠记忆面包通过考试的时候，或者当《武林外传》里的李大嘴试着追求郭芙蓉的时候，并不因为这些欲望的有趣或大胆，我们就会评价他们是具有强大意志力的人，因为他们的想法和目的总是摇荡不定的。这就引出了一个非常有趣的问题：是什么令人意志坚强，而其实践一以贯之的呢？

我们每一个人，都意愿成就自己。甚至就算我的目的是"躺平"，也是因为我想要让自己"躺平"，而不是被迫这样做。然而难以回答的是，拥有什么样的内容，或者达到什么样的目的，就算是成就自身呢？这答案是因人而异的，并且就算同一个人，在人生的不同阶段，也会有不同的答案。有时候自己挣钱喂饱自己，就算成就自身，但有时候赚到一个亿，也只是达到一个小目标而已；有的人孤身流浪却想着返航，有的人有车有房却要去流浪；年轻要钱，年老要命，各个不同。没有特定的欲望内容标准，可以限定我的自身意志就只能到此为止，或者必须到此才行。尽管如此，除去这些内容，

"我要做我自己"这个**最终目的**却仍然是值得追求的，只不过因为它现在没有任何特殊的内容规定，所以它就只是一种**我们自己思维所设定的、值得追求的内在身份**而已，即我们是以自身为目的来行动的人，也就是自由的人。

这种身份设定很多时候是**理想性**的，它表明我们内在地就是一个可被称作"目的王国"中的一员，意志自由因此就是关乎我们自己目的王国身份的自由。尽管很多时候，我们受困于经验条件，无法到达这个王国，但它仍然给予我们不受外在经验条件束缚，去追求实现自身的一贯动力。这可以体现在：尽管我们也许一辈子都说不清什么才是"自己"，但那并不妨碍我们仍然一辈子不懈追求成为"自己"。它也可以体现在：明确这一身份追求可以让我在贫穷中感到安稳（因为我坚信是在做自己），而对之的模糊也可以让我在富裕时觉得迷茫（因为我好像弄丢了自己）。也就是说，我们甚至根本不需要知道"自己"究竟是什么，也不必在乎其处境究竟如何，只需要知道它可以在形式上规定我们应该去做什么就够了！——也就是做那些为了我们自己的事情，无论其经验内容为何。

这是一个重要的发现。只不过到目前为止，我们还看不出这一点和道德生活有什么关系，更不用说去完成我们的任务，即克服霍布斯式的契约论问题了。但是，一旦我们接下来引入一种对意志自由的理性规定，事情就会变得明朗起来。这就是当年康德所要做的事情：他试图基于意志自由的理性规定，为一种道德形而上学奠基，同时也为一种道德的共同生活奠基。

"人为自身立法"

尽管我始终在不完善的经验处境中追寻，但我的理想和意志是要成为我自己。由于它的经验内容是不一定的，对意志有能力规定我这一点来说也是无所谓的，所以我们可以说，我们拥有一种完全**形式性的知识**，即知道我们的意志在理想层面规定着我们应该怎样成为自己。这是我们在上文中通过区分"欲望"和"意志"可以得出的结论。

而通过下面的两个步骤，我们就可以让上述区分与**道德奠基**的任务结合起来。首先，由于这种知识完全是形式性的，所以，我的意志自由规定与你的和他的虽然内容不同，但在这种形式知识上并没有区别。即我、你、他都

现代思想：兴起、变迁与未来

一样，都是要去以自身为目的进行实践和筹划的。这也就是说，虽然我可能并不知道你具体意愿做什么，但我可以肯定，你意愿成为你自己，反之亦然。

其次，这也就意味着，**每一个人，都应该被视作是有其自身目的的人**。既然如此，**他们就不应该仅仅被当作是一种手段**。否则就会自相矛盾。这里当然必须强调，我们说的是一种"**应然**"，也就是一种基于我们自己思维的理想设定，它一方面意味着，实际上完全可能有人仅被当作了手段，但另一方面也意味着，尽管实际情况如此，也不能推出事情"应该如此"，而这正是因为，我们思维的这种理想设定不必受到实际经验情况的干扰。

由于没有人应该被仅仅当作一种手段来被利用，所以，我们的理性就可以基于这一点，对很多实际情况是否"应该"进行检验。这种理性与前面的计算性的"工具理性"明显不同，它恰恰是要防止人被完全工具化，保障他们内在的"目的王国"公民身份不受侵犯，也就是保障他们成为其自身的权利不受侵犯，所以，这是一种**紧密关联于"最终目的"**的道德理性。需要着重指出的仅仅是，这里的"最终目的"不再（如同第一讲所说的那样）是**神**，而是每一个**有限的人**，并且重要的也不再是"目的"的**内容是"最好的"**，而是我们拥有朝向这一"目的"的**权利是应当的**。关于这个要点，我们等下还会做进一步的说明。

道德理性怎么基于"没有人应被仅当作是手段"来对实际情况进行"应当与否"的判断呢？康德认为这非常简单：

> 我根本不需要高瞻远瞩的洞察力就能知道，为了使我的意欲在道德上是善的，我应当怎么办。即便对世事的进程没有经验，即便不能把握世事进程的所有自行发生的意外变故，我也只问自己：你能够也愿意你的准则成为一个普遍的法则吗？如果不能，这个准则就是应予抛弃的，……因为它不能作为原则适于一种可能的普遍立法。[①]

这里的"准则"，可以理解为我们进行筹划时的那些主观想法和动机，比如

---

① 康德：《道德形而上学的奠基》，收入《康德著作全集》（第四卷），李秋零译，中国人民大学出版社2013年版，第410页。

"我想撒谎",或者"我想打人",它们都可以促发进一步的实践行动。这些行动是否在理性上应当,并且因此是有理由的呢?要判断这一点,就需要对"准则"进行普遍化,即"别人是否也和我一样去撒谎,包括骗我",或者"别人是否也和我一样去打人,包括打我"。如果经过普遍化之后,我的答案是"不能这样做,这是不能被普遍认可的",那么,我的上述准则就没有经过普遍化的检验,也就不应该成为一条每个人都应该遵循的法则。而假如我实际上这么做了,也就会把别人当作仅仅是达成我的目的的手段,而没有把别人也看作是目的。康德认为,这甚至不需要对世事发展和变化的过多经验。就算你是一个不懂"社会套路"的淳朴青年,没有曼德维尔鼓吹的复杂算计理性,你也能够判断,用虚伪的礼貌去欺骗他人,让他成为你得利的手段是不应该的,这是因为你也不愿仅成为被别人欺骗和利用的手段。这样一来,通过这种普遍检验程序,我们就可以为我们"应该做什么"进行立法,并且保证这些法是理性的、普遍适用的,并因此是可持续的(因为它不受经验条件干扰)。而这个过程,也就是我们**理性地规定自身意志自由**的过程。

人对自身进行的"普遍立法"实践,起码具有以下两种重大意义:

首先,由于这一立法关心的,并不是行动的内容是不是好的、蒙神喜悦的,而是行动能否通过普遍化检验,所以它并没有在内容上限制我们自由选择的范围,而是仍**保证了它的广阔可能性**。换言之,这里所说的"道德上善"的行动,其实是指我们应当做或者有权利去做的行动,而不是指符合某种事先的天意秩序或者能带来实际好处的行动。因此,人对自身立法所规定的,是他有理由和有权利去做的事情,而不是他有好处或有权力去做的事情。在这样一种现代道德考虑中,**权利具有优先于"善好"的地位**,其突出的实例,比如我们都熟悉的,犯罪嫌疑人有权保持沉默和获得辩护,就算他最终被证明真的就是一个罪犯,这种权利行使也要优先得到维护。——当然,这也说明,"人给自己立法"和之前的契约论一样,不必依赖"爱与信任"等善良人性;虽然与之前的契约论不一样的是,它也不依赖"骄傲或恐惧"之类的邪恶人性。

其次,这种立法实践,同样可以**在很多情况下兼容于一个倾向于"有用"**

的大型社会，并且甚至能让它更具持续性。这是因为，所有能够通过道德的普遍化检验的原则，肯定都不是对人们在"目的王国"中身份有损害的原则，而是为了保证它所必须的原则（比如"不可杀人"），或者可以促进它的原则（比如"要尽可能多读书、多学习"），或者起码是无害于它，所以可以允许的原则（比如"不误事的时候，偶尔想喝点酒也行"）。这样一来，这些普遍化原则当然可以兼容于绝大多数普遍有利于社会整体的行为，而非那些相反的行为。只不过，与之兼容或不兼容的理由，不是因为这些行为对社会有利或不利，而是因为这些行为可普遍化或不可普遍化。此外，更重要的是，由于我们摆脱了极其复杂的局势考量，仅仅从普遍性方面考察它是否可被合理坚持，所以它的**持续性**几乎不受私人利益变量的影响，更加公正有效。比如，一种对特定皇室和王朝有利的政策，如果没有同时尊重每个公民为了其自身目的而行动的权利，就无法通过普遍化检验，那么即使皇帝举出"天命在我"的理由，并动员一帮大学者，通过"四异兽说"或者"五行学说"为之做了极其渊博的论证，也不能证明这种政策在道德上是"应当"被制定的。无论王朝如何更替，各种天意学说如何变幻，这一判断都持续有效。

这样一来，不知不觉间，我们在这部分讲述中最初的任务基本上就已告完成：这个任务就是要在保存"工具理性"式契约论优点的同时，克服它的缺点。对此我们请求读者再翻看一下这部分开头，并对照上述两个要点阐述，进行整理和反思就可以了——这不是什么困难的事情。不仅如此，康德还以这样的学说，打开了一种新型契约论的可能。继霍布斯契约论之后，康德的学说也成为当代契约论研究的又一主流，并支撑着我们今日的共同生活，其具体情况将在下文详述。

尊严与道德契约

上文已经说到，基于意志自由，还有它对我们自身的形式性规定，以及依照此构建出的普遍化检验程序，我们得出了一种特别的方法，去维护每个人在"目的王国"的身份，从而既不必让我们沦为完全的工具，也不必遽然请出上帝。这种身份完全是在我们的实践理性中，通过我们自己的思维，给自己规定下来的，为此不必借助任何经验条件。所以，它也就体现了"人为自身立法"的过程,或者说,它体现对我们自己而言的道德**建构程序**。而现在,如果要对这种身份再加以补充解释的话,那就可以指出,它也指明了每个人与生俱来、不容侵犯的**人格尊严**。

无论在我国还是其他许多现代国家的宪法中,都有关于"人格尊严不容侵犯"的权利规定。而我们是否拥有这种权利,并不受到我们实际经验处境的影响,这尤其体现在"无论种族、出生、性别、肤色、贵贱等,人们均是在人格尊严上平等的"之类的规定上。此规定因此就可被看作是我们独立的思维对人的理想身份和普遍道德人格的认定。根据这一规定,我们就都有义务尊重每个人的人格尊严,而当有人不这样做的时候,我们就可以对他的行为(而非人格)进行谴责,甚至采取法律强制措施。这样一来,基于彼此尊重,对彼此人格的普遍承认,以及对破坏这种承认行为的惩罚,就有了一种建构新的契约论的基础。

这一基础并不难被察觉,因为它在我们的日常生活中也常常可见。比如一位"普通且自信"的男人说"女人就该在家生孩子做家务"的时候,或者一位"有钱且自信"的老板说"我的工人都靠我赏饭吃"的时候,我们都能明显感觉到这些话对女性或工人尊严的侮辱,并且可对此作出道德谴责,必要时也可诉诸法律。这样一来,在此基础上的新契约论,就不仅在理论上可被说明,而且实际上也易被体会。它因此被认为大有前途,并且事实上也在今日法哲学和政治哲学中占据了优势理论的地位。对此,作为康德式契约论在当代的最重要发展者,罗尔斯这样写道:

> 因此,康德的道德契约的本质特征是:关于正当与正义的首要原则可以看作是建构程序(定言命令程序)制定的,这种程序的形式和结构反映着(mirror)作为理性的和合乎情理的自由的道德人格。康德认为这种人观念是隐含在我们日常的道德意识当中的。[①]

基于人格尊严的道德契约之所以是正义和正当的,是因为"人为自身立

---

① 罗尔斯:《康德道德哲学诸主题》,收入《罗尔斯论文全集》(下册),陈肖生等译,吉林出版集团有限责任公司 2013 年版,第 581 页。

法"这一建构程序是**平等**的,它既平等地肯定每个人成就其自身的意志自由,也平等地要求每个人的具体实践行动都必须经过普遍化程序的检验。换言之,出于理性的理由,在原则设定和过程检验两方面,它都是不偏不倚的。这也就说明了,为什么这种契约不会轻易落入"权力游戏"的危险之中,因为它从一开始就与那些特殊的实际权势拉开了距离,直接诉诸道德人格和他们的普遍理性。这样一来,它也就显得是那种不受权力干扰之正义的独立源泉。

然而也正因如此,康德的道德建构也经常被批评为"**过于严峻**",甚至是**伪善**的。这是由于:既然这种建构特别强调它的普遍性,以及对经验条件的排除,那么,那些在**特殊经验处境**中显得合理的行为,或者至少是可辩护的行为,似乎也就**没有资格被称为是道德的**,因为它无法通过绝对严格的普遍检验。比如,"不可撒谎"是一个普遍法则,但假如一位纳粹军官质问你,是否收留了犹太人在家中,而事实上他也的确在你家,并且你明知招供会给这位犹太朋友带来危险,那么,你要诚实以对这个军官吗?如果不这样做,是否这就有损你的人格尊严呢?又比如,一些非婚同居者,要求享有部分与结婚群体平等的权利,你是否会认为这是在鼓励同居,并有害婚姻,所以无法得到普遍化,也因此不能写入法律契约?进而你是否会认为,同居权不关乎人的尊严,因此可以损害?再比如,"欠债还钱,天经地义",这是一个普遍法则。但若你的欠款对象,是一个断绝了收入来源者,他租了你的房子,而你则坐拥好几套房产,不愁租金收入,在这个时候,你仍然逼他还债,并且主张,这不是钱的问题,而是原则问题,并且是为了维护那个穷苦租客的人格尊严,那么,这难道不是一种典型的"伪善"吗?

对于以上批评,道德契约论者可以辩护说,这其实是**误解**了康德的道德建构主张,因为康德所要求的那种普遍性,并非与特殊情境绝缘的。恰恰相反,它在内容上足够开放,只不过它要求,如果要主张某种特殊实践行动的正当性,那么主张者就需要面向公众提供理由、进行辩护并且获得承认。但这并**不需要**论证说,**在任何条件下**,这些特殊行为都是合理的。换言之,康德并没有主张某种无限的普遍性,而是仅仅主张一种"**出于理由可被公开接受**"的普遍性。也正因如此,康德的尊严概念,才是一个与**日常情境和日常**

第三讲　上帝死了：现代实践生活的开端

道德意识兼容的有限概念。比如，在纳粹时期，为了保护犹太人的生命而撒谎，对这个行为而言，我们可以提供一种附带条件的辩护（这就是说，不是随意撒谎），即它是为了保护那些被并不受道德认可的权力所追杀的人，并且这些辩护可以被接受，这就足够了。同样，同居者和欠款人也可以提供自己附带限制条件的理由，来为自己辩护，比如他们并非要求同居与结婚在法律上被同一而论，或者并非要求某种"想不还钱就拒不还钱"的特权。这些理由也同样可以在公共领域中被考虑，并被谨慎接受。而一旦这些理由获得接受，那么就表示它已经通过了普遍性检验，如果这时违反它，就是违反了道德契约，侵害了人的权利和尊严。在这个时候，他们就可以合理请求法律或道德的援助。

　　但以上这些回应，其实也带出了更多更为复杂的问题。

　　首先，由于我们强调普遍性并非无限的，而只是被公开接受的，那么，是否存在并未被公开接受，但仍可被视作道德的主张呢？换言之，有没有在**私领域中的"道德"**呢？比如内心的良知、独特的信仰，或两个未婚青年间的爱？它们可以或应该完全被视作是某种公共道德的延伸吗？还是它们根本要被排除出道德契约的公共讨论范围？又或者它们另有一套评价标准，比如一种"伦理信念的评价标准"？那么，伦理信念和道德契约又有什么关系呢？还是说，我们根本搞不清楚它们的关系，只能始终抱持怀疑算了？

　　其次，可被道德契约论接受的，只有那些进行了公开论证，并且经受住质疑、得到了辩护的理由（它们多半附带严格的条件）。但这是不是一个**过高的要求**呢？因为它预设了高超的辩论技巧、审慎的条件计算、过硬的专业知识以及强大的抗压能力？很多时候，这不是苛求每个人面对重要的公共实践讨论时，比如在面对电价上涨等问题时，都要表现得近乎行家里手吗？在这种情况下，诉诸常情常理，或者多开几场公听会，就可以有效解决问题吗？还是说，这种公开论证的思路，很多时候根本缺乏实际可行性，也谈不上系统和完善？更有甚者，它是否甚至为那些曼德维尔式的理性算计留下了空间呢，因为附带严格条件的复杂"工具论证"和"权力游戏"，也并非一定不能被辩护和被公开接受？那么，为此我们还需要排除某些特定的辩护类型吗？还是说不必如此？为什么？此外，要回答上述一系列问题，是不是已经离"日常道德意识"太远了呀？

最后，就算不去考虑"公私"之分及其关系的问题，也不去考虑道德理性论证的高标准问题，我们还可以问，能够通过普遍化论证并被公开接受的那些道德理由，是不是只有一种？还是其实可以多种多样？换言之，可能存在着**"多元"的道德**吗？如果不存在，为什么？如果存在，那它们又是什么关系？它们是始终一致的，还是可能相互冲突的？而面对它们，我们又如何进行选择呢？为此需要一种二阶的道德契约论吗？还是说，个体在这里随意选都没有问题？这又是为什么？

以上种种问题，以及更多的其他相关问题，迄今都仍处于争论不休的状态中，它也将在本书后面几讲中被继续讨论，但并非被给定答案。当然，更便捷、更粗糙的解决方案也是存在的，比如干脆重拾"工具理性"的契约论。这是因为，"道德理性"的契约论似乎不仅没有带来比它更少的麻烦，而且还显得在"实用性"上扭扭捏捏，拖泥带水，搞不好还会贻误行动时机。但这样一来，我们就发现，不仅在各种契约论内部，而且在它们之间，也还存在着大量未解的冲突和排序的问题，它们召唤着有志者对这一未竟事业做进一步的探索。只不过限于篇幅，我们的简短导览必须到此为止，因为那些关系到实践筹划和共同生活的重要现代理论框架，已经得到了大致展示。在本讲最后，需要提示性讲解的，就只剩下无论哪种契约论都拥有的一些前提设置，比如"平等"和"社会"。对于理解"现代共同生活"而言，它们同样至关重要。

平等社会

细心的读者可能已经注意到，无论是走工具理性的契约论道路——霍布斯式的道路，还是走道德理性的契约论道路——康德式的道路，都要求签订契约的人是平等的。在霍布斯那里，平等表现为在总体考量体力、智力等多种因素后，人们综合实力的大体相当；在康德这里，它则表现为同等的人格尊严和对理性法则的服从。

为什么现代契约论要求平等呢？对这个问题，我们可以依据直到本讲的

第三讲 上帝死了：现代实践生活的开端

主线给予简要回答，这条主线指向上帝远逝后，有限的人依靠其完善自身的能力，自立于大地之上的努力。因此，契约不再是《圣经》的《新约》或《旧约》，也即不再是上帝与人所定的、关于审判和拯救的来世之约，而是人与人之间的现世之约。这意味着一种关键性的观念和意识转换，即人被抽离了原来的天意秩序，不再首先依据他从上帝那里可能获得的权柄或恩宠来被评判，也因此不再被分别看作与上帝更亲近的继承者（如国王），以及他所管辖的万民。因为从人的有限经验出发，这些权力继承关系并不可考，也不可信，毕竟没有谁见过神使亲自加冕的场景，而王朝世系又在历史中不断混乱地更替——当洛克反对君权神授，并为契约论辩护的时候，他所持的论证就是如此。因此，在这种观念和意识转换中，被抽离出来的人首先就是平等的。即使在这里仍要某种程度地保留上帝的话，他们也只应该被看成是平等的上帝的造物。这样一来，这些平等者要解决自己在此世的问题，包括订立契约等，也就当然只能由此出发。

而从实际权力均衡的考虑出发，当我们构想一种新的共同生活契约时，也不容许首先设立一种不平等的签约条件。因为那就意味着，强者和弱者的区别在签约前就已经存在了。在这种情况下，就会出现不愿签约的情况，以及随之而来的共同生活危机。其原因很简单，强者自己并无决定性的理由，用契约来限制自身，并为弱者让路。然而在上帝远逝后，强弱对比又不具备一种基于永恒天意的正当性基础，所以它也不过只是此世的、暂时的、相对的强弱罢了，这就意味着强权更迭，动荡无序，纷争不断，无法安宁，因此也会导致共同生活的正义维度缺失，以及"人与人的战争"的不断持续。而这恰恰是契约论想要解决的问题。所以，签订契约一定要以人的（至少相对的）平等为前提。就算为了管理的需要，必须要有强弱之别（因为否则政策法律就难以推行），那么其正当性也只能通过平等地签约来确定，比如我们都同意建立一个相对强大的政府来管理我们，等等。这个顺序绝不允许被颠倒过来。

更何况，假如我们排除这些实际的强弱关系，或者说，假如我们排除那些造成人的实力差异的经验条件，而仅仅从我们自己的道德理性出发，从维护人人都有的尊严出发，也就是仅仅从我们自己规范自身、管理自身和成就自身的权利出发，来考察共同生活的可能条件问题，那就更看不出人有什么先天的不平等了：因为我们在这里谈论的，本来就纯粹是在我们意识或观念中**应该**被确立的普遍身份和实践目标的问题，它当然就和我们**事实**的身份差异及具体筹划是两回事。这同时也包含了对一种通常意见的反驳。这种意见认为，强调平等是可笑的。因为在我们的现实生活中，哪里有什么抽象的平等呢？但这种意见恰恰混淆了"实然"和"应然"间的区别。"平等"是我们为维持共同生活的可能性所设置的规范性条件，从它难以被见到这个事实，并不能推出它不应是个合理的要求。恰恰相反，如果事实中出现了不平等，那我们反倒应该依据这个条件对它进行批判，而不是掉过头来指责"平等"的要求。这正如世上也罕见长久的和平，但我们仍可且应该谴责战乱，而不能反过来指责和平一样。

这样一来，以平等为出发点，现代人就可以开始构想，这一规范条件如何可能体现在契约签订中，并帮助我们达成维护共同生活的目标。在此过程中，我们也构建并拥有了一系列新的公共生活领域，比如"**社会**"。

尽管我们今天非常熟悉"社会"一词，但它变得常用的历史其实并不久。相形之下，作为古代的共同生活领域，最重要的毋宁是"家"和"国"。二者之间构成了一个统一体，也就是从大家族发展为氏族国家乃至大帝国的连续进程。这一进程既是事实上会发生的，很多时候也被认为是体现了天命的，它们甚至互为证明，因为"家国"所取得的功绩，本身就可被认为是天命所归的表现。比如亚瑟王拔出了石中剑，或者龙母在火中孵化了三条龙，这既是他（她）及其家族的荣耀，也是上天对他（她）的授命和见证。这类例子在古代极为常见。

但如今情况却不同了：随着上帝远逝，天意秩序的合理性基础也被抽掉。随之而来，现实国家的合理性也要从另外的来源被给出。而根据我们之前的考察，平等者对他们所成立国家的一致同意、达成契约，是一种非常值得推荐的"国家合法性"来源。但这就需要我们在意识中构想出一个先于国家的公共领域，以便展开讨论、确定契约内容，并可以将之作为一个思维中的根据地，对现实国家中不满足契约规范的那些事实行为进行批判。而这个

第三讲 上帝死了：现代实践生活的开端

被设想出来的、但却具有重要政治规范性功能的领域，就是作为公共领域的**"社会"**。对此，泰勒强调了它的两个特征：

> 第一个特征已经暗示过了：它的独立于政治的特性。另一个特征是作为合法化的基准的力量。……首先，……政治社会被看作是前政治的一种工具；在那里有一个在思想上可以置于政体之外的空间，似乎可以通过政体来评判实施情况。……其次，……社会的存在是为了保护权利。……最初的契约把我们从自然状态中带出来，进而构成一种对个体成员有所要求的集体性。
>
> 对一次性的、历史性的共识的最初要求，作为合法性的一种条件，很容易发展成为对现时共识的要求。政府必须赢得被统治者的赞同，并非只是在最初的阶段，而是持续不断地成为政府合法性的条件。
>
> 这一超政治的状态是公共领域新颖性的一个方面：政治社会里的所有成员（或者至少所有有能力和开明的成员）应该被看成是在国家之外又组成了一个社会。事实上，这样的社会比任何一个国家的范围更广……①

无论霍布斯、洛克、曼德维尔还是康德，以及更多的现代共同生活的构思者，都被这种"超政治状态"所吸引，它构成了现代早期对前国家的"自然状态"探索的热潮。其范围之广，内容之复杂，以至于我们在此无法对之详加论述。但在上面的引文中，我们关注的要点已经得到了强调：这个被想象出来的公共领域，也就是现代社会得以成型的领域。它独立于政治国家，孵化出它，并对它提出要求，可以保护其下公民的权利。而在我们的日常用法中，以上所言也不难理解，因为我们平时就会说，国家产生于一定的社会条件，执政者要倾听社会的声音，等等。换言之，它已经算是我们生活中的某种常识，只不过也因此未被很多人认真思考过罢了。

然而只要我们了解到"社会"思想产生的整体框架和背景，那就很难

---

① 泰勒：《现代社会想象》，林曼红译，译林出版社 2014 年版，第 76—77、81 页。

现代思想：兴起、变迁与未来

错过它的重大革新意义。现代性**对社会理想的坚持与捍卫**，就意味着捍卫每个人可以进行平等交谈和交互行动的权利空间，这些交谈和交互行动是出于理性的，而政府必须听取来自这一领域的声音，它制定政策的效力也必须最终来源于此，因为它是政府权力之外的、为之赢得共识性基础的规范性领域。所以，保卫平等社会，就是保卫权利，以及在上帝死后人们的伟大共同生活。而如果有迹象显示这些基础正在被其他权力所侵蚀，那么，最起码出于对我们自己曾有努力的尊重，我们都必须保有对它的足够警惕和反思。

阅读文献

《自然社会：自然法与现代道德世界的形成》的导论"鲁滨逊的世界"，是一篇对《鲁滨逊漂流记》进行文学、社会学和政治学解读的文章，其中很多要点，对现代早期讨论都非常关键。而另外一本关于法国大革命的优秀介绍性书籍，则有助于我们看到权力之争与现代革命的关系。

1. 李猛：《自然社会：自然法与现代道德世界的形成》，生活·读书·新知三联书店 2015 年版，导论。

2. 多伊尔：《法国大革命的起源》，张弛译，上海人民出版社 2016 年版，第三部分"权力之争"。

以下两本推荐读物，有助于我们扩展对于"政治"和"社会"这两个重要主题的古今变迁的认识。它们都是短小的作品，但对于补足本讲中的很多未尽之意，是很有价值的。

1. 米诺格：《政治的历史与边界》（牛津通识读本），龚人译，译林出版社 2013 年版。

2. 泰勒：《现代社会想象》，林曼红译，译林出版社 2014 年版。

讨论和彩蛋

第二篇 文学与艺术的辉煌

第四讲　哈姆雷特之问：现代思想的文艺呈现

文艺复兴时期世俗文化的兴起

我们已经在前面的讲述中，了解了现代性的萌生与展开从来不是一蹴而就的，在漫长的历史中，发端于意大利的文艺复兴，成为介于古代与现代世界的桥梁。新的世俗时代，新技术、新观念和新生活方式在意大利的几个手工业、商业发达的都市中悄然萌发和生成。文艺复兴（Renaissance）本意就有再生或复活的意思，从乔托、但丁的时代，这种对古典文化的再生与复活的观念逐渐蔓延开来。那些通过辗转地、秘密地阅读古老的羊皮卷书籍，从拜占庭等地获取古代经卷的人，越来越意识到在遥远的古代，即古希腊、古罗马时期，意大利等地中海沿岸地区，曾经拥有过高度的文明和辉煌的文化成就。从13世纪末叶到14、15世纪的意大利城市，越来越繁盛的市民生活迎来教会、神学观念一次又一次的世俗化进程，今天的很多学术研究不断证明了，文艺复兴的兴起并非空穴来风，而是由基督教观念受城市生活的逐步世俗化推动发生的。

世俗文化兴起与视觉艺术的辉煌

一个时代有一个时代的文化和艺术。今天，我们熟悉地从社交媒体、虚拟网络、电子游戏等数字信息平台获取新知、实现社交。信息的数字化和传播的便捷，在很大程度上让我们进入某种平滑世界，即对幽眇的自然、差异化的他者、身体感知不太好奇而无法共情的平滑体验中，这其实是非常虚妄和危险的生存状态。在这个意义上，阅读、了解过往时代的文化、观念和主

现代思想：兴起、变迁与未来

体如何形成的历史，对于逃逸出平滑世界非常有助益。我们常常在博物馆、美术馆观看前人的生活形态，例如，在呈现古希腊文化的展厅，我们会看到古希腊神庙建筑的高仿复本、生活器皿的复原实体以及裸体雕塑。在古希腊，人们认为裸体即神性的体现或真理的呈现，不需要添加衣物等多余物来遮盖、修饰，裸体既是真也是美的体现。① 古希腊人追求卓越的德性，也追慕奥林匹斯山众神的辉光，同时肯定人性与尘世生活的合理价值。然而在中世纪，基督教文化是禁欲的，尘世的身体和世俗欲望是罪的象征，需要被禁止和救赎。早期教会甚至禁止用形象，诸如绘画、雕塑等艺术手法来展现基督和使徒故事，因为基督教正统观念认为，神圣的教诲只能借助听觉去聆听和铭记，人类的眼睛无法企及上帝的形象，只能想象至高的不可直接认知的形象。12世纪前后，来自北方山地的哥特人为了显示出比罗马原住民更强烈而奔放的信仰而修建的新式教堂建筑，即高耸的像剑一般直插云霄的尖顶，象征着信徒对来自天国召唤的憧憬和呼应。其内部由火焰般交叉的券顶承受重力，巨大的彩色玻璃上饰有绚丽的镶嵌画，描绘着基督和圣徒的故事，这些都是基督教文化的一次次飞跃。从建筑、绘画、雕塑等视觉艺术在形制、主题、风格等方面的变化和革新，我们其实可以看到意大利文艺复兴文化并非平地起惊雷，它是对此前各时代文化进行继承和极大创新，并且融会贯通自己时代的历史因素，才产生出仿佛浑然天成的文化和艺术成就的。

在高耸的哥特教堂、内饰庄严的神学院中，在三位一体的教堂主祭坛上，中世纪拜占庭风格正面临新风格的挑战。从乔托（Giotto di Bondone，约1267—1337）作于1310年的《宝座上的圣母》（藏于佛罗伦萨的乌菲兹博物馆）上，我们看到整个蛋彩装饰屏面积巨大，乔托强调了空间体积感和现实主义式的写实风格。② 他传承了师父契马布埃的蛋彩画技法，还在此基础上进行了大胆地改进，他将圣母的宝座变成了一个"透视盒"，画面明显增强了纵深感，而圣母的面容和体态也更近于真实，无论是透明的薄纱衣褶

---

① 弗朗索瓦·于连，《本质或裸体》，林志明、张婉真译，百花文艺出版社2007年版。
② 艾莲娜·吉纳耐思奇：《佛罗伦萨乌菲兹博物馆》，刘梦子、刘黎亭译，译林出版社2014年版，第24页。

第四讲　哈姆雷特之问：现代思想的文艺呈现

下丰满的胸部和怀中的婴儿，抑或是两边圣徒们的表情和体态，画面所突出呈现的生动、鲜活的视觉效果透露出那个市井繁华年代的审美趣味。和拜占庭风格所承袭的较为生硬、素朴的风格不同，新的市民气息的绘画突显出画面主体人物的活力和生命形态，而这样的观念很快传到阿尔卑斯山以北的北方民族，并且赢得共鸣。中世纪的祭坛画，体现出那个时代的艺术成就，即他们善于将宗教故事的人物、布局安排得具有象征性意味，但相对比较忽视人与事物的真实形状、比例、情态等等，也不会在乎近大远小等空间距离感，然而乔托以及受其影响的锡耶纳画派的画家马丁尼等人，已经显示出对自然空间、物事的细节的观察和再现能力了。乔托是佛罗伦萨诗人但丁的同时代人，《神曲》中有提到他，而马丁尼，则是彼特拉克的朋友，马丁尼还曾为彼特拉克的《歌集》画过女主人公劳拉的肖像，这些往来逸事为后人显示了萌生于14世纪市民社会的文艺复兴的花蕾，已经悄然缀满枝头，一俟新时代的春风拂荡，就会绽露吐芳。

《宝座上的圣母》（创作于1310年）

讲述文艺复兴艺术，无法略过15世纪佛罗伦萨的非凡成就，我们先承接前面的讲述，来看看佛罗伦萨年轻艺术家中的领袖，一位建筑家，菲利

现代思想：兴起、变迁与未来

波·布鲁内莱斯基（Filippo Brunelleschi，1377—1446）的成就。今天，英国广播公司所拍摄的关于文艺复兴纪录片中，后世的艺术史、文化史家和科学家从多方途径，包括热成像技术来探索和回溯佛罗伦萨那些气势恢宏的建筑中的秘密或不为人知的阴谋。而矗立在天空下的佛罗伦萨圣母百花大教堂的主教堂就是布鲁内莱斯基的杰作，布鲁内莱斯基既是划时代的建筑大师，也是对后世的视觉艺术影响深远的人。当布鲁内莱斯基应聘为主教堂的建筑设计师时，他要求他的设计图纸不可外传，他以近乎密码的方式记录和画图，目的是不能让设计方案泄露旁逸。今天的建筑师找不到任何有记录的设计方案，只能亲自登上教堂内壁揭示建筑中隐藏的秘密。布鲁内莱斯基到过罗马，也阅读过很多经典，通过丈量神庙和宫殿遗迹，来寻找古罗马建筑的精髓。布鲁内莱斯基的独创性在于他吸收了古希腊、古罗马建筑的成就，例如对三角额墙和圆柱的模仿，更重要的是，他第一次为高耸的哥特建筑盖上一个巨大的穹顶，而且安放穹顶的立柱之间的距离跨度很大，这在当时是非常惊人的建筑奇迹，是古罗马的万神殿等建筑都未能企及的成就。[①] 以后500年间，由他确立的文艺复兴建筑风格，不断被后世建筑家效仿。此外，布鲁内莱斯基还发现了"透视法"（perspective）的数学秘密，并悄悄传给一些年轻画家。马萨乔、多纳泰罗等就是有幸得到他真传的艺术家。

马萨乔（Masaccio，1401—1428）在佛罗伦萨一座教堂的葬仪礼拜堂上，画出了令人惊异的立体图景。他运用"透视法"在二维的平面墙体上，将三位一体的耶稣、圣母、圣约翰以及画作的赞助者伦齐夫妻二人置于墓室拱顶的前景，画面上的建筑有清晰的前景、后景的纵深感，人物像雕塑一般清晰和立体，马萨乔对透视效果的强调，使得绘画对现实的再现跃升到新的层面。而多纳泰罗则以《圣乔治像》闻名于世。与中世纪教堂门廊外庄严而平静地成列站立的浮雕或塑像迥异的是，多纳泰罗的圣乔治稳稳地站立在希腊式立柱旁，他的表情非常生动，像在期盼、思忖，他身体的筋骨肌肉饱满而稳健，这个圣徒的个体形象非常清晰有力地吸引着朝圣者的目光，这显然

[①] 贡布里希：《艺术的故事》，范景中、杨成凯译，广西美术出版社2014年版，第225页。

第四讲　哈姆雷特之问：现代思想的文艺呈现

是系统研究古希腊、古罗马艺术，并吸收其艺术精神后的上乘之作。多纳泰罗比马萨乔活得长久得多，凭借自己的手艺，他从意大利的一个城市来到另一个城市。透视艺术也随着艺术家而迁徙，逐渐辐射到意大利其他地区，人们受益于这种塑造朴素生动的人物、真实自然的画面布局的艺术方法，而逐渐抛弃了充满神秘气息、纤细精致的哥特风格艺术。

　　文艺复兴的文化不是猛然达至巅峰的，在"文艺复兴三杰"之前，有许多天才为呈现新的文化观念和趣味披荆斩棘。譬如，北方尼德兰的扬·凡·艾克（Jan Van Eyck，早于1390—1441）就是必须提及的天才之一。和马萨乔的透视法湿壁画不同，凡·艾克在根特市，他大约作于1432年前后的祭坛画以另一种对真实自然的再现享誉后世。祭坛画上人物众多，衣着华丽鲜亮，画家非常耐心细腻地描绘了众人的衣褶、肌肤和生动的表情，在所展现的节日庆典或战争或传道等情景中，连作为背景的树林、建筑和山路等细节都得到细心而真实地呈现，这样的逼真显然是仅仅观看古典艺术难以达到的，所以贡布里希也认为凡·艾克和当时的艺术家定然是通过秘密地模仿人体模特，细心地观察自然，才能产生这样令人赞叹的逼真感。当然，凡·艾克那幅著名的《阿尔诺芬尼夫妇像》油画更是在画布上展现了新艺术的模仿造诣。前景中有憨态可掬的长毛狗、拖鞋，中景即画面中央牵手订婚的阿尔诺芬尼夫妇，后景中有质地清晰的金属吊灯和墙上的镜面，镜面上倒映出的证婚人和夫妇二人的背影，整幅画无论是绘画技艺还是画面布局，都忠实于"像镜子一般反映现实"的绘画观念，所以至今在艺术史中，主流的看法认为凡·艾克是油画的真正发明者和改进者。在后墙悬挂的镜面上方，画家留下一行拉丁文签字，意即"扬·凡·艾克在场"，[①] 我们也可以说，画家非常自觉地体现了绘画作为目击者和现实模仿者的观看艺术的意图。

　　在讲述意大利文艺复兴时期视觉艺术的巅峰时期前，我们先来了解一下作为赞助人的美第奇家族与艺术兴盛之间不可磨灭的关联。也许我们以前总是通过美术馆、博物馆或精美的书籍接触和了解艺术作品和艺术家，我们对

[①]　贡布里希：《艺术的故事》，第243页。

现代思想：兴起、变迁与未来

艺术充满了崇敬甚至膜拜的情感，这并不奇怪，古典艺术那神秘的灵光和气韵（Aura）正是通过各种艺术展陈方式，建立起有距离的膜拜价值。而现代艺术史、艺术理论则倾向于将艺术还原到历史生成的氛围中，即发现艺术作为一种稀缺技艺在社会生活中造就和养成的时间历程。文艺复兴艺术的辉煌同样无法独立于社会生活的孵化，其中佛罗伦萨等地就频繁绽放天才之光，艺术社会学的考证给了有力的答案。以高利贷等金融业和银行业起家的美第奇家族，善于投资和经营，很快就赚得盆满钵满。从 14 世纪末期崛起的乔瓦尼·德·美第奇开始，到其子科西莫·德·美第奇及此后第三代掌门人，即科西莫的孙子洛伦佐·德·美第奇，这三人既是美第奇家族财富大厦的重要缔造者，同时也是眼光独到的艺术鉴赏家，是家族史中与艺术赞助关系最为密切的家族掌门人。乔瓦尼是个虔诚的基督徒，当金融帝国初具规模后，他开始为死后灵魂的命运而忧心，基督教教义认为那些终日汲汲于财富的人，尤其是高利贷者有罪，死后必下地狱，于是他开始大量赞助宗教的公益事业，包括教堂的建筑、雕塑、壁画等为自己赎罪。而精明的科西莫更是懂得将财富转换为艺术品，以换取声名和威望。布鲁内莱斯基建筑的圣母百花大教堂，以及多纳泰罗的雕塑杰作、安吉利科的典雅虔敬的教堂湿壁画都是在他赞助下完成的。科西莫像那个时代的"教父"，大量收藏古希腊罗马的文献和雕塑，在他的影响下，佛罗伦萨等城市修建了很多罗马风格的教堂、修道院和图书馆等公共建筑。而洛伦佐更是独具慧眼发现艺术天才，他赞助波提切利，成就了传世名作《维纳斯的诞生》《春》；他力荐吉兰达约（米开朗琪罗的老师）主持圣三一教堂的壁画创作，之后资助并间接成就了米开朗琪罗、达·芬奇、拉斐尔等。从社会学家布尔迪厄的资本转换的视角来看，美第奇家族创造的经济资本，推动和活跃了市民社会的繁盛，一种肯定商业合作精神、自由意志和充满人间趣味的世俗文化，在教会统治下的意大利蔓延滋生开来，美第奇家族用经济资本，成功地换取象征资本和文化资本，而这种艺术赞助制保障了艺术作品的收藏，也推动了新型的艺术生产方式，至今成为讨论艺术文化生态的重要案例。

　　接下来，我们看一看"文艺复兴三杰"的艺术成就。陈丹青曾在一档系

第四讲　哈姆雷特之问：现代思想的文艺呈现

列纪录片《局部》第三季中，分节讨论意大利文艺复兴不同时期中，此起彼伏的天才杰作，他认为通常的教科书或美术史总是聚焦于"三杰"的艺术辉光，而忽略了意大利境内不同艺术家行会、师徒传承中产生的蔚为可观的艺术工匠传统及其造诣。限于篇幅，我们的讲述只能更多聚焦到文艺复兴艺术的高光点，而将其他精彩内容放在延伸阅读的范围中。列奥纳多·达·芬奇（Leonardo da Vinci，1452—1519）的师父韦罗基奥是多纳泰罗艺术的继承者，也是佛罗伦萨重要的雕塑家、宗教和日常器物设计者。年轻的列奥纳多在韦罗基奥的工作坊学到很多技艺，他很快展现出非凡而奇妙的造型天赋，令师父暗自称奇、自叹弗如。他对探索大自然、人体、人性的奥秘充满好奇，他解剖过三十多具尸体，他研究昆虫和鸟类的飞翔、树木和植物的生长规律，他试图了解胎儿在母亲子宫中如何成熟。至今人们还珍藏着他手绘的解剖草图，以及那幅代表古典艺术人体黄金比例的《维特鲁威人》。由于他广泛的好奇心和有点偏执的对美的渴望，他的很多作品有了开头却很难抵达结尾，这也许是他一生窘迫颠沛的原因之一。英国批评家佩特说，在15世纪带有现代精神的绘画中，拉斐尔代表古典的回归，而列奥纳多则代表自然的回归。[1] 列奥纳多对自然中的奇特氛围和混合光线非常着迷，他创制了一种"空间透视法"来表现对自然的神秘和透视效果的体验，我们在他的很多肖像杰作，如《岩间圣母》《圣母子与圣安妮》《蒙娜丽莎》等作品中有深刻的体会。他那幅著名的《最后的晚餐》，其实是画在米兰的圣玛利亚感恩教堂餐厅的一面潮湿阴暗的墙上。耶稣和使徒们安静地坐在长桌前，耶稣说"我实在告诉你们，你们中有人出卖了我"，除了犹大，其他的人都有手势，有的惊异有的激动，神态非常富有戏剧性，而犹大孤身一人抬眼望着，或愤怒或犹疑地注视着餐桌前的骚动和不安。在列奥纳多笔下，"最后的晚餐"这个脍炙人口的宗教故事，被如此可感可触地再现出来。他倚重严格透视法，即画面中的所有线条，都指向最后的没影点所在的水平线；画面的所有物体都根据这一没影点确定其体积大小。试想，坐在这面墙下就餐的神职人

---

[1] 沃尔特·佩特：《文艺复兴》，李丽译，外语教学与研究出版社2010年版，第139页。

员，与心中的上帝和使徒似乎处于平行宇宙一般的场景中，该是一种怎样惊心动魄的体验。

比列奥纳多小 23 岁的米开朗琪罗（Michelangelo Buonarroti，1475—1564），后来成为与其比肩的艺术竞争者。年轻的米开朗琪罗一直热衷于古代雕塑的研究，他同样通过尸体解剖了解了人体的结构和肌腱。当 30 岁时，他已经成长为一位独当一面且有高度独创性的艺术家。尤里乌斯二世和美第奇家族都先后聘请他设计和修筑陵墓，而他用自己的艺术创造去描绘基督的审判和灵魂的复活，或是在整块的大理石上雕凿出鲜活有力的人体。时至今日，当我们观赏他的《哀悼基督》《摩西》《大卫》等雕塑作品时，仍然能从作品中感受到充沛的生命力和人性的哀痛、庄严。人们认为米开朗琪罗是赋予石头以生命的大师，"在他面前，石头似乎也有了生命。它们只要把尘土和碎屑抖掉就能站起身来。他喜爱卡拉拉采石场，那些怪异的灰色山峰即便在中午也显现出某种夜晚才有的严肃和静谧。他有时在山上徘徊数月，直到那些暗淡、苍白的颜色好像最终走入他的作品"[1]。米开朗琪罗在罗马教皇的礼拜堂——西斯廷教堂的脚手架上仰头画了 4 年，用坚忍的毅力完成了这幅恢宏的巨制，从创世到诺亚方舟等《圣经》故事在他的画笔下被栩栩如生地再现出来。他热爱表现生命的复苏和解脱，他用古典式雕塑笔法来描绘人物，他像古希腊人那样呈现人的裸体，裸体紧张的肌腱和挣扎最能呈现人"质朴的力量"。如《创造亚当》中，他着力表现刹那间的永恒，当上帝将与他的受造物，按照他的形状创造的初民亚当分离的那一瞬间，期待、不舍和内在的契约，生命创造和人类的生存在他的画笔下一一展开。而在另一面墙上，他画出了《末日审判》，画面中央是上帝，围绕祂，一边是上升的获救的灵魂，而另一边则是堕落的有罪的灵魂。他甚至把自己也加入画面，就是那张可怜的被剥下的人皮，似乎暗示着折磨他的苦涩的怀疑、愤怒等。他的作品缺乏达·芬奇那些神秘的自然景物，也没有拉斐尔的典雅端庄，然而却是力量的醇酒，是灵与肉相结合的无声协奏，也是一首首领悟人性与神性永

---

[1] 沃尔特·佩特：《文艺复兴》，第 97 页。

第四讲 哈姆雷特之问：现代思想的文艺呈现

恒争执的诗歌。

拉斐尔（Raffaello Santi，1483—1520）比米开朗琪罗小8岁，但当年轻的天才画出《雅典学院》等作品后，他的才华已足以让前辈米开朗琪罗嫉妒。那个时代佛罗伦萨人更喜欢拉斐尔的优美、平静和清澈的风格，而米开朗琪罗对力量和质朴的崇尚要到18、19世纪后才能获得更多的认同。拉斐尔不用表现出多么勤奋谨慎、惨淡经营，似乎他只需自然地表达自己趣味和禀赋，就能创造出那些理想化的形象。拉斐尔留下很多传世的圣母画像，如《金翅雀圣母》《粉红色圣母》《大公爵的圣母》等，他的构图非常匀称和谐，给人宁静恬淡的感受，娴熟的技艺能让观众清晰感受到人物的衣饰质地和肌肤纹理。拉斐尔说他不模仿任何模特，而是表现心中的理想形象，即"某个理念"，这是来自柏拉图的非常古典的艺术观念，正如佩特对他的如实评价——"回归古典"。

16世纪文艺复兴还有著名的威尼斯画派，其中提香、乔尔乔内都达到了很高的艺术境界，而北方的德意志、尼德兰等地正在涌现丢勒的版画、克拉纳赫的宗教画、阿尔特多弗尔的风景画，以及博施令人费解的《人间乐园》的图景等。限于篇幅，我们不能一一评点这些了不起的艺术成就，大家如有兴趣可以通过继续阅读《艺术的故事》和牛津艺术史丛书等书籍来补足。通过这些视觉艺术作品的评述，我们可以理解文艺复兴时期兴起的"人文主义"观念对人和人世的肯定与赞美，而这些在中世纪的正统教义中是被禁止和诋毁的。当时有新锐思想的神父、能阅读古典文献的人文主义者越来越相信，人类也拥有可观的创造能力，这与天国的上帝类似，只不过使用的材料有所不同。他们认为，人类一方面通过理性创造科学，另一方面通过想象力创造艺术，这在达·芬奇、米开朗琪罗等的笔记中都有讨论。尽管上帝信仰仍然是新文化的核心，但是对于上帝的创造物——人和人世的热爱已经使文艺复兴时期的艺术趣味，获得洗礼与重生。

现代思想：兴起、变迁与未来

时代兴替和文学中"新人"的生成

文化领域中，与世俗生活相呼应的新型诗歌和小说也在时代的更替中，引领风气之先。但丁（Dante Alighieri，1265—1321），这位令佛罗伦萨人引以为傲的大文豪，准确说仍身处中世纪，然而这位"旧时代最后的诗人"在诗文创作中，已预言和宣告了文艺复兴的到来。年轻时，他就为一见钟情的姑娘贝雅特丽齐写过一本诗集，取名《新生》，借咏叹爱情的忧伤和爱人的远逝（姑娘早夭）来追寻新的人生。该诗集采用"温柔的新体"，一种在托斯卡纳地区流传的新的抒情诗体写成。他说"我是这样的一个人，当爱神给予我灵感时，我就记下来，并且依照他口授于我心中的方式写出来"[①]。他对爱情的坦诚和珍视，已是深受古希腊、古罗马文化熏陶的人文主义者姿态，而与循规蹈矩、痛苦禁欲的中世纪僧侣生活拉开了距离。

但丁的文学声誉在他身后虽然有其学生薄伽丘奋力争取，但由于他大胆采用下里巴人的俗语写作其鸿篇巨制的《神曲》，而同时代的诗人大多使用正统的拉丁语写作，其声名一直未得到后世的追认。直到19世纪浪漫主义诗歌传统兴起，但丁才逐渐被确认为欧洲文学的一流大家。20世纪英美最重要的诗人艾略特，在《但丁于我的影响》等文中讨论了但丁对他的深远影响。他喜欢但丁洁净严整的风格，叹服于但丁对诗歌的技艺的自觉和精益求精，每个词和意象都用得很精当，"使自己语言的灵魂具有了形体"；艾略特还赞赏但丁是一位总是探索不可知经验的伟大诗人，其感性范围的宽度、光谱或音域的广度均非常人所能及。而另一位非常热爱但丁的当代文豪则是阿根廷的博尔赫斯，他的文集中有汇编的评论文章，如《但丁九篇》《七夜》。博尔赫斯醉心于迷宫似的建筑，将繁杂丰富的时间容纳到一个无所不包的体系中，《神曲》就是这样的纸上建筑，他感叹但丁诗歌的视觉性和精确性，

[①] R. W. B. 刘易斯：《但丁》，张心童译，生活·读书·新知三联书店2017年版，第66页。

第四讲　哈姆雷特之问：现代思想的文艺呈现

有很多可圈可点的评述。我记得他曾充满兴味地讲述自己在环城的电车上，一摇一晃一口气读完口袋里的袖珍《神曲》译本的故事，这绝对是真爱带来的自由阅读的喜悦。此外，桑塔亚纳论《神曲》的文章也非常有见地。若有兴趣，建议大家延伸阅读。

但丁像

但丁出生于小贵族家庭，高祖父卡恰圭达曾随神圣罗马帝国的皇帝参加第二次十字军东征，并战死疆场，被封为骑士。但丁青少年时期有幸接受良好的人文主义教育，研读古希腊、古罗马圣贤如荷马、维吉尔、奥维德、西塞罗、塞内加等人的著作，以及圣奥古斯丁和托马斯·阿奎那等人的经院神学作品，熟悉阿威罗伊的学说。广泛的涉猎奠定开阔的视野，《神曲》中有很多细节显示出其深厚的文化底蕴。青年时期，他参加佛罗伦萨的政治活动，30岁时当选为城市执政官。当时佛罗伦萨等意大利城市的党争严峻，一般分为支持神圣罗马帝国皇帝的归尔甫党和支持罗马教皇的吉伯林党，但丁的家族属于归尔甫党。很快归尔甫党又分裂为黑白两党，但丁认为佛罗伦萨的事物应该交由自己人管理，教皇不应插手人间事物，为形势所迫，但丁靠拢相对温和、对共和国命运更关心的白党。黑党纠集教会势力发动阴谋，召集但丁等人前往梵蒂冈开会，在他们缺席的情况给其安上"贪污公款""反对教皇和查理""扰乱共和国"等莫须有罪名，罚款5000弗洛林，流放

93

现代思想：兴起、变迁与未来

托斯卡纳境外2年。但丁拒不认罪，之后被判处终身流放，至死未回到钟爱的家乡佛罗伦萨。艾略特在1930年，从美国自我放逐到英国时，曾写了一首《圣灰星期三》，致敬但丁：

> 因为我不期待再次归乡，因为我不抱希望，因为我不期待归乡，嫉妒这个人的天分，羡慕那个人的广博……

1302年后，但丁逐渐从党争中抽身，他说自己"自成一派"，从此走上察觉世界和自我的行旅生涯，行踪遍及意大利南北，这为他写作《论俗语》《飨宴》《帝制论》等书奠定了基础。而流传千古的诗篇《神曲》就是在行踪不定的流放途中完成。他感叹自己好像"既无帆，又无舵手的船，被凄楚的贫困吹来的干风刮到不同的港口、河口和海岸"，"别人家的面包味道多么咸，走上走下别人家的楼梯，路多么险"。流放生涯就是《神曲》写作的现实语境，由此我们明白为何《神曲》开篇即写："在人生的中途，我发现我已经迷失了正路，走进了一座幽暗的森林，啊！要说明这座森林多么荒野、艰险、难行，是一件多么困难的事啊！"但丁用象征的手法写"我"在寻求真理的路途上迷路了，本来已窥见山顶的微光，然而，在陡峭的山路上被迎面出现的豹、狮子和狼（象征着性欲、骄傲和贪婪）拦住去路，正踌躇无措时，他听到一个声音在呼唤他，抬头看，竟是他深爱和崇敬的古罗马诗人——《埃涅阿斯纪》的作者维吉尔。维吉尔告诉他，要逃离这个荒凉的地方，需要走另一条路，即先往下到地狱，穿越地心辗转经过耸立在南半球的炼狱山，在炼狱山的山顶由委托他来帮助诗人的一位天国女神，即他在《新生》中咏叹的爱人贝雅特丽齐，引领他进入天国。

诗人遵循来自古希腊、古罗马的史诗传统，在长诗开篇颂赞了缪斯神赐予崇高的才华，接下来即追随维吉尔的引导，从山坡径直往下，步入万劫不复的愁苦之城——地狱。整部《神曲》分为三篇——《地狱篇》《炼狱篇》《天堂篇》，每篇各33章，加上起首的一章，共有100章，结构整饬、用典精密，在纸上呈现了一个彷徨的小我，如何通达天堂的救赎之路。所以，最初但丁将其命名为《喜剧》（Commedia，意为灵魂获救的喜剧），薄伽丘整

第四讲　哈姆雷特之问：现代思想的文艺呈现

理时为其加上"神圣"一词，这就是《神曲》（Divina Commedia）诗名的由来。但丁根据经院神学的托勒密天文学绘制了地狱的地形图，这是直通地心、形似漏斗的深渊。从令诗人迷路的耶路撒冷附近的幽暗森林往下，经过愁惨黯淡的地狱之门，再逐级到达六层关押较轻罪行灵魂的黑暗之地，每一级都住着因生前罪行而受相应惩罚的亡魂。第一层是林菩狱，这里住着未受洗礼的婴儿或信奉异教的古代先贤的灵魂，后者因在基督降临前出生，属于古代的异教，维吉尔也来自这里。当但丁看到远远的列队走来的圣贤们，他的目光充满敬佩和仰慕，他注视着这些给予他精神营养的高贵的伟人们，从古代神话主角如赫克托尔到历史上的主角如凯撒，再到德谟克利特等哲学家，他都一一道出他们的名字，而荷马、奥维德、贺拉斯等诗人走来时，他们视但丁为可以与其比肩的同行者。看到这里，我们也感叹，只有真正的诗人想象的地狱才会长成这个样子。在第五章，诗人来到地狱第二层，这里站着可怕的、龇牙咆哮并盘问罪行的弥诺斯，这是古希腊神话中的地狱神。但丁眼见一阵狂飙猛力地席卷，群魂飘荡，"犹如寒冷季节，大批椋鸟密集成群，展翅乱飞"，在这群忽上忽下飘飞不定的亡魂中，他看到海伦、阿喀琉斯、帕里斯、狄多、特里斯丹，这些都是神话、传说中的爱情主角，其中特别有一对互相搂抱着的灵魂颇受他关注，那就是弗兰齐斯嘉和保罗的亡魂。弗兰齐斯嘉因政治原因，被父亲许配给侏儒丈夫，婚后她爱上英俊的小叔子保罗，最终在幽会时被丈夫捉住，并当场杀死。但丁了解他们的爱情悲剧，此时他没有冷漠地旁观因爱欲而获罪的亡魂在地狱受罚，他叫住这对亡魂，仔细询问他们的爱情因何而起，如何致死的细节，当弗兰齐斯嘉说到他们因一起阅读骑士朗斯洛特被爱俘获的书籍，竟情不自禁相吻时，聆听者但丁十分代入地生起强烈的怜悯，竟至昏厥。这些细节，像一帧帧画面般清晰地呈现了悲痛的爱欲故事，难以想象这是一位中世纪诗人之作，无论故事还是诗歌技艺，都非那个时代的想象力所及。

地狱第七层后是一段巨大恐怖的悬崖，诗人到达第八层，这是重罪亡魂寄居之所，分为十囊，还在世的教皇尼古拉三世也被放在第三囊中，贪婪无度的教皇被但丁直接判罚在十恶不赦的地狱深渊中。有意思的是，在第八层

现代思想：兴起、变迁与未来

第八囊中住着善用阴谋诡计者，但丁和维吉尔见到了尤利西斯——那个古希腊有勇有谋的将领、木马计策划者奥德修斯，也是荷马长诗《奥德修纪》的主人公，其古罗马的名字即尤利西斯。峭壁边的火葬柴堆炙烤着亡魂，他们就住在火焰中，但丁看到了尤利西斯和狄奥墨得斯（特洛伊战争中，美女海伦的丈夫，被帕里斯戴绿帽子的人）。尤利西斯告诉诗人，当他肃清求婚者，为儿子巩固王位后（参看《奥德修纪》），并没有滞留家园颐养晚年，亲眷的所有挽留都无法让他抵御阅历世界的渴望，体验人类的罪恶和美德的热情。他带了一对年轻人，驶向宽阔的海洋，经过西班牙、摩洛哥、萨丁岛，最后来到赫拉克利特树立界碑的地方，这是古代世界的天涯海角，他们仍然没有停留，即使此时船员们都已老迈迟钝，但他们继续划桨向着太阳背后的世界去探索，"细想一下你们的来源吧：你们生来不是为着像兽类一般活着，而是为追求美德和知识"……读到这些诗句的我们，除了感叹但丁入情入理的想象，更感慨但丁何尝不是拥有和尤利西斯类似的灵魂呢？否则他和尤利西斯的对话为何充满共情且葆有逼真的细节？

维吉尔引领但丁来到炼狱山的尽头后，将他交给前来迎接的贝雅特丽齐，再继续上行，逐级行走在天堂的九重天，在天国一重又一重奇异的光亮和玫瑰的光芒中，但丁最终获得灵魂的至喜。在但丁心中，维吉尔象征从古典文化传统中生长出的理性，而贝雅特丽齐则象征虔诚的信仰。有意思的是但丁没有将此重任交给任何一位圣徒，而是转向他少年和青年时期的爱慕对象，最诚笃的信仰就是纯洁的爱欲，这样的信念和世界感迥异于正统基督教义，是诗人的自由意志聆听到的内在之音，更是获救之音。《神曲》并不好读，借助注释，我们可以大致理解来自意大利文艺复兴前夜的人文主义新声。中文译本，最早有钱稻孙先生的楚骚体不完整译本，译笔古雅，不过遗憾的是钱先生没能完整译出。之后有朱维之先生的自由诗体译本，和田德望先生的散文体译本，各有千秋，都是老翻译家倾其一生蓄积深厚的学养，倾心翻译的佳作。读外国文学作品，我们要对好的译本心存敬畏，因为翻译之事实属艰辛，不啻戴着镣铐的重新创作。个人的生命有限，精通多种语言的人毕竟凤毛麟角，通常我们只能借助译本，使文化视野不致拘囿于本民族的

第四讲 哈姆雷特之问：现代思想的文艺呈现

语言文学，获得世界视野，这对于今天的文明人来说尤为可贵。

比但丁小30余岁的彼特拉克（Francesco Petrarca，1304—1374），正式成为欧洲文艺复兴之父和意大利人文主义先驱。彼特拉克的作品中译本不多，多数评述还限于将他视为一位抒情诗人和文学家，事实上，彼特拉克已经是那个时代的精神自觉者和思想表述者。在彼特拉克的青年时期，但丁及其前辈所信仰的神圣而有秩序的神学世界，这种至高的观念正在解体，而解体始于十字军东征的失败。在彼特拉克所处身的现实世界中，教皇与皇帝斗争，地方主义与民族主义斗争，城镇与国家斗争，此起彼伏的战争和不可调和的矛盾预示着中世纪生活的解体。彼特拉克的父亲、祖父和曾祖父都是佛罗伦萨的公证员，和但丁的遭遇相似的是，他父亲也因党争被迫离开故乡。1312年，彼特拉克的父亲到了法国南部的阿维尼翁，彼特拉克就在阿维尼翁附近的小镇卡朋特拉斯长大。他接受了语法和修辞学教育，和父亲一样热爱西塞罗、维吉尔的作品。12岁时他到蒙彼利埃学习法律，之后与弟弟格拉多到博洛尼亚大学继续学习，他结识了很多用方言写作的诗人，并开始研究圣奥古斯丁的著作，后者成为他的作品中一位重要的对话者。1327年，他邂逅了一位少妇，无可救药地坠入情网，这份爱情不仅促成了之后的抒情诗集《歌集》，也成为他终身不断回溯和抵抗的激情。1330年之后，他得到红衣主教科隆纳的支持，名义上为后者提供神职服务，实际上是在主教的赞助下游学、阅读和写作。除了主教外，彼特拉克还接受了另外几位赞助人的支持。他先后编订李维的《罗马史》的第一个学术版本，出版诗集《歌集》《名人列传》和讲述西庇阿战胜汉尼拔的事迹的史诗《阿非利加》，发表带有强烈自省、自我批判色彩的"我"与圣奥古斯丁的对话集——《秘密》，以及在《论孤独的生活》中提出私人生活高于公共生活这种颠覆性观念。此外，他还发表了在当时最为流行的作品《两种命运的补救方法》。1341年，他在罗马荣膺桂冠诗人，获得生前身后的盛名。他拥有当时堪称欧洲最大的私人图书馆，其收藏成为"人文学"的基础。他多次劝说神圣罗马帝国皇帝路德维希四世和查理四世返回罗马，不遗余力复兴罗马共和国，在交战各国之间斡旋，目的是促成意大利统一，抵制外国势力对意大利事务的干扰。在这个意义上，彼特拉克成为那个时代最重要的个体（private man）之一，备受教皇、皇帝和王公贵族的推崇，但同时他拒绝进入宫廷生活，捍卫精神生活的独立和思想的自由。

贯穿彼特拉克一生的写作主题就是不断认识自我、省思自我，可以看出他对于中世纪早期的先贤圣奥古斯丁的效仿。但与后者在反思中不断朝向上帝而消解自我的倾向不同，尽管彼特拉克并未过多质疑上帝的存在，但他并不打算贬抑和解除自我的合理性，在自我理解中他不断肯定自我，并将自我作为理解人的境况的基础。在笔记中，彼特拉克的自我认识透露出自我批判和质疑的紧张感，这也是他一生所致力的激情、欲望与信仰和理智的争执：

> 在我身上还有很多可疑的和令人不安的东西……我在爱，但不是爱我应该爱的，并且恨我应该希求的。我爱它，但这违背了我的意愿，身不由己，同时心里充满了悲伤……自从那种反常和邪恶的意愿——它一度全部攫取了我，并且牢牢统治了我的心灵——开始遇到抵抗以来，尚未满三个年头。为了争夺对我自身内二人之一的领导权，一场顽强的、胜负未决的战斗在我内心深处长期肆虐而未有停歇。①

1336年4月26日，彼特拉克成功登顶法国南部普罗旺斯地区的旺图山，彼特拉克在《秘密》等书籍中曾提到这个时刻，他将此视为自己人生的重要时刻，或者说重要事件。他效仿圣贤的做法，即在登临高山时会随意翻开一本重要的典籍，将打开那页上的文字视为一种神秘且神圣的暗示。他说："我突然产生一种极其强烈的欲望，想重新见到我的朋友和家乡。"继而，他想起随身携带的圣奥古斯丁的《忏悔录》，便打开书页，正好翻到第十八卷第八章中的一段话："人们赞赏高山大海、浩渺的波涛、日月星辰的运行，却遗弃了他们自己。"这段话对他而言，仿佛醍醐灌顶，也就是说，我们真正需要认识和征服的高山，不是大自然的有形存在，而是"自我"的内心。事实上，彼特拉克在他的著述中反复地与这个苏醒的"自我"对话，

---

① 转引自张沛：《莎士比亚、乌托邦与革命》，华东师范大学出版社2021年版，第6页。

第四讲　哈姆雷特之问：现代思想的文艺呈现

不断质疑和省思。他自称是一个"热爱知识远远超过拥有知识"的人，一个"从未放弃学习"的人，甚至是一个怀疑主义者：

> 我并不十分渴望归属某个特定的思想派别；我是在追求真理。真理不易发现，而且作为一切努力发现真理者中最卑下、最孱弱的一个，我时常对自己失去信心。我唯恐身陷谬误，于是将身投向怀疑而不是真理的怀抱。我因此逐渐成为学园（the Academy，指古希腊的智识生产和传播之地）的皈依者，作为这个庞大人群中的一员，作为此间芸芸众生的最末一人。①

彼特拉克认为斗争是世界的本质，灵魂内部的斗争就是人生的要义。这首先源于人有追求卓越的愿望，追求名声和荣誉，由此带来欲望和怨恨，从而妨碍心灵的宁静，要获得心灵的自由，就必须辨识各种诱惑，并不惮与这些诱惑做斗争。彼特拉克不满于经院哲学推崇某种抽象的共相，也不满于唯名论，尤其是阿威罗伊（中世纪阿拉伯裔的人文主义者）的主张。他认为阿威罗伊仍然是将理智视为所有个体性之上的抽象实在，这对于个体及其灵魂自由来说有害无益。而对于主张虔敬的禁欲生活的圣方济各和其他苦行僧，他同样不赞成。彼特拉克说，贫乏不会导向自由，贫乏的生活也不可能治愈无节制的生活，必须走一条中间的道路，即修习美德的生活。

新的个人观念出现在彼特拉克的自述中，信奉上帝、爱都不是美德的绝对保证，因为真正的信仰立足于美德之上，而美德还需要长期的实践。与但丁不同，他不同意爱是获救的根本力量，在《歌集》《秘密》中他都袒露耻辱，悲叹爱欲受到激情的诱惑和奴役，只有通过沉思死亡和短暂的生命来加以克服。美德才是唯一值得爱的事物，因为它征服死亡，葆有名声，它对一切外力都毫不退让。有意思的是，尽管但丁是彼特拉克的同乡，二人遭遇相似，大半生都处于流放途中，但在彼特拉克的著作中很少正面提及但丁。他

---

① 转引自张沛：《莎士比亚、乌托邦与革命》，第5页。

现代思想：兴起、变迁与未来

曾对好友薄伽丘直陈心曲，"如果人们能在我的意大利语作品中找到任何与他（但丁）或别人作品相似甚至雷同之处，这也不能归结为秘密或有意的模仿。我总是尽量躲开这一暗礁，特别是在我的俗语写作中，尽管有可能出于偶然或（如西塞罗所说）人同此心的缘故，我不自觉地穿行了同一条道路。"也就是说，彼特拉克对于但丁的文学声誉有"影响的焦虑"，面对横亘于眼前的诗文高山，后来的新人要走出属于自己的道路，实属不易，这份焦虑解释了彼特拉克对于但丁成就的回避。"影响的焦虑"往往发生于文学史、思想史中两个年代接近的天才之间的内在搏斗，文化传统中的后辈在先辈的声名前，实实在在地体会到压力和紧张感，当然这也是促成真正的天才独辟蹊径的内驱力。从彼特拉克对"人的境况"的反复思索和自我批判，抑或从他特有的"影响的焦虑"看，文艺复兴时期的天才终于在前人辉煌成就的烛照下，迈出了最初的步伐，不仅为人自身的存在夺回神圣的权利，还建树起属于自己时代的自我意识和自我形象。

14世纪佛罗伦萨先后诞生了三位文学巨子，除了前面谈到的但丁、彼特拉克，接下来是但丁的学生、彼特拉克的好友乔万尼·薄伽丘（Giovanni Boccaccio，1313—1375）。我们对于薄伽丘的了解可能常常来自小说《十日谈》。作为那个时代的天才，薄伽丘继续开拓颂赞爱欲的抒情诗歌，在长达30年间用拉丁文写作了15卷《异教神谱》，在723章篇幅中，薄伽丘对古希腊、古罗马的多达200多位神祇进行谱系梳理。这是一本神话百科全书，此后深深影响了斯宾塞、锡德尼、华兹华斯和歌德等作家，至今仍是神话阐释方面非常重要的经典，薄伽丘个人对这本书的重视远远大于《十日谈》，但囿于拉丁语的局限，《异教神谱》很难被今天的普通读者靠近，中文世界至今没有全译本。从文艺复兴的世俗文化兴起这个视角，我们发现薄伽丘作为承上启下的人文主义者，与但丁和彼特拉克相比，姿态有很大调整。但丁将爱欲升华为神圣的信仰，并建立起地狱、炼狱和天堂的空间价值秩序。彼特拉克的视线更专注于人间的个人境况，在书写中坦承被爱欲的激情所折磨，向往天上之爱的神圣性，但至死彼特拉克都不愿绝对否定对一位爱人的激情，然而他和但丁一样，更强调爱欲的精神性或象征性，爱欲是救赎的动力也是救赎之通

第四讲　哈姆雷特之问：现代思想的文艺呈现

道。薄伽丘更具有世俗文化的气息，他的爱欲书写更具有肉身性、感官性。

乔万尼·薄伽丘像（创作于 1822 年）

薄伽丘是佛罗伦萨一个商人的私生子，父亲希望他成为律师或经商。虽然幼年没有像但丁和彼特拉克那样受到系统的修辞和古典语言训练，但他受到人文主义者影响，广采博取形成自己的写作风格。他的第一部长篇传奇《菲洛柯洛》，讲述一对地位悬殊、信仰不同的男女，经历各种磨难终成眷属的故事，带有成长文学的痕迹，这是一种脱胎于史诗的中世纪后期说唱文体，也是近代小说的前身。《十日谈》这部小说，大约创作于1349—1353年间。薄伽丘的博学和风趣，将来自中世纪传奇、东方民间故事如《一千零一夜》《七哲人书》《马可·波罗游记》等的丰富素材裁剪出独特的小说风貌。从文体到内容，《十日谈》都堪称划时代作品，意大利批评家曾将此书与但丁的《神曲》并置，称其为"人曲"。14世纪中叶，佛罗伦萨人远没有走出禁欲主义信仰，薄伽丘在《十日谈》里讲述了大量情爱故事，这些跨越禁忌的人间传奇是如何通过教会审查，不仅被薄伽丘的同代人阅读、传播，还被后世的红衣主教称赞为"绝无仅有的散文佳作"呢？

我们来看看小说的文体或者说形式构造，正是这个被称为"叙事套盒"的东西为那些无奇不有的世俗故事组织了一层层意义架构，也是薄伽丘版的人间世界的架构。小说序言里，薄伽丘陈述小说缘起于自己的经验，即欲望的烈焰差点吞噬自我，在烦恼时受友谊的雨露润泽终获解脱。如今，他希望自己的小说能够对娴静娇弱的女子有所帮助，因为后者（在父权和夫权盛行的时代）常常受命运的苛待，"尤其对坠入爱河的女子更加吝啬，我要救助她们，因为她们比那些靠着针线、织机、纺锤度日的女子更加不幸，我要修正时运的不公，给他们讲一百个短篇故事"……这番看似坦诚的自我辩解，让小说对爱神和爱欲的肯定和尊重跃然纸上，作者没有遮遮掩掩，而是像古希腊和古罗马戏剧、诗歌作品那样，将讲述男男女女的烟火人生、性情故事，视为有价值、有助益的。序言之后，小说展开第一层叙事，先浓重地描述和展现1348年佛罗伦萨城爆发的大瘟疫，哀鸿遍野、十室九空，其惨烈程度远远超过后世弥漫全球的瘟疫。死亡摧毁了整个城市的秩序，恐怖和不确定的死亡使人们对生命有限的感受，以及此世生活的珍爱加强了。恰有七女三男在圣母玛利亚教堂相遇，他们是高贵典雅的青年，于是相约前往佛罗伦萨郊外一个禽鸟鸣啭、青山秀水的山庄避难，他们还带了一些仆从、厨娘帮忙打点每日餐食杂务。十个青年安顿下来，为打发时日，他们商议十人轮流讲故事，每天讲十个，隔离十天就是一百个。这样在山庄的花园远离死亡之城，而轮流讲故事的计划，建立起新的生活秩序。每位讲故事的青年都装束齐整、举止得体，他们相互慰藉或彼此打趣，然后自然而然转入自己所讲的故事。而他们所讲述的故事就像拉开第二层幕布，帘幕后的故事则是一个个肉身的生死爱欲的展演，像是某种被祛魅后的人间舞台，薄伽丘为读者或观众描绘出市民社会的浮世绘。

薄伽丘嬉笑怒骂，描绘出当时的市民生活，以及上帝信仰和世俗生活的断裂，行动和言辞之间的矛盾，产生故事的反转或滑稽效果。在第一天第一个故事中，奇亚帕累托是个公证人，但伪造文书、弄虚作假、坑蒙拐骗、锱铢必较，总之就是一个彻头彻尾的人渣。后来他生意潦倒，躲到佛罗伦萨一对放高利贷的兄弟家中，突然一病不起。两兄弟认为他这样的恶人，教会不会宽恕，不会为他做弥撒。没有得到神父赦免的人，死后自然不被上帝宽恕。两兄弟哀叹这人只会给他们带来厄运。到此，故事沿着"恶人有恶报"的线索发展。接着，奇亚帕累托听到二人的抱怨后，说他有办法解困，让二人请来神父。面对神父,这恶棍似乎一下顿悟,变得虔敬诚恳。神父问他多久没有忏悔了,一辈子没有忏悔过的奇亚帕累托说,"我每星期忏悔一次,有时还不止一次";神父问他有没有跟女人犯过奸淫之罪,他回答说自己至今还是童身,跟出娘胎时一模一样;神父问他是否贪图过口腹之欲,这个曾经的酒囊饭袋说,除了斋戒期以外,每周有三次只喝白水吃面包,还连连忏悔自己受戒不严。神父对他砥砺意志的一生的赞赏逐级递进,接着再问他有无犯贪婪罪,得过不义之财,他说赚来的钱总是分一半给穷人,另一半负担自己的生活,如今住在高利贷者家里其实是万不得已,而且他常常教育后者……一番临终忏悔后,这位"戏精"通过临场表演,打造了一幅贤德人设,忏悔神父竟然封他为圣徒,死后又以圣徒身份将他安葬在教堂中。生前作恶多端的恶棍,死后竟然被奉为圣徒,获天主恩惠!不过讲述者点评,揆诸事理,这个死者多半还是沉沦地狱,不至于升登天国。《十日谈》里像这样打趣圣徒或神父的形形色色故事着实不少,薄伽丘对当时的神父、信徒的"虔诚"一眼看穿,不过都是经不起追问的虚伪表演,内里就是一酒囊饭袋而已。

在那些喜剧或讽刺故事里,薄伽丘已勾勒出14世纪的基督信仰在世俗生活中的虚伪化,灵性生活与肉身贪著相分裂,以致言辞和行动的矛盾,产生种种荒唐与滑稽。此外,《十日谈》最重要的是呈现肉身的苏醒和爱欲的价值,薄伽丘非常勇敢地站在肉身这边,肯定尘世的爱并不比天上的爱卑微。第四天第一个故事中寡居的绮思梦达,爱上了父亲身边的一位英俊侍卫,绮思梦达跨越阶层的爱换来父亲的暴怒,其父抓住侍卫后剜出其心,置于金杯中让女儿吃,绮思梦达为心浇上毒汁,仰药自尽。这是个极端故事,暴露了父权的暴力和偏狭的极恶,也呈现作为对立面的女儿对爱的忠诚,她不以门第择爱,最终刚烈地为爱殉情。绮思梦达的爱极具精神性,在爱的加持下,父权的残暴和自私、世俗的偏见都被爱的力量穿透,处于弱势的女子因爱而获得了主动的形象。小说还有不少殉情故事,如第四天第五个故事中莉莎贝塔的情人被她三个哥哥所杀,最后她在罗勒花盆下发现情人的头颅,最终郁郁而终,再如第四天第七个故事中西蒙娜在法庭上为情人殉情而死。小说也有经过种种挫折最后转危为安、喜结良缘的故事,如第五天第六个故

现代思想：兴起、变迁与未来

事中的吉安尼和姑娘幽会时被擒，将要处以火刑时，被朋友认出，最后与姑娘结为夫妻。

无论是喜剧还是悲剧故事，都与最初作者的坦言一以贯之，即都是对人的七情六欲的表述。有肉身感官之欲的凡俗之人成为故事的主角，而不再是神圣纯洁的象征人物如但丁的贝雅特丽齐，也不再是彼特拉克沉思中的劳拉。凡俗人生的世俗利害、爱恨得失成为故事的叙述情节，而不再是灵魂得救或精神求索的沧桑诗篇，总之扑面而来的世俗气息透露出薄伽丘已将目光深深地投入这个鲜活生动、生生不息的人世中。凡俗的"人"的形象，已清晰地从书写世界的地平线升起。在《十日谈》作者跋的开篇，薄伽丘说他兑现了最初要给高贵的女郎们解闷儿的承诺，似乎不经意的一句话说出小说这种文体的价值。不比那些高贵的宏词长诗，看似低贱人生的实录，看似解闷儿的活计恰恰是作者送给新兴的"人"的一份礼物。

文艺复兴时期的文学浪潮，从意大利逐渐波及英国、法国、西班牙等地区。在英国，乔叟（Geoffrey Chaucer，1340—1400，一说1343—1400）受薄伽丘等人影响，写出了《坎特伯雷故事集》，斯宾塞（Herbert Spencer，1820—1903）创作了十四行长诗；在法国，医生拉伯雷（François Rabelais，1494？—1553），业余创作了打动我们的怪诞传奇成长小说《巨人传》，作家蒙田（Michel de Montaigne，1533—1592）写出了影响后世的《随笔集》；在西班牙，塞万提斯（Miguel de Cervantes Saavedra，1547—1616）则将小说这种文体再往前推进一步，堂吉诃德成为世俗文化中走出的经典形象——一个四处游历又四处碰壁的理想主义疯子。

限于本讲的篇幅，我们无法一一评述。在这一讲的最后，我们来讨论一下莎士比亚（William Shakespeare，1564—1616）笔下的王子——哈姆雷特。这不仅仅因为《哈姆雷特》是莎翁悲剧中，至今仍然被世界上众多舞台和银屏不断搬演的经典剧目，也不仅仅因为哈姆雷特从诞生以来就是评论家的宠儿，更重要的，哈姆雷特是一个跟古希腊、古罗马文化和中世纪文化中任何一个英雄、主角都非常不同的新人，一个从世俗文化脱胎的王子，他的天问至今还敲击着现代人的心。

第四讲　哈姆雷特之问：现代思想的文艺呈现

20世纪90年代以来，对《哈姆雷特》的影视改编接连不断。1994年迪士尼推出《狮子王》，这是一部动画版的《哈姆雷特》，主角辛巴有着和哈姆雷特王子一样的悲惨境遇。1996年肯尼思·布拉纳导演《哈姆雷特》并主演男一号。影片全长242分钟，同时也发行了150分钟的简版，并以1604年、1623年剧本为改编依据。拍摄时专门搭设了19世纪风格的富丽堂皇的王宫布景，地面铺设黑白相间地砖，墙上镶嵌30多面镜子。肯尼斯以全明星豪华阵容，将《哈姆雷特》移至资本主义最鼎盛辉煌的时期，即20世纪的经济萧条和世界大战未临，"一切坚固的都烟消云散"之前的巅峰时段，颇有意味。当然，还有千禧版的《哈姆雷特》，故事发生在丹麦一家跨国公司，哈姆雷特就是跨国公司老总的儿子。而裘德·洛、本尼迪克特·康伯巴奇等英国男星纷纷加入主演王子的阵营，这个角色几乎成为考验当红小生台词功夫的试金石。1948年由劳伦斯·奥利弗自编自导的《王子复仇记》，塑造了经典的复仇王子形象，影片聚焦于城堡狭窄曲折的通道、晦暗逼仄的台阶，凸显王子心中的跌宕。奥利弗几乎将莎翁最重要的作品尽数改编成电影上演，因此功劳被女王伊丽莎白二世授予勋爵头衔。奥利弗的改编深受弗洛伊德精神分析学说影响，突出宫中室内戏，强调父王、王子和母后、杀害父王继位的叔父之间构成的心理冲突和矛盾关系，即凸显王子内心翻腾的"恋母弑父""俄狄浦斯情结"的隐秘动机。与奥利弗改编非常不同的是苏联导演柯静采夫1964年的改编版本，当时苏联的文化氛围不允许太多的创作空间，柯静采夫就通过改编莎翁的戏剧来表达。他以大自然为背景，拍摄了大量室外戏，陡峭的山崖、苍茫广阔的原野、浪花拍击的海岸，充满崇高感的自然风景衬托着远游、流放和回归的哈姆雷特，与巨石城堡、宫廷内斗、群臣谄媚形成对照，崇高恢宏的风格映照出王子内心的骄傲与孤独。

简单介绍了这些电影改编后，我们来看看莎士比亚怎样创造出一个怀疑主义的天才，他为何要发出"To be or not to be, it's a question."的灵魂拷问。写《西方正典》的布鲁姆吐槽，塞缪尔·约翰逊九岁时初读《哈姆雷特》，当时他独自坐在厨房中阅读，看到那个鬼魂出场，便走到外面"以便在身旁看到其他人"。后来他回忆说，阅读莎士比亚的人总是会大惊失色向四周看，发现自己很孤独。①

戏剧开始第一幕第一场，卫兵来报，说连续两晚的午夜时分，城堡前的露台上出现了一个像已故国王的鬼魂，令人恐怖和心惊，丹麦王子哈姆雷特的好友霍拉旭得知了此事。第二场，王子正与新加冕的国王克劳狄斯，即自己的叔父和王后等人在一起。得知父王去世，赶回丹麦奔丧的哈姆雷特心情郁闷，母亲乔特鲁德在先王尸骨未寒时又嫁给新王，接连的打击让这个骄傲的王子无比悲伤，面对国王的假意惺惺，他愤怒地在内心痛骂：

>但愿这一个太坚实的肉体会融解、消散，化成一堆露水……那是一个荒芜不治的花园，长满了恶毒的莠草……上帝啊！一头没有理性的畜生也要悲伤得长久一些——她就嫁给我的叔父，我的父亲的弟弟，可是他一点不像我的父亲……罪恶的匆促，这样迫不及待地钻进了乱伦的衾被！可是碎了吧，我的心，因为我必须噤住我的嘴！②

霍拉旭找到他，告诉他鬼魂一事。第三场，御前大臣波洛涅斯之子雷欧提斯在葬礼结束后，要返回法国，前来向妹妹奥菲莉亚和父亲道别，雷欧提斯和波洛涅斯都劝阻奥菲莉亚不要再爱哈姆雷特（因为王位未卜，还是这份爱情不靠谱？）

>奥菲莉亚，不要相信他的盟誓，它们不过是诱人出轨的淫媒。正像道貌岸然花言巧语的鸨母，一切只为达到骗人的目的。③

第四场，哈姆雷特随霍拉旭到城堡外的露台上，午夜时分，鬼魂穿戴着先王的战袍来了。第五场，哈姆雷特独自与父王的鬼魂对话。鬼魂，这来自地狱的罡风，告诉他死亡的秘密：他叔父趁父王在花园午睡时，将毒草汁滴入他的耳朵致其死亡。鬼魂请求他为父亲复仇，并嘱咐行事须谨慎磊落，也

---

① 哈罗德·布鲁姆：《影响的剖析：文学作为生活方式》，金雯译，译林出版社2016年版，第147页。
② 莎士比亚：《莎士比亚悲剧全集1》，朱生豪译，作家出版社2016年版，第316页。
③ 莎士比亚：《莎士比亚悲剧全集1》，第324页。

第四讲　哈姆雷特之问：现代思想的文艺呈现

不可伤害他母亲。鬼魂刚刚交代完，恰值此时，霍拉旭和马西勒斯赶到露台，他们和哈姆雷特一起当着逐渐远去的鬼魂，起誓保守秘密。王子说：

> 这是一个颠倒混乱的时代，唉，倒霉的我却要负起重整乾坤的责任！①

第二幕第一场在大臣府上，奥菲莉亚告诉父亲波洛涅斯，近来哈姆雷特的言行疯疯癫癫，捉摸不定，非常可怕。第二场在王宫城堡中，国王担忧整日疯言疯语的王子无从揣摩，于是请来他小时的玩伴罗森格兰兹和吉尔登斯吞，明为要求两人陪伴王子，实为监视王子的底细。一会儿哈姆雷特也来到城堡中，见到大臣波洛涅斯，后者问眼神恍惚的王子：

> "您认识我吗，殿下？"回说："认识认识，你是个卖鱼的贩子……要是太阳能在一条死狗身上孵育蛆虫，因为它是一块可亲吻的臭肉——你有一个女儿吗？""我有，殿下。""不要让她在太阳光底下行走；怀孕是某种幸福，但是如果您女儿怀了孕，那可不好。朋友，留心哪。"②

你看，这都是哈姆雷特半疯的话。当见到国王派来的两个奸细时，他的想象力和表演欲直接爆棚：

> "让我再仔细问问你们；我的好朋友们，你们在命运手里犯了什么案子，她把你们送到这儿牢狱里来了？"对方不明究里说："牢狱，殿下！"王子说"丹麦是一所牢狱……（世界是）一所很大的牢狱，里面有许多监房、囚室、地牢；丹麦是其中最坏的一间。"③

正与二人颠来倒去正话反说、反话正说时，来了四位优伶，那是哈姆雷特培养的宫中剧团的成员。接下来哈姆雷特指导伶人表演和吟诵诗剧，埃涅阿斯对狄多讲述特洛伊的老王普里阿摩斯被皮洛斯所杀时的悲壮之情，这暗示着哈姆雷特对父王之死的戏剧回放和悲愤。

---

① 莎士比亚：《莎士比亚悲剧全集1》，第333页。
② 莎士比亚：《莎士比亚悲剧全集1》，第343—344页。
③ 莎士比亚：《莎士比亚悲剧全集1》，第346页。

第三幕第一场，罗森格兰兹和吉尔登斯吞见国王，汇报哈姆雷特疯狂的情况，说王子绝口不提致使疯癫的缘由。听到哈姆雷特的响动后，二人退下。哈姆雷特王子走进王宫，见国王、王后、奥菲莉亚和波洛涅斯都在场，于是他自顾自地对着观众吐露这段著名的独白：

> 生存还是毁灭，这是一个值得考虑的问题；默然忍受命运的暴虐的毒箭，或是挺身反抗人世的无涯的苦难，通过抗争把它们扫清，这两种行为，哪一种更高贵？死了；睡着了；什么都完了……死了；睡着了；睡着了也许还会做梦；嗯，阻碍就在这儿：因为当我们摆脱了这一具朽腐的皮囊以后，在那死的睡眠里，究竟将要做些什么梦，那不能不使我们踌躇顾虑……①

经历了父亡、奔丧、母亲改嫁、鬼魂授意、国王暗算这一系列的变故，以及内在与外在的权力角力后，哈姆雷特佯狂似疯，一方面是掩盖真相，伺机而动，另一面，也是被逼到人生绝境的王子内心碎裂和无助的真实呈现，疯言疯语正是对颠倒荒诞的人世最犀利的揭示与反抗。此时，单纯的奥菲莉亚没能理解和抚慰，她接受父亲的建议要拒绝哈姆雷特的爱，竟然将王子曾经赠予的礼物悉数还给了他。这引得王子产生了更悲凉的感受，他讥笑奥菲莉亚：

> "哈哈，你贞洁吗？""殿下！""你美丽吗？""殿下是什么意思？"……"进尼姑庵去吧；为什么你要生养一群罪人出来呢？我自己还不算是一个顶坏的人；可是我可以指出我的许多过失；一个人有了那些过失，他的母亲还是不要生下他来的好。我很骄傲，恩怨分明，富于野心，我的罪恶是那么多，连我的思想也容纳不下，我的想象也不能给它们形容，甚至于我都没有充分的时间可以把它们实行出来。像我这样的家伙，匍匐于天地之间，有什么用处呢？我们都是些十足的坏人；一个也不要相信我们。进尼姑庵去吧。"

---

① 莎士比亚：《莎士比亚悲剧全集1》，第362页。

第四讲　哈姆雷特之问：现代思想的文艺呈现

一个撕掉各种道德面具、直面世间真相的王子，一个彻头彻尾的怀疑主义王子的形象越来越清晰起来，他不仅挖苦着奥菲莉亚，也对着观众的方向嘲讽着世人。在这天地间，还有什么值得相信？不都如同可怕的阴谋、善变的爱情、无行的友谊（指罗森格兰兹和吉尔登斯吞）一样吗？一切坚固的总会烟消云散！国王当然无法理解这存在主义式的对荒诞的顿悟，但心有奸情的国王忧虑疯言疯语与某些不可言明的心事有关，这将危及王位，于是决定早日遣送王子去海外。

第三幕第二场哈姆雷特安排伶人在宫中演戏，国王、王后、大臣等都出席观看。哈姆雷特为这出戏中戏命名为《捕鼠机》，故事源自维也纳一桩谋杀案，国王的侄子觊觎王位，将国王贡扎古毒死在花园里。戏演到此时，克劳狄斯突然站起身说："给我点起火把来！去！"然后疾步而退。这当然是哈姆雷特为试探克劳狄斯用心良苦排出的新戏，名字"捕鼠机"已经道出真意。第三场一上来，国王已明白哈姆雷特知晓了真相，宫中岂能再收容他？克劳狄斯找来那两个亲信，要他们陪伴王子前往他读书深造的英国。波洛涅斯听到哈姆雷特进王宫，到他母亲的房间去了，谄媚地向国王保证将躲在帷幕后偷听王子与王后的对话，于是众人退下。国王心中惴惴不安，跪下祷告，而王子恰好经过并听到低语的祷告，尽管此时旁无一人便于暗杀，但揣度半晌，他决定不能在恶人祈祷时杀死他，这岂不是送他上天堂吗？

第三幕第四场在王后的寝宫。波洛涅斯躲在帷幕后偷听。王后先责备哈姆雷特得罪了他的父亲，儿子回答说：

"母亲，你已经大大得罪了我的父亲啦。"[①]

这段戏也是弗洛伊德分析过的"恋母"情结集中呈现的段落。在几乎步步紧逼似的灵魂追问下，哈姆雷特要唤醒母亲背叛先父的悔意和廉耻心。

"您的行为可以使贞洁蒙污，使美德得到了伪善的名称……使婚姻

---

① 莎士比亚：《莎士比亚悲剧全集1》，第384页。

的盟约变成博徒的誓言一样虚伪；啊！这样一种行为，简直使盟约成为一个没有灵魂的躯壳，神圣的婚礼变成一串谵妄的狂言……"

"这是两个兄弟的肖像。您看这一个的相貌多么高雅优美；太阳神的鬈发，天神的前额，像战神一样威风凛凛的眼睛，像降落在高吻穹苍的山巅的神使一样矫健的姿态……这是您现在的丈夫，像一株霉烂的禾穗，损害了他的健硕的兄弟……羞啊！您不觉得惭愧吗？……当无法阻遏的情欲迷失方向的时候，用不着喊什么羞耻了，因为霜雪都会自动燃烧，理智都会做情欲的奴隶呢。"[1]

在对着母亲进行剥洋葱似的灵魂拷问时，躲在帷幕后的波洛涅斯不幸地被哈姆雷特认为是在此偷听的国王，被一剑刺死。

第四幕第一场、第二场到第三场，国王、王后、罗森格兰兹和吉尔登斯吞等人相继到场，得知哈姆雷特错杀了大臣波洛涅斯。国王明示哈姆莱特尽快离开丹麦去英国，并暗中准备给英王的密信，请英王替他除去这个心腹大患。第四场转向丹麦原野，哈姆雷特得知挪威王子福丁布拉斯带兵前往波兰收复失地，他感叹福丁布拉斯的行动力，决意莫再瞻前顾后，尽快复仇。第四幕第五场，王后、霍拉旭和国王先后见到疯疯癫癫的奥菲利亚，迷迷蒙蒙地唱着歌谣，说着颠三倒四的话，然后摇摇晃晃出了王宫。此时，雷欧提斯带着一队叛军冲击王宫，很快撞破宫门进到内庭，他是为父亲波洛涅斯被杀而来复仇的。至此，我们看到全剧中三个复仇者先后出现，哈姆雷特、福丁布拉斯、雷欧提斯，后二者都富于行动力，像疾风一般奔向他们的复仇对象。而哈姆雷特呢，如前概述，他不急于直接行动，而是探察鬼魂所言的真假、国王克劳狄斯的虚实，他还要更深地察觉这崩溃的现实及其本就虚妄的真相，揣摩人性的易变与真相的不确定。国王向雷欧提斯提议，一起合作查出真凶。第六场仍然在王宫中。第七场中，国王与雷欧提斯坐下来谈判和协商，恰好传来哈姆雷特给国王的亲笔信，信上暗示他是一个人回来的。克劳狄斯很快拉拢了有勇少谋的雷欧提斯，授

---

[1] 莎士比亚：《莎士比亚悲剧集》，第385—386页。

第四讲　哈姆雷特之问：现代思想的文艺呈现

意他与杀父凶手哈姆雷特比剑，并在剑上涂致命的毒剂。王后慌张跑来告知，奥菲莉亚戴着她自己编的花环，掉入溪水中竟浑然不觉，她整个身体浸泡在水中，顺流而下溺水而亡。约翰·埃弗里特·米莱斯于1841年，创作出油画《奥菲莉亚》，表现一个缺乏自我意志的少女，死于欲望之水的形象。在这出戏中，王后和奥菲莉亚都是哈姆莱特不同的欲望对象，此后各式各样的改编剧本，重塑了这两个被哈姆莱特的爱扭曲和折磨的女性形象，重新呈现女性的爱欲主体性。

第五幕第一场在苍茫的原野墓地中。来此吊唁奥菲莉亚的哈姆雷特听到掘墓人甲和乙有一搭没一搭关于时间、虚无和死亡的调侃，比如他们唱：

"谁料如今岁月潜移，老景催人急于星火，两腿挺直，一命归西，世上原来不曾有我。"①

这一场让人想起贝克特的《等待戈多》。16世纪的天才莎士比亚早已表述出现代人不可救药的虚无感，这已经不是古希腊人在命运引导下走向毁灭的虚无感。哈姆雷特和霍拉旭走上坟堆，顺手拾起一个骷髅，也许它曾经是个不可一世的政客，也许是个蠢货或者偷天换日的好手，如今不都与蛆虫为伴？一柄工役的锄头就能在它头上敲来敲去。掘墓人甲还捡到国王弄人郁利克的头颅，谁能想到呢？就是那个哈姆雷特从小在他背上呆过上千次的专业搞笑员，如今还能蹦蹦跳跳逗人发笑吗？谁知道亚历山大大帝死了不会变成烂泥，用来塞啤酒桶呢？墓地上的嘲笑是无厘头的，是朝着那个"死，还是不死"的问题的复调问答。戏剧转向奥菲莉亚的葬礼，雷欧提斯、国王和王后等跟随哈姆雷特登上舞台，面对奥菲莉亚的尸体，雷欧提斯愤怒地斥责哈姆雷特，在双方的争执中，哈姆雷特说：

"我爱奥菲莉亚；四万个兄弟的爱合起来，也还抵不过我对她的爱。"②

---

① 莎士比亚：《莎士比亚悲剧全集1》，第419页。
② 莎士比亚：《莎士比亚悲剧全集1》，第426页。

哈姆莱特爱奥菲莉亚吗？这一直是后世改编愿意追问的问题。

第二场在王宫正厅，哈姆雷特和霍拉旭疾步走入，哈姆雷特告诉好友，国王那封写给英王的文书的惊天秘密——借英王处置他的阴谋。他在去英国的船上偷到那封密信，然后以国王的名义将其改写，顺手请英王将陪同哈姆雷特的两个使节处死，这也算给两个背叛他的人找到一个配得上的去处了。接下来，剧情朝着最后的死亡仪式发展。在比剑仪式开场前，霍拉旭表示非常焦虑，哈姆雷特这样安慰他：

"不，我们不要害怕什么预兆……逃过了今天，明天还是逃不了，随时准备着就是了。一个人既然在离开世界的时候只能一无所有，那么早早脱身而去，不是更好吗？随它去。"①

在《柏拉图对话录》的《斐多篇》里，苏格拉底在临死前，劝慰学生和同道，他要去的地方是永恒的真理之所，他一生热爱和追求智慧的修习不就是为了灵魂最终能皈依真理、飞向真理吗？既然死亡就是送自己去往比尘世更值得的处所，死亡有什么好惧怕呢？和这位古希腊先哲如此不同，我们的王子骄傲的内心似乎对"永恒""真理""天堂"之类的剧情毫不关心，无非都是虚妄。既然早晚要面对死亡，那我赴死好了，随它去吧。比剑对于雷欧提斯和哈姆雷特都是一场致命的复仇仪式。国王赏赐王子一杯酒，被王后抢去喝下，王子和国王同时惊呼不要喝，谁都知道，比武中，国王赏酒是非同小可的，那就是国王的送行酒，所以王子说我先赛完这局再喝。雷欧提斯拿着沾有毒汁的剑在下一个回合中刺中哈姆雷特，王子抢过剑也刺中雷欧提斯。那边毒酒发作，王后倒地。雷欧提斯看着流血的自己和哈姆雷特，说出毒剑的真相，这都是国王的精心安排。哈姆雷特手持雷欧提斯的毒剑，结果了败坏伦常、万恶不赦的奸王。霍拉旭在哈姆雷特弥留之际，以忠诚的友谊起誓，要将真相流布人间，并将王位传给在丹麦拥有继承权的福丁布拉斯。舞台上尸体横陈，如同一场死亡的盛宴。戏剧在福丁布拉斯和霍拉旭重整乾

---

① 莎士比亚：《莎士比亚悲剧全集1》，第436页。

坤的宣誓中结束。死亡似乎裹挟着哈姆雷特的虚无之问，从舞台中央隐退，新的秩序和新的世界展开新的轮回。

当代批评家布鲁姆认为莎士比亚是西方经典的中心，上承古希腊、古罗马《圣经》文学和但丁，下启弥尔顿、雪莱、惠特曼、乔伊斯、贝克特以至当代文学，这条线可能太粗略了，但也给了我们理解莎翁和文艺复兴一个视角。莎士比亚站在文艺复兴的天空下，他的目光已穿透现代性文化的辉煌看到人的宿命，并让他的悲剧英雄反复质问和悲吟，他无与伦比的想象力与我们提到的众多的文艺复兴天才一道，照耀着我们短暂而脆弱的人的历史。

阅读文献

文艺复兴时期的艺术成就为后世的艺术史家提供了丰富的材料，通过对文艺复兴时期绘画、雕塑等艺术作品的分析，这些艺术史家不断形成自己的研究方法与思想观点。其中，尤其是沃尔夫林、潘诺夫斯基和贡布里希，通过阅读他们的作品，可以从"风格""图像""象征"等视角进入对文艺复兴时期艺术作品的欣赏与研究。

1. 海因里希·沃尔夫林：《古典艺术：意大利文艺复兴导论》，潘耀昌、陈平译，北京大学出版社 2021 年版。

2. 海因里希·沃尔夫林：《美术史的基本概念：后期艺术风格发展的问题》，洪天富、范景中译，中国美术学院出版社 2015 年版。

3. 欧文·潘诺夫斯基：《图像学研究：文艺复兴时期艺术的人文主题》（修订本），范景中、戚印平译，李彦岑校，商务印书馆 2022 年版。

4. 贡布里希：《艺术的故事》（第 16 版），范景中译，杨成凯校译，广西美术出版社 2008 年版。

5. 贡布里希：《象征的图像：贡布里希图像学文集》，杨思梁、范景中译，邵宏校译，广西美术出版社 2014 年版。

除了以上不同的研究路径，我们还可以通过以下书目获得整体性的文艺复兴图景。

1. 牛津艺术史丛书，上海人民出版社。

2. 沃尔特·佩特：《文艺复兴》，李丽译，外语教学与研究出版社 2010 年版。

除了绘画、雕塑，对于文艺复兴时期文学作品，尤其是本讲所提及的但丁、莎士比亚的作品，可以从以下三本书中获得进一步的了解。

1. R. W. B. 刘易斯：《但丁》，张心童译，生活·读书·新知三联书店 2017 年版。

2. 张沛：《莎士比亚、乌托邦与革命》，华东师范大学出版社 2021 年版。

3. 托·斯·艾略特：《传统与个人才能：艾略特文集·论文》，卞之琳、李赋宁等译，杨自伍审校，上海译文出版社 2012 年版。

讨论和彩蛋

第五讲 现代生活中的个体与艺术观看秩序的变迁

现代城市生活与机械复制时代艺术的兴起

19世纪下半叶殖民主义与资本主义生产机制,已经在西方发达国家的都市,积累起富裕的日常生活,围绕生活品位和社会阶层的划分,也逐渐形成具有符号或象征价值的物体系。以物的繁盛为标志的现代生活与交通、信息等方面的新技术不断涌现,美国批评家布理查德·雷特尔的《现代艺术:1851—1929》(Modern Art 1851—1929),就以德拉莫特拍摄的伦敦世博会会场《水晶宫上层走廊》(Upper Gallery of the Crystal Palace 1855)的照片,展开新技术背景下现代艺术的叙述。这幅黑白照片对钢铁和玻璃建材之上的光线效果做了纯粹记录,照片上没有人,黑色的钢铁构筑的方框和层层套叠的圆拱,是水晶宫顶部的建筑空间。① 现代性冰冷的技术面孔透过钢铁和玻璃建筑的无言瞬间显露出来,这与同一时期英国大量的风景水彩画大异其趣。麦克卢汉说"媒介即讯息",这帧照片的风格已有十足的现代感。

1855年伦敦举办的第一届世界工业博览会的展览场所——水晶宫,无疑是大机器工业时代的新型建筑,这座通体透亮的宏大建筑成为19世纪以来新型建筑业成就的代表,人们甚至认为这座建筑才是这届博览会最值得骄

---

① 理查德·布雷特尔:《现代艺术:1851—1929》,诸葛沂译,上海人民出版社2013年版,第11页。

现代思想：兴起、变迁与未来

傲的作品，可惜后来移至他处的水晶宫在 1936 年毁于大火。与世界博览会处于同一时期的另一件现代生活大事，则是奥斯曼男爵的巴黎大改造。乔治－欧仁·奥斯曼男爵作为拿破仑三世时期巴黎的城市规划师，主持了 1853—1870 年的城市改造计划，成为现代巴黎的缔造者。他的巴黎改造工程深远地改观了巴黎的城市格局、街道感性、文化记忆乃至艺术面貌，也极大地影响了世界现代城市的发展。奥斯曼男爵征收土地，拆除旧建筑，像切蛋糕一样为城市开辟宽阔的、直通城市心脏的大道，并在通衢大道两侧种植高大的乔木、安置明亮的街灯，使林荫大道具有很好的能见度，避免了旧巴黎那些藏污纳垢的蜿蜒小巷。林荫大道的建成与现代性城市注重流通（资本和贸易的流通）密切相关，恩格斯就论述过"林荫大道成为巴黎人的最大强度的流通场所"，也就是说成为现代城市的命脉。此外，巴黎还拥有许多自 19 世纪上半叶就建成、能够供行人驻足和游赏的拱廊街。通常，有遮雨顶棚的拱廊街，拥有相对封闭的内部，但相对于鳞次栉比、比肩延展的单独店铺又形成某种外部。这些拱廊街弥漫着诗意、暧昧的气息，成为与林荫大道交织媲美的巴黎街景，从巴尔扎克、雨果、波德莱尔、本雅明的文字到印象派绘画，它们频频闪现，成为嵌满"震惊"瞬间的现代生活的见证者。

德国马克思主义批评家本雅明（Walter Benjamin），在 20 世纪上半叶来到巴黎。透过巴黎城市空间、波德莱尔的诗歌、印象派艺术家的画作，追忆巴黎的繁华与盛景，将奥斯曼男爵改造后的巴黎称为"十九世纪的首都"，因为那时的巴黎是城市和生产发展到新阶段的典型，发达资本主义形成了中世纪城市无法拥有的城市空间和新感性机制。本雅明受此前的社会学家齐美尔的影响，将现代文明与城市资本主义紧密相连，写作大量作品来探索现代性城市文明与新感性复杂而微妙的关系，开启物质文化研究的风气，此后许多艺术史书写步其后尘，不断发掘巴黎、伦敦、柏林这些现代艺术中心的文化精神与城市秘密。作为当时欧洲城市的楷模，这些城市集财富、政治权力和文化资本于一体，艺术家和艺术爱好者（也被文化史称为波希米亚群体）云集于此，为现代性的艺术市场的形成和艺术商品化奠定了基础。艺术品商店、商业画廊、收藏展、私人住宅和博物馆取代教堂和国家机构，成为艺术品陈列和交易的新场所。艺术潮

第五讲　现代生活中的个体与艺术观看秩序的变迁

流如意象、质感、形式和色彩的变化，与时尚世界的潮起潮落并非有霄壤之隔，但当艺术品作为商品进入自由交易体系时，艺术还受制于外部力量，如艺术商人的喜好、收藏者的品位或同为奢侈品的交易趋势等。但现代艺术毕竟建立起自身特有的独立价值和传统，这种内在的逻辑使得艺术界成为现代生活中不断分化的政治、经济、军事和文化小世界中的一个。

在这样的现代城市生活中，一群迎向新生活的现代生活画家应运而生。亨利·方丹－拉图尔（Henri Fantin-Latour，1836—1904）画了一幅向德拉克洛瓦致敬的油画作品——《祭奠德拉克洛瓦》，描绘了夏皮罗、戈蒂耶、惠斯勒、马奈、波德莱尔等画家、诗人集结在德拉克洛瓦的遗像前，向艺术家致敬的画面。这无疑表达了朝向自己的时代，为现代生活发言的新艺术趣味的心声。德拉克洛瓦的作品激情四溢和富于生命力，他从不忌讳去表现那些被贵族的得体趣味所忽视或遮蔽的市民、受苦难者的身影；他富于戏剧张力、情绪丰沛的画面构图，与崇尚古典趣味的安格尔、大卫等艺术家全然不同，以力的动感积极地冲破典雅、庄重的视觉模式；他的作品也不以宫廷和贵族趣味为旨规，表现出艺术家追求艺术独立性，因而成为展现现代生活的新型艺术家的雏形。

诗人波德莱尔（Charles Pierre Baudelaire，1821—1867）在《现代生活的画家》中这样描绘现代艺术家的街头肖像："他就这样走啊，跑啊，寻找啊。他寻找什么？肯定，如我所描写的这个人，这个富有活跃的想象力的孤独者，……有一个比纯粹的漫游者的目的更高些的目的，有一个与一时的短暂的愉快不同的更普遍的目的。他寻找我们可以称为现代性的那种东西，因为再没有更好的词来表达我们现在谈的这种观念了。对他来说，问题在于从流行的东西中提取出它可能包含着的在历史中富有诗意的东西，从过渡中抽出永恒。"[1] 无疑，波德莱尔所赞赏的致力于呈现现代生活的画家，就是19世纪下半叶以来不断重新定义艺术和革新绘画的库尔贝、马奈、塞尚、梵高、高更等新型艺术家。

1855 年，居斯塔夫·库尔贝（Gustave Courbet，1819—1877）在巴黎

---

[1] 夏尔·波德莱尔：《现代生活的画家》，郭宏安译，上海译文出版社 2012 年版，第 18 页。

现代思想：兴起、变迁与未来

一座棚屋举办其个人画展，他将这次画展命名为"现实主义——G. 库尔贝画展"，这一行动在很多现代艺术史中被视为打开现代艺术的第一页，掀起了自德拉克洛瓦以来的第二波现代艺术浪潮。库尔贝不想以任何人为师，而仅仅以自然为师，他要的不是好看，而是真实。他的杰作《我的画室：概括我七年艺术生涯的真实寓言》经常被认为是现实主义运动的视觉宣言，在主题和形式上都宣布与再现宗教或文学意象的艺术传统的断裂①。

1863 年，马奈（Édouard Manet，1832—1883）提交《草地上的午餐》参加法国官方沙龙展，但最终落选，还因其离经叛道的构图引起舆论骚动。马奈的一系列离经叛道的作品，掀起了第三波现代艺术浪潮。这幅画作的中央，是两位衣冠楚楚的黑衣绅士与一位裸体女子，并肩坐在郊外的小树林中的空地上，前景的草地上随意摆放着一些食物和衣物，背景中有一位女子，轻衣薄纱，半蹲在树林深处的光亮中。作品在当时被指责为伤风败俗。就我们所知，西方艺术从古希腊时期起就有裸体画传统。而这种形式，并不仅仅具有色情意味，裸体往往代表诸神出场，或指向某种美的信念，成为古典绘画的正统。为什么这幅绘画中的裸体却不能为巴黎上流社会的道德所接纳？这幅作品的落选和受到道德控诉的主要理由并非源自裸体激起的困惑，而是马奈的画面布局和视觉效果对古典绘画传统的引用兼戏谑——马奈挑战了观看的传统和秩序。马奈的作品是对珍藏于卢浮宫中的文艺复兴大师乔尔乔内的《田园合奏》（也有说是提香的作品）的戏仿。两幅画作的画面同样描绘了裸体女神与衣冠楚楚的绅士在景色优美的田园林间，享受音乐与风景的和谐之美，然而马奈的画笔却致力于抹除或破坏文艺复兴以来的透视画法，即在二维画布创造三维幻觉的真实感。

《草地上的午餐》的前景和后景中的用光是彼此冲突的，并不符合古典再现风格的透视原则，裸体女子直勾勾盯着观众的眼神并非女神般优雅含蓄，反而透露出十足的世俗气息。与《田园合奏》不同的是，《草地上的午餐》不再营造某种闭环式构图，并不致力于叙述故事，画面上裸体女子的身

---

① 理查德·布雷特尔：《现代艺术：1851—1929》，第 18 页。

份，她与两个绅士的关系，这些对于绘画而言，显得不再重要，神圣的古典绘画趣味被马奈悄悄僭越和抛弃了，而这才是他激怒上流社会的根本所在。

马奈有意识地到当时影响画坛的前拉斐尔派所摒弃的大师那里汲取灵感，从乔尔乔内、提香到委拉斯凯兹和戈雅。而在他向大师致敬的新作中，我们总能发现他对传统观看秩序的挑战或迁移。在他模仿戈雅的《阳台上的少女》的画作中，我们看到，画作中身穿白色长裙的两位淑女的头部表现得较为扁平，缺乏雕塑式的立体感。他似乎通过扁平的脸，展现中午强烈的阳光直射下景物缺乏深度感的视觉效果。女子们倚靠的作为前景的绿色栏杆被加强了，横切画面非常抢眼，突兀的色彩和栏杆的线条以及背景的黑暗朦胧，都似乎在强调阳光下的前景。这种对阳光下的户外场景的光线表现和抹平画面纵深度的画法，与古典油画形成某种断裂般的趣味差异。

1865年的沙龙展上，马奈以另一幅画作《奥林匹亚》激怒了公众。作品戏仿文艺复兴大师提香的《乌尔比诺的维纳斯》，画面上是一位平躺在白色床单上的裸体女子，头上戴着一朵红色大丽花，脚上穿着高跟拖鞋，她的右侧是一位手捧花束的黑人女佣，女子的装束暗示她是一位妓女。而提香的维纳斯是一位有金色秀发的裸体女子，白色床单右面是一只蜷伏的黄毛小狗，画面后景是高大的屋宇，一位白衣女子跪在收纳箱前找寻衣物，旁边是一位红衣女仆。马奈所表现的显然不是指向美或女神的传统，而是当时已成为巴黎风景的妓女。她直勾勾看向观众的目光，似乎毫无遮拦地告诉观众，请大胆地把我买回家吧。

与这幅落选作品不同的是，我们通过留存的档案看到当年入选的作品中，如《维纳斯的诞生》《沉睡的维纳斯》《朱庇特抢夺欧罗巴》等，都是套用希腊神话题材表现曼妙优美的女性裸体，为何同样表现裸体的《奥林匹亚》却激怒了卫道士们呢？马奈的画笔将当年巴黎生活的重要角色——妓女或交际花呈现为主角。据记载，当时的巴黎有12万人直接或间接服务于色情业，交际花也已频繁地出现在各种肖像画和静物画中。马奈离经叛道的艺术表现，不再遵循所谓的高贵主题、得体原则等上流社会的审美信条，他的奥林匹亚就是一个真实交际花的肖像，而非有着希腊神话故事外套的暧昧色

现代思想：兴起、变迁与未来

情形象。提香的《乌尔比诺的维纳斯》是威尼斯的乌尔比诺公爵为生日庆典定制的画作，作品被置于公爵府，享受王公贵族们较为私密的膜拜和观看，而马奈的《奥林匹亚》却是一个现代都市中正在致力于摆脱贵族定制，走向职业领域的自由画家的作品，它所唤起的观看是所有观者的平等公开的观看。① 与马奈身处同一时期的，有诗人波德莱尔、小说家福楼拜，他们都要为不服从于经典和贵族趣味的独立自由的艺术付出艰难的代价，他们的勇敢也为新型艺术——属于现代生活和艺术市场的现代艺术开风气之先。

布雷特尔认为艺术博物馆、石版印刷术和摄影术是现代艺术涌现的重要条件，这些技术和场所的出现为城市生活中图像的普及奠定了基础。艺术博物馆是诞生于现代都市的艺术制度，它将艺术作品从原有的环境、仪式中抽离出来，置于向公众开放的专业空间。艺术博物馆象征着公众的观看，也象征着民族国家的权力、边界和获得并占有艺术珍品的自豪感。1793 年卢浮宫向公众开放，大批的皇家收藏品面临着被收归国有的命运。19 世纪以来，欧美城市中博物馆、美术馆不断萌生，艺术收藏也促进了艺术学校的创办和艺术批评的繁荣。像马奈、塞尚、毕加索等现代艺术家，都是艺术博物馆的常客。1909 年，超过 150000 人花钱参观了在纽约举办的西班牙现代画家巴斯蒂达的画展，其中超过 20000 人买了他的画册。② 博物馆中的艺术珍品面向公众的观看，我们很难说新兴的现代艺术趣味与此无关。

大都会中视觉形象日益丰富和普及起来，艺术珍品上的视觉图像逐渐越出博物馆进入普通生活。这得益于石版印刷术能将原画大量复制，于是艺术作品的传播变得非常简易和便捷。1798 年由德国人开发的石版印刷术，逐步改进，到 19 世纪中叶，通过石版印刷将昂贵珍稀的原作复制几千张已经不是什么特别困难的事了。图像制作的工业化，决定了大都市居民的视觉世界和最初的艺术的体验。大批量流行的视觉文化影响到艺术家的感知和想象，这其中也包括日本浮世绘。这种反中心透视的东方审美图式、戏剧化的

---

① T. J. 克拉克：《现代生活的画像：马奈及其追随者艺术中的巴黎》，沈语冰、诸葛沂译，江苏凤凰美术出版社 2013 年版，第 165 页。
② 理查德·布雷特尔：《现代艺术：1851—1929》，第 83 页。

第五讲　现代生活中的个体与艺术观看秩序的变迁

非对称构图对现代生活的画家们产生了深远影响，马奈、塞尚、梵高等艺术家都非常欣赏葛饰北斋、安藤广重等浮世绘大师的作品。葛饰北斋的《神奈川冲浪里》中，作为远景的富士山与前景的白色浪尖相比，显得很小，马奈在他的绘画中开始大大缩短透视的远景，《奥林匹亚》和《草地上的午餐》都能看到相似的构图。而莫奈受到浮世绘启发，吸收了不对称构图法，如在《威斯敏斯特下的泰晤士河》中，一改经典风景画的典雅构图，将大部分主题内容安排在画面右方。这是浮世绘绘画常常用来唤起情感张力的构图技法，截取日常生活空间中的一角，如《大津站》中，绘画以空中俯瞰的视角经营画面空间，整个画面自左下角向右上方沿对角线延伸，行旅人在购置货物，准备沿斜线延伸的街道前行，这种构图增加了画面的动感，而且也将观看的目光带出框外。德加在1874年，也就是首次印象派展览那一年创作的《舞蹈课》，吸收了《大津站》的构图。[①] 穿着白纱的芭蕾舞女演员们集中在左下角到右上角的空间中，有的正闭目休息，下颚上翘，似乎在享受片刻的宁静，最靠前的演员背向观众，朝向舞厅中央的白发老师，手里玩弄着红色发卡。而站在画面右上角的演员们因为距离显得矮小一些，甚至有位演员没有完全进入画面，这样的构图凸显出艺术家对日常生活某一瞬间的动态截取。

《舞蹈课》（创作于1874年）

[①] 威尔·贡培兹：《现代艺术150年：一个未完成的故事》，王烁、王同乐译，广西师范大学出版社2017年版，第71页。

现代思想：兴起、变迁与未来

　　1839年摄影术宣告诞生，1850年蛋白相纸被引进，玻板负片逐渐替换了之前的蜡纸负片。法国人达盖尔发明了以其名字命名的"达盖尔摄影法"，摄影机将物体形象曝光在一块感光的镀银金属板上，像镜子成像一般形成独特的摄影图像，这种方法比英国人发明的"卡罗摄影法"更为便捷，摄影机和这种感光成像方法能够捕捉人眼难以感知的视觉细节因而备受青睐。大型的国际博览会上争相展出照片，世界各地的追新者很快成立摄影协会或社团。摄影图像为现代艺术掀起不小的波澜，人们从最初为摄影大声喝彩到逐渐为绘画等艺术形式担忧，机械复制生成图像的新技术，甚至让有些人忧虑起绘画的存亡来。尽管在很长一段时间，摄影作为机械复制技术很难跨过高等艺术的门槛，摄影者也多是从绘画艺术的审美原则中汲取营养，独立的摄影艺术远未成熟。最初的摄影更倚重技术，镜框将景物悉数纳入画框中，而不是像绘画可以更仰赖艺术家的主观剪裁、情绪渲染，摄影还可以拍摄下物体移动的连续画面，这是电影技术到来的先声，而这些都是绘画及其时空观念所无法体现的。正如本雅明在《机械复制时代的艺术》中深刻分析的那样，平版印刷、摄影和电影技术带给现代艺术和审美巨大影响。复制技术对经典艺术的独一无二的"灵韵"造成极大的冲击，大量的复制品使珍稀物可以轻易地从嵌入其中的伟大传统、仪式中独立出来，以图像的方式被带到公众面前。

　　巫师与外科医生这一对正好可比画家和摄影家这一对。画家在他的作品中同现实保持了一段距离，而摄影师则深深地刺入现实的织体。在他们捕获的画面之间有着惊人的不同。画家的画面是一幅整体，而摄影师的画面则由多样的断片按一种新的法则装配而成。

　　艺术的机械复制改变了大众对艺术的反应。对一幅毕加索绘画的消极态度变成了对一部卓别林电影的积极态度。这种积极反应通过视觉情绪上的享乐与内行倾向的直接而亲密的混合最为典型地表现出来。[1]

---

[1] 汉娜·阿伦特：《启迪：本雅明文选》，张旭东、王斑译，生活·读书·新知三联书店2008年版，第253—254页。

第五讲　现代生活中的个体与艺术观看秩序的变迁

机械复制开启灵光消逝时代的大门，这是19世纪以来现代文化发生的持续性转型。一方面，珍稀文化走下神坛，被重新置于大众的观看前，这当然迎来感性的重新配置，大众艺术崛起并不断冲击经典艺术形成的藩篱和趣味界限，这是大众创造力的释放。大批量的文化复制特别是电影工业的兴起，意味着艺术创作必须与商业、工业生产共存，消费文化、大众文化产业蓬勃生长，这是传统时代难以想象的。另一方面，大众文化中存在的媚俗、机械重复现象，也促使一些脚力健旺的人——艺术家——不满于日常生活的审美化与商品化，开始探索与媚俗文化相区别的独立艺术，这是现代艺术超越于世俗文化而呈现出强烈否定性的重要原因。

现代主义艺术与形形色色的感性实验

绘画对现代感性生活的呈现并非诞生于某一确定的艺术思潮，而是不断闪现在艺术家们突破陈规、敏感直接的艺术形式中。特纳（Joseph Mallord William Turner，1775—1851）于1842年创作了一幅大胆的画作——《暴风雪中的汽船》。在灰暗微亮的暴风雪卷起的海景中，我们几乎看不清具体的形象，狂乱的风雪卷裹着汽船，我们只能依稀辨识黑暗船体和勇敢飘扬在桅杆上的旗帜。画作通过色彩和构图，表现出大自然的可怕力量和充满抵抗意志的汽船的模糊身影，特纳让我们感受到与自然搏斗的人类，是如此渺小、脆弱和倔强。在另一幅作于1844年的《雨、蒸汽和速度：西部大铁路》中，特纳以鲜明的构图，表现了在雨中迎面快速驶来的火车的运动感。一条黑色的铁路由浅渐深地横亘在画面右侧，从深处向近处逐渐展开，而远景和中景都被迷蒙的雨和雾气所笼罩，隐隐约约闪现出形状，喷吐着蒸汽的列车隆隆地驶向画面前部，粗黑的铁路块面展现了列车冲破浓雾和雨奔向前方的速度。作为浪漫主义画家的特纳，以一种充满激情的戏剧性方式，表现了他所面对的现代性速度和新机器。我们已经看到艺术家突破传统的艺术实验了。

特纳的创作已经预示着印象派绘画的焰火，以后我们在莫奈对户外光线

现代思想：兴起、变迁与未来

与印象的捕捉中，可以看到特纳的卓越影响。莫奈善于学习，他融合了特纳、康斯太勃尔对日出的表现，还受到了马奈的大胆技法的启示。莫奈用流畅的大色块取代古典绘画讲究的细腻的色彩层次，甚至取消了中间色彩层次的过渡，形体内部也不讲究光影效果。在《威斯敏斯特下的泰晤士河》（1871）、《日出·印象》（1872）中，我们看到莫奈展现出全新的绘画形式，古典绘画着重表现的物象的体积感、重量感、质地感变得不再重要，画面呈现出艺术家以独特的感受力抓取到的变幻的自然瞬间。莫奈的创作将古典绘画带入全新的境界，绘画不再注重表现宗教或神话题材，不再注重视觉的清晰性，而是注重以色彩、笔触去呈现艺术家感知到的自然瞬息万变的风景。印象派绘画登场，毕沙罗、德加等艺术家相继走出画家工作室，到自然和现实场景中捕捉动人的景象，并试图用绘画的形式留下瞬间的视觉感受，无疑他们都是新的现代生活的画家。

1910年罗杰·弗莱在伦敦格拉夫顿美术馆举办了一个展览，将文森特·梵高、保罗·高更、乔治·修拉和保罗·塞尚，称为从印象派绘画发展而出的"后印象派绘画"，这次展览全然改变了英美等国对于法国先锋绘画的了解，可以说，这次画展对于艺术史、公众美育都是一次重要转折，此后艺术史继续沿用"后印象派"这一称谓。[1]

荷兰人梵高（Vincent van Gogh，1853—1890）于1890年创作的《加歇医生像》，在100年后纽约佳士得艺术拍卖中以8250万美元成交，而梵高生前仅卖出一幅作品——艺术品的价值与价格从来都不是对等的。贫病、孤独和强烈的焦虑感压倒了这位艺术天才，而他曾经那样纯粹地坚持着艺术的理想。梵高的故事早已超出艺术史，成为20世纪的一段传奇，人们通过电影、音乐等不同媒介传诵着他执着而炽热的艺术之爱。梵高的艺术伯乐和终身赞助者都是他的弟弟提奥，他们伟大的兄弟情谊流转在《梵高书信全集》的字里行间，从中我们也读到梵高留下的大量艺术笔记和人生感悟。1880年代中期，他画出《吃土豆的人》，这是他的第一幅伟大的作品。作品中，

---

[1] 威尔·贡培兹：《现代艺术150年：一个未完成的故事》，第80页。

第五讲　现代生活中的个体与艺术观看秩序的变迁

贫苦卑微的一家人围坐在餐桌前吃土豆，稀少的食物、昏暗的油灯和一家人呆木的神态，以及褐色、灰色、蓝色的素朴衣物，巧妙地暗示出他们的悲苦命运。当提奥看到这幅画后，就提议梵高到巴黎拜访和结识更多的印象派艺术家。当接触到印象派作品后，梵高爱上了色彩的表现力，此后他开始尝试鲜艳的色彩以及厚涂法。如果有机会来到美术馆观看梵高的原作，我们会真正感受到梵高画作中笔触的微妙、深思熟虑或不经意的精巧。他常常将颜料厚涂在画布上，甚至产生立体的、堆积的效果，富有张力的色块、扭曲的线条或颜料不仅仅是介质，而就是他的绘画本身。

当梵高来到法国南部的阿尔勒后，他深深爱上了阳光丰沛、色彩纯净的普罗旺斯小城，这里让他联想到观看日本版画的感受，他在这里写信给提奥说："我羡慕日本人作品中极度的明晰，这在他们作品的各个方面都有。它们从不冗长乏味，从不让人感到是匆匆之作。他们的作品就像呼吸一样简洁，他们用非常有把握的寥寥几笔就完成一个形象，其轻松程度就像给你系上外衣的纽扣一样。"在阿尔勒的14个月里，他夜以继日地创作了两百余幅作品，阿尔勒的日常街景、灌木树篱、麦地和他居住的狭小卧室都成为他的作品，如《黄房子》《播种者》《夜间咖啡馆》《麦田与柏树》《向日葵》《罗纳河上的星夜》《梵高在阿尔勒的卧室》等等。他描述自己灵感涌现的状态："感情有时非常强烈，使人不知道自己是在工作……笔画接续连贯而来，好像一段话或一封信中的词语一样。"这段自白透露出梵高作品中笔触的秘密，激情促使他将生命力交付笔触，他的笔触也泄露了他最直接的体验。他描绘着人世中众多普通事物的气息、神采和内在的力量。在信中，他曾告诉提奥关于《梵高在阿尔勒的卧室》的想法：

> 这一次所想的恰恰就是我的卧室，但是在这里色彩要包办一切了，通过色彩的单纯化给予事物更为宏伟的风格，这里色彩要给人休息或睡眠的总体感觉。一句话，观看这幅画应该让脑力得到休息，或者更确切些，让想象得到休息。

> 墙壁是淡紫罗兰色。地面是红砖色。床和椅子的木头是鲜奶油般的黄色，被单和枕头是淡淡的发绿的柠檬色。床单是大红色。窗子是绿

色、梳洗台是橙色，水盆是蓝色，门是淡紫色，全部如上——这间窗板关闭的屋子里别无他物了。家具的粗线条也必须表现出绝对的休息，墙上有肖像，还有镜子、毛巾和一些衣服。

画框——因为画中毫无白色——将是白色。这是作为对我被迫休息一事的报复。我又要整天画这幅画了，但是你看得出这个构思多么简单。明暗和投影都抑隐不露，用自由的平涂淡彩来画，就像日本版画那样……①

是的，梵高在意的不是模仿自然，而是表现他所感知的自然，为此他可以改变事物的形状，使用最能准确传达他的感觉的色彩和构图。在这个意义上，我们也可以说梵高是一个表现主义者，无怪乎20世纪英国的肖像画天才培根非常尊崇梵高，曾三次作画向他致敬。

《梵高在阿尔勒的卧室》（创作于1888—1889年）

高更是将印象派绘画推向新境界的另一位天才。他是梵高的朋友，他们曾经相互激励和竞争，但当高更来到阿尔勒后不久，他们发生激烈争吵，梵高事后跑到妓女那里割下自己的半边耳朵，这些故事也许大家并不陌生。英

---

① E. H. 贡布里希：《艺术的故事》，范景中译，杨成凯校译，广西美术出版社2014年版，第679页。

第五讲 现代生活中的个体与艺术观看秩序的变迁

国小说家毛姆以高更为原型创作的《月亮和六便士》，可能有助于大家了解高更及其绘画，限于篇幅笔者就不再赘述。

今天在艺术史中，塞尚（Paul Cézanne，1839—1906）被称为"艺术家的艺术家"，这与莫奈、马蒂斯、毕加索等对他的极高推崇分不开，毕加索称他为"吾人之父"。塞尚打破文艺复兴以来的"直线透视"并创造了双眼交错透视的复杂技法，他的绘画实验成为联结19世纪印象派与20世纪现代主义运动之间的重要桥梁，"他以一种'多面'的构图方法，提示着1907至1908年毕加索和乔治·布拉克对于立体主义形式的革命性思考"。最初来到巴黎时，塞尚曾参加过印象派画展，但他并不喜欢印象派画作中的凌乱笔触和令人不安的造型，他心中的理想是普桑式的田园诗绘画，人们传闻他希望"依据自然来复兴普桑"。他认为在普桑（Nicolas Poussin，1594—1665）的《阿卡迪亚的牧人》中，画面宁静和谐，每一个形象都清晰肯定，毫不含糊，给人一种坚实与稳定的美感。与印象主义者一样，塞尚对学院派的恪守陈规不感兴趣，他认为学院派对自然的表现是一种歪曲，他们的作品不能传递对自然的感知，例如空间感、立体感。在某种意义上可以说，塞尚用非古典绘画的画法，将普桑式的稳定与坚实感翻译到现代绘画中。

塞尚被认为是第一位用双眼作画的画家，为何如此说呢？面对摄像机再现能力的挑战，塞尚那一代画家越发注重呈现摄像机所不能展现的内容。人的感知或感觉总是因人而异的，我们总是看到带有自身志趣、性情、轨迹特征的景象。后来法国哲学家德勒兹针对塞尚、培根等现代艺术家的创作，提出"感觉的逻辑"，从哲学视角对艺术的审美感知作为一种原初的生产力、想象力进行更深维度的探讨，这是对笛卡尔以来的以理性和反思为意识中心的逻各斯传统的进一步颠覆。1860年塞尚来到巴黎拜访多年的朋友左拉，并初识印象派绘画，他的性格阴郁，与印象派画家发现阳光不同的是，这时的塞尚致力于表现阴影。夏皮罗认为，在19世纪60年代的作品中，"他经常是阴郁的、狂暴的、残酷的却是强有力的，也是富有创意的——这种创意达到了这样的程度，以至于在其最初不成熟的作品中，他预先达到了20世纪的表现主义效果"①。

当塞尚发现静物的美感力量后,他的画风突破了阴郁的情绪表达,色彩和技法变得明丽和丰富。由于他画得慢,娇艳的花卉未及画完就已凋萎,用苹果、橙子做描绘对象显然胜于花卉,有不少艺评家讨论过塞尚的静物画中的图像隐喻,如苹果与性欲之间的内在关联。②。他的笔触阔大坚实、干脆有力,将物象从深色或灰暗的背景中凸现出来,颜料厚得像是用油画刀挑起来直接堆在画布上似的,他的用色也非常大胆,桌上厚重的器皿、鲜艳的果实呼之欲出、充满生命力。塞尚的画法也是复杂的,源自他常常对"眼见为实"的坚定质疑,这也是一种深刻的哲学洞见。在《有苹果和桃子的静物》中,我们看到塞尚笔下的餐桌,其上摆放的陶罐、花篮、陶盆和果实都经过了变形,桌子的左右两边并不平行,似乎左边的陶罐与右边的水果和陶盆不在一个平面上,凌乱堆积在桌上的白色餐布与墙上垂下的花卉图案的窗帘彼此呼应,为餐桌增添了更多的层次,并形成前景和后景的对话。塞尚打破了文艺复兴以来的"直线透视法",他引入了双视角或多视角的观察,桌上的静物是从不同角度观察的。绘画不再创造一种三维幻觉,而是专注于表达艺术家所感知的静物的秩序感,这一突破对立体主义、未来主义影响深远,也启发了马蒂斯等人。

厌倦都市的喧嚣与浮光掠影,塞尚接受了父亲留下的遗产,从巴黎回到位于法国南部普罗旺斯附近的家乡艾克斯。他像个隐士般过着与世隔绝的生活,全身心地面对自己的灵感之地,而圣维克多火山成为他晚年不断重复的主题。他数十年如一日地描绘这块裸露于大地,在周围的农舍、麦田和斜穿过的桥梁的包围中凸显出的巨大山体,以及在不同自然光线和季节、时刻下复杂微妙的岩石构造和纹理,为此他孜孜不倦地创作了七八十幅作品。在较后期的作品中我们看到,历经长期的静观和研究,塞尚的笔触和布局越来越老道和肯定。他延续从静物画就开始的以色彩的块面和彼

---

① 迈耶·夏皮罗:《现代艺术:19与20世纪》,沈语冰、何海译,江苏凤凰美术出版社2015年版,第1—52页。
② 迈耶·夏皮罗:《现代艺术:19与20世纪》,第1—52页。

第五讲　现代生活中的个体与艺术观看秩序的变迁

此关系来表现事物的体积、远近的方法，而非以光影、明暗和透视角度。他以稳定坚实的色彩块面或几何形状，来表达他所感知到的有自身情绪的景物，这不是直接的再现，而是创造出新的现实，即他所感知的"真实"。在考陶尔德画廊收藏的《圣维克多山》（1887）中，我们看到他用麦田、铁路的高架桥和农舍搭建起由数条地平线的平行线组成的框架，色彩的块面使得画面形成秩序感和稳定感。而画框左边离观众最近的地方，他画了一棵树，树干与画框平行，高处的树枝旁逸斜出，枝条与天空结合在一起，增添了画面的纵深感。

塞尚通过对景物的解构和再结构，呈现出脱离具象而忠实于心的新形象，无疑塞尚为立体主义的分解与抽象绘画奠定了基础。立体主义的创始人之一，法国诗人阿波利奈尔曾评价深受塞尚影响的毕加索，"他研究物体，就像外科医生解剖尸体一样"，而这是立体主义的精髓[①]。来自西班牙一个小镇的绘画天才毕加索（Pablo Picasso，1881—1973）在巴黎已经小有名气，然而当他看到友人、"野兽派"画家马蒂斯创作出《生活的欢乐》等作品后，有些沉不住气了，马蒂斯的大胆和前卫让他很受刺激。1907年的塞尚纪念展给他留下很深印象，他决定沿着塞尚的道路继续开拓。此外，他还深入研究了文艺复兴时期的西班牙艺术家埃尔·格列柯的作品。被视为现代主义绘画的里程碑作品的《亚威农少女》，可能创作于1908年，毕加索抛弃之前富于诗意的象征风格，运用非洲原始艺术的技法在画布上创作了破碎的、令人费解的五个少女形象。名为"少女"，其实与我们从经典油画如波提切利的维纳斯、达·芬奇的蒙娜丽莎、安格尔的优雅女子那里得来的印象全然不同，《亚威农少女》上五个有着粉红色健硕肢体的少女，不复端正神圣的女性形象，而是五个丑陋、支离而怪异的形象。毕加索从不同视角展开观察，然后一股脑儿将不同侧面的视觉都展现在画面上。而"亚威农少女"之名是偶然得自一位西班牙朋友的说法，画面让他想起巴塞罗那的一条花柳巷——亚威农街上的妓女，而五位少女面前的一盘水果也暗示着欲望和诱

[①] 威尔·贡培兹：《现代艺术150年：一个未完成的故事》，第157页。

惑。作品诞生后，连马蒂斯都惊异于画面的"粗鲁"，收藏家和评论家认为这不啻对艺术的践踏。一直支持毕加索的收藏家对他的艺术实验感到绝望，摇头而去。这幅画在之后的20年中很少示人，直到1930年代晚期被纽约现代艺术博物馆收藏，才逐渐进入公众视野。21世纪的先锋艺术家直到今天仍然尊崇毕加索在《亚威农少女》中的艺术实验，是的，古典艺术的优美、和谐、宁静被驱逐，毕加索打开了现代主义艺术更为大胆的实验之门，现代主义艺术家以天才之名不断地、反复地定义艺术。

毕加索并不认为他在创作抽象画，他和追随而来的同道乔治·布拉克一起将"立体主义"实验推向高潮。有趣的是，立体主义者的画面没有立体，他们拒绝从一个透视视角画出立体物象，而往往将日常生活中的物分解为不同的块面，然后重新组合在画布上，观看他们的画面像是参与一场猜谜游戏。这是一个新技术迭出的时代，莱特兄弟宣布了他们的飞行试验的成功，爱因斯坦提出了相对论，X光等新技术发明都让人们感到世界的不确定并为新的可能性兴奋，浸淫在这样的时代气息中，可以想象两个富有野心和创造力的年轻艺术家会怎样将艺术推向极端。在布拉克和毕加索共同创作的《小提琴与调色板》中，我们可以看到小提琴、红色的调色板、水果盘被肢解成很多片段，像蒙太奇一般被重新组合在画布上，他们不需要描绘实体的物象，而是呈现从不同的观看视角看到的物体侧面。此后布拉克甚至将沙子和水泥混在颜料中，以此增强颜料在画布上的质感，或用刷子替换画笔在画布上涂鸦几笔造成视觉错觉，毕加索甚至剪下一块廉价的油布粘贴在画面上，这块油布因偶然的机缘进入到作品中，这一行为将普通的物品转换为珍贵而独特的作品的一部分。以后我们在马歇尔·杜尚的作品中可以看到类似的冲动，即某种属于观念艺术的创作方法。

艺术家彻底拒绝绘画要叙事（讲故事）的信条，回到绘画本身，这意味着对可以读解的意义的放弃，艺术并不需要模仿现实生活，相反两个年轻人宣布，他们要挪用它。在接下来的几年中，他们不断试验用混合介质进行创作，将卑微材料与高贵艺术融合在一起，形成某种"拼贴"风格。立体主义试验影响深远，一方面他们的空间意识推动了简洁、棱角分明的现代主义美

第五讲　现代生活中的个体与艺术观看秩序的变迁

学的发展，如包豪斯的艺术实验。另一方面，立体主义对表意倾向的忽略不可避免使绘画走向抽象，俄国的至上主义、构成主义，蒙德里安的抽象绘画都可以被视为这种冲动的延伸。20世纪最初20年间，不仅仅是绘画变得碎片化，艾略特的现代主义诗歌如《普鲁弗洛克的情歌》《荒原》，伍尔夫的现代小说《达洛维夫人》《海浪》，斯特拉文斯基的音乐《春之祭》都瓦解了总体性的叙事。我们发现一种非理性的世界情绪广泛地侵入到艺术创作中，艺术家再也不能一如既往地再现那个"完整的世界"了。

1905—1917年间，现代艺术运动层出不穷，潮起潮落。限于篇幅，笔者择要地介绍一些"主义"运动。由意大利马里内蒂发动的"未来主义"一开始就公然牵涉政治。1909年2月20日，马里内蒂在法国著名报纸《费加罗报》周末版发表其未来主义宣言，矛头直指毕加索、布拉克和阿波利奈尔。宣言中，马里内蒂赞美速度，"我们认为，宏伟的世界获得了一种新的美——速度之美，从而变得丰富多姿。一辆赛车的外壳上装饰着粗大的管子，像恶狠狠地张嘴哈气的蛇……。一辆汽车吼叫着，就像踏在机关枪上奔跑，它们比萨莫色雷斯的胜利女神塑像更美。""我们歌颂声势浩大的劳动人群、娱乐的人群或造反的人群；歌颂夜晚灯火辉煌的船坞和热气腾腾的建筑工地；歌颂贪婪在吞进冒烟的长蛇的火车站；歌颂用缕缕青烟作绳索攀上白云的工厂；歌颂像身躯巨大的健将一般横跨于阳光下如钢刀发亮的河流上的桥梁；歌颂沿着地平线飞速航行的轮船；歌颂奔驰在铁轨上胸膛宽阔的机车，它们犹如巨大的铁马套上钢制的缰绳；歌颂滑翔着的飞机，它的螺旋桨像一面旗帜迎风呼啸，又像热情有人群在欢呼。"这是写给现代机械文明的赞歌，最后躁狂的未来主义者开始歌颂战争……未来主义的出场宣言富有冲击力，同时也臭名昭著。一系列艺术家以他们的视觉和剧场戏剧创作来呼应马里内蒂。未来派艺术家热爱表现运动，如贾科莫·巴拉（Giacomo Balla，1871—1958）的《拴着皮带的狗的动态》（1912），他用一连串腿的组合来表现狗的奔跑动态，这是对运动中不同视觉瞬间的同时并置，就像不同底片的连续放映。翁贝托·波丘尼（Umberto Boccioni，1882—1916）的《街道进入房子》，以挤压变形的透视视角和纷乱的几何线条表现现代生活的繁忙。

现代思想：兴起、变迁与未来

他发表《未来主义雕塑的技术宣言》，提出"绝对和完全废除确定的线条"和"不要精密刻画的雕塑"，"我们要把人物打开，把它纳入环境之中"，其雕塑作品《空间中连续的独特形体》，正是这一艺术追求的体现。这是一个与机器部分融合的人的身体，一个大机器时代的赛博格，嵌入机器且充满运动感的流线型身体蓄势待发，似乎将运动凝固在瞬间。

西欧艺术家的先锋运动此起彼伏，波及整个欧洲乃至世界，这是一场与日常生活场景的巨变相呼应的艺术实验，而俄国白银时代的艺术家也加入前卫实验中。其中较有影响力的有至上主义者卡济米尔·马列维奇（Kazimir Malevich，1878—1935）。提出至上主义时，马列维奇显然受到毕加索和布拉克的影响，他改变了过去那种将俄罗斯圣像画的色彩灵感与印象派、野兽派技法相结合后创作的"农家马列维风格"，被绘画不必表达意义的观念所激励，开始寻求更为纯粹、极端的抽象表达。1915年他撰写了《从立体主义和未来主义到至上主义的宣言》。他在彼得格勒举办了"最后的未来主义画展：从0到10"，展厅最高的角落，也是两面墙交汇的地方，他摆放了一幅名为《黑色正方形》的抽象绘画，引起极大的轰动。这是一张2.5平方英尺的画布，他将整张都涂成白色，然后在其上满涂上黑色，形成黑色方块。这是对观众的挑衅，他说"已将万物减至无"，观众无需在画布上再搜寻任何意义了。马列维奇认为艺术传统总是再现形象，但形象却掩盖了绘画本身，至上主义放弃形象和意义，而试图让观众"享受非客观的体验和纯粹感觉的至高无上"。也就是说，至上主义要寻找简单纯粹的几何形式，如正方形、圆形或十字架等，运用纯色颜料，不追求笔触效果，整体画面既抽象又简洁。马列维奇将立体主义实验推到极端，他认为这张双色画，即白色底色和黑色表层就是这个宇宙的隐喻，是黑夜与白昼、生命与死亡的象征，作品没有任何边框，暗示着绘画向环境的无限延伸。

有意思的是，黑色方块，这是任何艺术爱好者都可以画的，为什么它能够成为价值不菲的经典，而别的模仿之作只能被视为涂鸦？这也是观念艺术作品要面临的难题，也许如当代英国艺术家翠西·艾敏为自己的作品《床》辩护，这关乎谁第一个想到。

第五讲　现代生活中的个体与艺术观看秩序的变迁

《黑色正方形》（创作于 1913 年）

与马列维奇同时参展的还有另一位来自乌克兰的弗拉基米尔·塔特林（Vladimir Tatlin，1885—1953），他是"构成主义"的发起者。与马列维奇相同，塔特林也是在俄罗斯先锋艺术运动中颇有影响的艺术家。塔特林不满马列维奇抢占展厅的重要角落，而他的作品《角落的反浮雕》正是围绕那个特殊空间所作的。他说："我们不再能够相信我们的眼睛：我们正在让眼睛服从于触感。"塔特林试图突破视觉对艺术的主导，运用现代建筑材料，如玻璃、金属和塑料创造一种奇妙的几何造型，这不再是嵌入界面的传统浮雕，也不是有基座的雕塑，而是由不同材料构造的点线面，一种有触感的奇特造型，充满未完成感，似乎飘浮在空中邀请观众的想象。这是对传统雕塑观念和媒介的颠覆，诗意化地自由运用材料使得塔特林的作品具有偶发艺术的特征，与环境形成了情境性的呼应。1919 年塔特林开始为苏维埃设计"第三国际纪念塔"，他以建筑师的严谨来完成这项任务。纪念塔的设计非常前卫，塔特林将功用性和创造性形式完美结合，他计划用玻璃、钢、铁建造 400 米高的螺旋形塔体，这一塔体将比纽约帝国大厦（318 米）更高，以此呈现新兴的苏维埃比世界上任何地方更现代和卓越。遗憾的是设计方案被新生的苏维埃否定，位于列宁格勒的俄罗斯国立博物馆收藏了塔特林之塔的建筑模型。

现代思想：兴起、变迁与未来

在第一次世界大战后欧洲令人沮丧、失意的战争废墟上诞生的达达主义运动中，有一位艺术家马歇尔·杜尚（Marcel Duchamp，1887—1968）需要被提及。1917年杜尚将一个签上了伪造的艺术家签名的小便池送到纽约独立艺术家协会的展览上，并为其命名为《泉》，这让人联想到安格尔的经典之作《泉》。然而，与后者的古典审美迥然相异的是，杜尚的现成品艺术直接采用日常生活的物品，只是加上了艺术家手写的"R. Mutt"签名，就堂而皇之宣称自己是艺术品。杜尚再次将现代艺术的颠覆性行为推到极端，即以这种戏谑或黑色幽默的方式嘲笑艺术机制，质疑什么是艺术和艺术品，艺术或艺术品是否真的就拥有超越于生活世界的神圣价值，还是仅仅因为有艺术家、艺术机构等的赋能、认证，哪怕是普通物品也可以附着光环、华丽转身为艺术品。杜尚的作品虽然在1917年展览上臭名昭著，然而他的离经叛道没有被艺术史遗忘，第一次世界大战后的观念艺术、偶发艺术等后现代艺术都尊其为先驱，艺术哲学家如阿瑟·丹托等以此为例，洋洋洒洒撰写专门讨论。杜尚的行为揭示了艺术与日常生活，这两个被现代主义艺术家视为畛域分明的领域，其间不可逾越的边界，其实是滑动、可以穿越，甚至有重叠的。

1919年成立于德国的"国立魏玛包豪斯学院"，后改为包豪斯设计学院，成为20世纪建筑、工业设计等领域的大本营，并广泛地影响到现代生活的审美风格。学院创始人格罗皮乌斯，也是首任校长，希望将其建成为"运用现代理念的艺术教育重镇"。他将艺术学院的理论课程与手工艺学院的实践课程结合，并建立捍卫个体性的艺术与工业设计和生产技术的联合，还主张学艺术的学生应该从象牙塔走出，接接地气，像工匠一样去设计和建造未来生活。他延请不同风格的伟大艺术家做导师，其中有瑞士艺术家、理论家约翰内斯·伊顿、德国的重要艺术团体"桥社"成员、艺术家恩斯特·路德维希·基希纳，以及"青骑士"的创始人康定斯基、重要成员保罗·克利（两位艺术家都是现代主义艺术中影响深远的重要艺术家），这使得早期的包豪斯成为一座现代审美教育的实验场，具有强烈的现代审美乌托邦色彩。由于政治原因，1925年学校迁至魏玛德绍，在那里格罗皮乌斯设计的教学大楼，以直线线条表达明晰、简洁风格的功能主义建筑，也成为现代建筑的典范。此后，由玛丽安·布兰特设计的不锈钢茶壶、威廉·华根菲尔德与卡尔·朱尔设计的"华根菲尔德台灯"、约瑟夫·亚伯斯设计的"四嵌套桌组"、康定斯基的学生马塞尔·布劳耶设计的"瓦西里椅"（向同僚、卓越艺术家瓦西里·康定斯基致敬，并以其名来命名）等设计作品相继面世，为20世纪逐渐兴起的现代消费生活创造了条件。这些生活用具、建筑、平面设计，使用可以批量生产的工业材料，风格简洁明快，成为现代感性的直接体现。在今日的日常起居中，我们随处可见包豪斯设计的影子。

新艺术机制兴起与观看秩序的转向

现代主义艺术运动被希特勒的坦克碾碎了。随着纳粹上台，颓废艺术被希特勒驱逐，艺术家四散出逃，毕加索曾以象征的笔法，在《格尔尼卡》中表达了战争的恐怖和自由的倾颓。随着大量的欧洲艺术家的迁移、艺术品被低价购买转运至美国纽约，纽约成为新的有国际影响力的艺术中心。

第二次世界大战后，艺术和观看机制有着怎样的转向呢？我们总是发现，艺术并非只与自身相关，艺术流派或观念崛起，与产生艺术的社会、时代语境、文化趣味变迁有着无法割裂的关系。受美国艺评家格林伯格等人极力推崇的波洛克的滴画（drip），以其放荡不羁的风格成为美国艺术的代表，融汇了抽象主义、表现主义和超现实主义的影响，自成一格，将现代主义的纯粹绘画推到巅峰。1945年，杰克逊·波洛克（Jackson Pollock，1912—1956）从纽约市区搬到郊区的长岛，一改传统的画风，他将尺度很大的画布从架上取下，径直放在地上，使用画笔或棍棒将颜料或漆喷涂或滴洒在画布上。他甚至踩在画布上，在身体的带动下，即兴地在画布上泼溅颜料，留下看似随意的线条和色点。因疏密、流动、虚实关系产生一些既简单又繁复的线条画，画面在整体布局上其实非常讲究和严谨，因身体的运动和具身化参与，波洛克称其为"行动主义绘画"，这让我们想起超现实主义的潜意识创作。在作品《满五英寻》（1947）中，他甚至用毛巾、小刀和棍子直接滴溅颜料，并在其中加入沙子、玻璃、烟头和大头针等，在画面上制造不可言喻的混乱。

在画布的二维平面上随意挥洒出的颜料痕迹、线条，全然拒绝文学叙事或表意的诱惑，偶发的线条以沉默的抽象形式，不指向任何确定的意义或主题。格林伯格认为，波洛克的艺术正是他所赞赏的现代主义艺术的极致，即绘画作为不同于摄影的传统艺术媒介形式，二维性、非叙事性这种纯形式表现，正是绘画媒介所追求的艺术本质，平面性、非文学性的绘画如波洛克的滴画所代表的纯粹艺术趣味，彻底与再现现实、保留透视性的摄影拉开距离。摄影作为机械复制时代的新兴艺术，利用机械技术呈现对现实的模仿和还原，这就使摄影不可避免地接受艺术之外的他律因素的介入。在这个意义上，名噪一时的批评家格林布拉特将波洛克滴画，马克·罗斯科、德·库宁等人的抽象画命名为"抽象表现主义"绘画，并视其人为美国本土艺术的代表。多年后，不少艺术史家指出"抽象表现主义"的崛起与当时动荡的美国经济和日常生活有关，也与美国艺术界需要找到一种与苏联的社会主义现实主义风格相对抗的艺术趣味有密切关系，人们发现支持波洛克的赞助者中竟然有政治意味浓厚的机构。

在艺术界，某些艺术趣味能从边缘走向中心，获得强势的话语权，这一经典化历程其实充满了偶然性，并始终与艺术内在逻辑的演替充满张力关系，那些被遮蔽的艺术作品或艺术家，并不一定就在品质上弱于占领艺术中心、受批评话语不断肯定的艺术。第二次世界大战后国际艺术中心显然已从巴黎迁移到纽约，美国艺术市场和资本运作也在其中扮演了重要角色。艺术藏家最初可以用 150 美元买到波洛克的滴画原作，可是如今在欧洲和北美的画廊，波洛克的画作可能售价差不多要 1.4 亿美元。同样情形，马克·罗斯科（Mark Rothko，1903—1970）自杀身亡后，他的大量画作以大大低于市场价的价格被罗斯科的经纪人收购，此后这些画又经历了长长的遗产诉讼，如今，一幅罗斯科原作被卖到 7284 万美元已不是新鲜事。艺术家生前的潦倒、贫困以及承受的巨大焦虑和痛苦，与他们死后作品被艺术市场宠爱，身价高昂，甚至多次闹出赝品丑闻形成鲜明对比，这与资本主义金融和艺术市

第五讲　现代生活中的个体与艺术观看秩序的变迁

场的合谋不无关联，因此艺术的价值（value）与艺术品的价格（price）不可同日而语。

抽象表现主义雄踞艺术巅峰仅十年，其精英趣味和形式主义的诉求，很快受到波普艺术家的挑战，很难说这不是与消费社会的悄然来临有关。波普艺术（Pop Art）之名来自英国画家理查德·汉密尔顿（Richard Hamilton）的作品《到底是什么使今日的家庭如此非凡迷人》（1956）。在这幅充满拼贴和日常事物的画作中，男主人——从药品杂志上剪下的男子图像，站在一间普通的中产或小康家庭的客厅，手拿一支巨大的棒棒糖，上面写着"POP"一词，"Pop Art"一词由此而来。汉密尔顿尝试用各种媒介进行创作，油画、版画、雕塑、摄影等等，挪用大量日常生活和工业时代的图像。此后，汉密尔顿曾归纳波普艺术的特点：通俗、短暂、消费得起、风趣、性感、噱头、迷人，廉价的、能大批量生产的。汉密尔顿无疑敏感地察觉到消费社会和中产阶级的趣味，这是大众文化对精英格调和现代主义式的艺术自律信条的挑战。

被后世视为波普艺术先驱的罗伯特·劳森伯格（Robert Rauschenberg，1925—2008）和他的朋友贾斯珀·琼斯（Jasper Johns，1930—　），在某种意义上以杜尚式的达达之风，质疑抽象表现主义的精英路径，他们认为后者过度专注于自身的焦虑，已脱离现实太远。在美国黑山学院（当时世界上最前卫的艺术学校，很多欧洲的传奇艺术家来这里执教）学习的劳森伯格，创作了《白色绘画》系列作品（1953），嘲讽马列维奇的至上主义作品《白上之白》（在白画布上画白色方块）。劳森伯格一律用白颜料覆盖各种图形、形象，最后那一系列覆盖了图像的白色画，像一系列发生过、又被遮盖的偶发事件一样，无所事事地排列着，坦然地呈现着自身的无意义和偶然性。1957年的某一天，劳森伯格敲响抽象表现主义的重要代表——威廉·德·库宁（Willem de Kooning，1904—1997）的工作室大门。德·库宁在当时已是世人敬仰的艺术大师，而敲门者只是毫无声名的青年画家。在尴尬的气氛中，年轻人向德·库宁提出要一幅他本人非常惦记的画，并表示自己将用橡皮擦擦去画上的图案。听完这个古怪的要求后，德·库宁沉默了几分钟，房间里的空气仿佛凝固了一般。最后尽管不情愿，但他仍然找出一副布满油彩的作品交给年轻人，并挑衅地说，要擦除画上的痕迹并不容易。此后，劳森伯格勤勤恳恳用了一个多月时间，将画面擦除干净，并为该作品重新命名为《已擦除的德·库宁的绘画》，这幅新作被补充进他的《白色绘画》系列中。

劳森伯格的《字母组合》上，那个突兀的套着黑色轮胎、被安放在画有字母画板上的山羊头令人印象深刻。整件作品以实物入画，无论是视觉形象还是表意方式，都非常古怪，常常令观众感到困惑不安。也许画板上的字母透露出某些与作者有关的故事，可以让艺评家讲得头头是道，而那只垂吊着白色长须的安哥拉山羊头，则像一个祭献品隐晦地传递着一些信息。劳森伯格将这些材料奇特而大胆地组合成一幅作品，与其说他要讲述什么，毋宁说他更想打破某些传统的观看秩序，尤其是抽象表现主义所召唤的形式主义视觉秩序。而贾斯珀·琼斯的绘画《旗帜》则以美国人最为熟悉的国旗作为视觉符号，他在废报纸和画布做成的胶合板上，将融化的蜡与纯颜料混合，然后在这个制作出的织物上画满旗帜，不留任何边框。琼斯似乎在不断追问，这个由艺术家画出和制作的旗帜与作为物品的国旗、作为符号的国旗有什么不同？琼斯也擅长用地图、数字、信件等寻常之物入画，他用不断堆积的颜料描绘物，迫使我们重新打量这些日常物件及与之相关的日常生活。与抽象表现主义通过抽象的图形、形式，表达紧张的、内在情绪不同，波普艺术将我们拉回到消费社会的日常现实，观看被物不断定义的日常生活。

波普艺术不仅借用大众文化时代的图像符号，甚至直接挪用工业现成品作为艺术作品，并且引入商业运行规则，利用商业扩大传播和影响力，安迪·沃霍尔（Andy Warhol，1928—1987）的《布里洛肥皂盒》就是这样一个由当代艺术界制造出的神话。2012 年 11 月 13 日，安迪·沃霍尔的《布里洛肥皂盒》（43cm×43cm×35cm）在纽约苏富比当代艺术拍卖会上以 722500 美元成交。[1] 这个印有蓝黄相见的设计图案和文字的木质盒子，本是一个大规模工业生产的日用品，然而一旦经过沃霍尔在纽约东 47 街 231 号

---

[1] 邵亦杨：《全球视野下的当代艺术》，北京大学出版社 2019 年版，第 41 页。

第五讲　现代生活中的个体与艺术观看秩序的变迁

的视觉艺术"工厂"（The Factory）的艺术制造后，作为艺术品的《布里洛盒子》就从原来的几十美元卖到几十万美元。1963年沃霍尔建立"工厂"后，创作了一系列挪用超市商品的观念雕塑作品，《布里洛肥皂盒》《坎贝尔汤罐头》和《绿色可口可乐瓶》等，几乎都出自20世纪60年代的创作高峰期。沃霍尔的"工厂"雇佣工人，并模仿工业制造程序制作等体积的木质盒子，然后他在盒子上画出布里洛肥皂盒原有的包装图案，用丝网印刷印出商标和产品名称。作为商品的布里洛盒子的原创设计者是抽象表现主义艺术家詹姆斯·哈维（James Harvey），他曾经靠做商业设计赚钱养活自己。哈维把工业设计方案交给布里洛公司，后者一次性付清他的设计费用，而沃霍尔重做出的《布里洛肥皂盒》，已成为波普艺术的经典作品，从最初几百美金卖到今日的天价。那么，我们为什么说沃霍尔制作的盒子是艺术品，而布里洛公司制造的仅仅是商品呢？艺术与日常物的区别在哪里？艺术品的价值真的与艺术市场的价格相当吗？

这些问题其实也是沃霍尔的观念雕塑暗含并向艺术史提出的问题。沃霍尔并没有重新创作独一无二的图像或艺术物，他只是挪用消费社会最普通的商品外观，并模仿工业制作过程，但将这些经过艺术翻造的物交给擅长市场交换和制造神话的画廊代售，如当时处于鼎盛时期的卡斯泰利画廊，画廊经营者曾夸许"我的责任是制造神话，有想象力地制造神话是艺术交易者的工作"[1]，他们以敏锐的眼光和艺术市场运作，推动这件作品迅速取得艺术声名和经典地位。艺术家的冒犯式挪用、对工业制造和商业运作程序模仿，继杜尚之后，进一步开启了当代艺术对观念和现成品的倚重。艺术家借用这些物来表达我们习焉不察的观念，揭示现象后隐而不显的机制或偏见，这可以看成艺术家赋予物的意义，或者说他们带给我们对观看的不同理解。

经过波普艺术的浪潮后，当代艺术越来越抵制现代主义的精英信条。来自欧洲的偶发艺术、激浪艺术以及战前的前卫艺术的影响，与民主化进程中的大众社会的科学技术、生活趣味、社会思潮彼此激荡，发酵乃至孕育出多

---

[1]　邵亦杨：《全球视野下的当代艺术》，第43页。

现代思想：兴起、变迁与未来

元的介入日常生活、扩展艺术边界的新艺术形式。一方面，由于大众文化兴起，当代艺术越来越质疑艺术家的权威，观众不断获得邀请，观者的价值和潜能被释放，我们的确在很多新兴的介入式艺术、特定场域艺术中感受到艺术回归日常生活后的活力。然而，艺术拍卖行拍出惊人价格，艺术展览上各种作品令人瞠目结舌，艺术方法越来越观念化，数字艺术、新媒体艺术开展大量探索，艺术生态依然如此脆弱……但限于本讲的篇幅，我们暂时在这里打住。如果大家有兴趣不妨进一步阅读一些清晰易懂、饶有趣味的艺术史读本（见本讲阅读文献），从而建立起你自己对当代艺术的理解图谱。也许，我们可以期待未来的艺术史以一种开源的形式，不再倚重专家的权威叙述和书写，而是邀请能跨越一定门槛的观众，共同书写像块茎一般不断生成的多维并生的艺术史。

阅读文献

以下书目均为优秀的艺术史书目，它们可以为本讲提供与补充大量艺术史背景相关的知识。其中《艺术的故事》概括性地描述了从史前洞穴艺术开始到当代实验艺术的艺术发展历程，《现代艺术：1851—1929》《现代艺术 150 年：一个未完成的故事》《现代艺术：19 与 20 世纪》三本书则主要关注与古典艺术相区别的现代艺术的历史。通过以下书目的阅读，读者可以对艺术的发展与转变获得更加全面与丰富的视野。

1. 贡布里希：《艺术的故事》（第 16 版），范景中译，杨成凯校译，广西美术出版社 2008 年版。
2. 理查德·布雷特尔：《现代艺术：1851—1929》，诸葛沂译，上海人民出版社 2013 年版。
3. 威尔·贡培兹：《现代艺术 150 年：一个未完成的故事》，王烁、王同乐译，广西师范大学出版社 2017 年版。
4. 夏皮罗：《现代艺术：19 与 20 世纪》，沈语冰、何海译，江苏凤凰美术出版社 2015 年版。

以下书目主要关注当代艺术的定位与对当代艺术的理解，前者是对当代艺术的公共化理解，主要讨论如何在全球的视野中分析当代艺术以及当代艺术与全球化、现代性等概念之间的关系，而后者是对当代艺术的私人化理解，主要关涉作为观众，我们如何去

第五讲　现代生活中的个体与艺术观看秩序的变迁

认识、了解并鉴赏当代艺术。

1. 邵亦杨：《全球视野下的当代艺术》，北京大学出版社 2019 年版。
2. 特里·巴雷特：《为什么那是艺术：当代艺术的美学和批评》，江苏凤凰美术出版社 2018 年版。

讨论和彩蛋

第三篇
现代性反思与批判

第六讲　理性人？——现代主体遭受的冲击

反传统的"暗流"

大家可能听说过哲学上的一个洞穴之喻的故事，它讲述了一群囚徒被囚禁在洞穴之中，只能看到自己面前的墙壁。他们身后有一个火堆，在火堆和他们之间有一堵矮墙，有人举着一些模型沿着矮墙走过，火光将那些模型的影子映在洞壁上，久而久之这些囚犯便以为墙上的影子是真实的东西，甚至由此形成了一套类似于"知识"的系统，还可以进行预测。但是，某一天一个囚犯脱离了束缚，来到洞外，刚开始洞外的强烈光线让他无法睁眼，他什么都看不见。渐渐地，他适应了新环境，开始看见水中的倒影，然后看到世间万物，最后他抬头看到了太阳。这个时候，他意识到洞穴里都是虚幻的影像，而洞穴外面的世界才是真实的！

洞穴之喻的故事也适用于关于现代文明的启蒙叙事——走出洞穴，从不成熟的无知、错误和幻觉中摆脱出来。这种叙事不是单纯地讲故事，它还提出了一个相当强烈的要求：作为一种理性存在者，你应该甚至是有义务走出洞穴。关于这一点，最广为人知的是康德在《什么是启蒙》（何兆武译）这一文本中的经典表达：

> 启蒙运动就是人类脱离自己所加之于自己的不成熟状态，不成熟状态就是不经别人的引导，就对运用自己的理智无能为力。当其原因不在于缺乏理智，而在于不经别人的引导就缺乏勇气与决心去加以运用时，那么这种不成熟状态就是自己所加之于自己的了。Sapere aude! 要有勇

现代思想：兴起、变迁与未来

> 气运用你自己的理智！这就是启蒙运动的口号。

"要有勇气运用你自己的理智"，否则你就很难称得上是一个被启蒙了的现代个体。我们的中学历史中，有一道关于启蒙的选择题，要求从选项中选出启蒙的反义词，答案是"蒙昧状态"。从蒙昧状态中摆脱出来，不再迷信任何外在权威，凭借自己的理性能力，作出判断，进行选择。在最激进的意义上，这意味着，一切现存的规范、价值都必须经过理性的审视、反思，甚至是怀疑。后面我们可以看到，这种反思最终会波及启蒙自身。

回到这里，人们完全可以质问，凭什么洞穴外的世界就比洞穴内的世界更真实呢？如果洞穴里的人们就是觉得洞穴里温暖、干燥、安稳，而洞穴外的世界却充满了未知和风险呢？为什么启蒙不能只是在"编造"一个故事，因而是一种意识形态霸权呢？这些质疑完全是有理由的。实际上，在启蒙这一主流传统之外，还存在着另一种信念。这种信念不同于孔多塞描绘的愿景——理性终究将把人类引向幸福和道德，而是呈现了另一种可能性——知识和幸福并不等同，"黑暗，或至少昏暗，是对我们更为适合的环境，只有当我们学会在这种有限制的视野中生活，我们才会幸福"[①]。保持一定程度的无知是一种福分。实际上，这一股"反启蒙"的暗流一直伴随着启蒙。比如，早在1749年，作为启蒙局中人的卢梭便反其道而行之，写了一篇论文，质疑科学与艺术的复兴是否有助于风俗趋向纯朴，并引起轩然大波；18世纪末，保守主义之父埃德蒙·伯克抨击启蒙哲学家对自由进行了一种抽象，消解了价值选择和传统智慧的分量，而社会秩序和稳定正是源于这些传统智慧的积累；黑格尔则在《精神现象学》中，认为启蒙有其正当性和批判作用，但同时也与法国大革命的恐怖不无联系；第二次世界大战后兴起的后现代主义思潮，更是对启蒙进行了全方位的解构，启蒙只是一场毫无担保的宏大叙事，它不是故事的全部，并不代表一种人类历史的普遍进程。

这种质疑，实际上有两个维度。一个维度是一条时间轴，在这一维度，

[①] Malk Lilla, Ignorance and Bliss, *The Wilson Quarterly*, vol. 25, no. 3, 2001, p. 75. 转引自刘擎：《悬而未决的时刻：现代性论域中的西方思想》，新星出版社2006年版，第2页。

第六讲 理性人？——现代主体遭受的冲击

人们可以去质疑前现代与现代的划分以及进步主义的历史观念，很典型的便是上文中已经呈现的"古今之争"；另一个维度则是一种空间维度，人们可以去质疑现代进程的欧洲样态是否具有普遍性，不同的文化共同体是必须经历同一进程呢，还是可以发展出各具特色的地方性的现代社会样态，比较典型的便是关于"东西之别"的讨论，这一主题在后面会有所呈现。

从这一讲开始，一直到第八讲，我们都会谈论对启蒙现代性的种种反思和批判。当然，对于通识读本而言，这里无法呈现某种思想史上的全貌，也不会为上述难题提供一个最终解答，只是致力于呈现一幅复杂现代性的图景，它成了各种力量在其中拉扯、纠缠、对抗、寻求平衡的舞台。聚光灯最终打在了这样一个问题上——是否还应该坚持现代性以及应该坚持什么样的现代性？对于这一问题，大家可以通过阅读和思考做出独立的判断。

当我们谈到启蒙遭遇的种种挑战时，一定要注意，这些挑战和冲击与其说来自任何外在力量，不如说是启蒙理性自身包含的批判意识的一种自反性呈现，任何事物都不能享有批判的豁免权，包括启蒙自身。当然，反过来，这里也存在着一种方法上的挑战。一般而言，我们观察一个事物时，总是倾向于寻求一个外部的参照点。而现在，对启蒙的反思，要求我们站在对象之中反思对象，大家可以思考一下，这又如何可能。我们暂且把这些思考保持在我们的视野之中。

马克思的《黑格尔法哲学批判》导言中，有一句时常被引用的话："所谓彻底，就是抓住事物的根本。但人的根本就是人本身。"这句话听起来稀松平常，但正是由于它太平常，以至于当有人讲出来时，却又显得振聋发聩。人的根本就是人本身，甚至可以说整个人类文明都是围绕这一主题展开的。作为人，我们如何跟自然打交道？如何跟另一个人交往？如何跟自己的内在世界相处？归根到底，我们如何理解人？

这些一度不成问题，因为在前现代有一个有序的、人格化的宇宙为我们安排好了一切。在里面，每一种自然现象都可以找到对应解释。比如，对季节更替的解释，是因为司掌农业的女神得墨忒尔的女儿珀耳塞福涅被冥王哈迪斯掠走。于是，得墨忒尔离开奥林匹斯山，四处寻找女儿。在这期间，已

现代思想：兴起、变迁与未来

播下的种子烂在地里，已抽穗的谷物遭遇旱涝，饥荒威胁着人间。宙斯只好命令哈迪斯将珀耳塞福涅送回母亲身边。但此时，珀耳塞福涅已经吃了冥界食物，无法离开冥界。最终各方达成了协议：珀耳塞福涅一半的时间可以和母亲团聚，一半的时间必须留在冥界。从此以后，当珀耳塞福涅回到母亲身边时，万物复苏，生机盎然，春天降临人间。而当珀耳塞福涅回到冥府时，万物凋零，土地荒芜，寒冬笼罩大地。

除了自然现象之外，这些神灵也掌管人间事务，比如这位得墨忒尔女神有时候也被尊奉为立法和正义女神，有时候还是婚姻和家庭的保护神。也就是说，这套系统还为我们提供了一套价值评判标准。一个人的行为是否得当，是由他在这个秩序中的位置决定的。在前现代，这个秩序常常是等级制的并由出身决定，如果你生来就是一个种地的，那么你的本分便是把地种好，而不是去治理国家。当然，也会有人振臂一呼"王侯将相宁有种乎"，在少数情况下，确实有可能打破原有的政治秩序，出现政治权威的非常规更替。接下来，新的统治者必须说明自己凭什么可以占据这个位置，用我们今天的话来说就是要证明政权的合法性，常见的做法便是追溯或编造自己的血统，证明自己才是最纯正的。比如，《史记》就为刘邦打造了一个"完美人设"，首先他的出身是"非凡的"："高祖，沛丰邑中阳里人，姓刘氏，字季。父曰太公，母曰刘媪。其先刘媪尝息大泽之陂，梦与神遇。是时雷电晦冥，太公往视，则见蛟龙于其上。已而有身，遂产高祖。"也就是说，高祖不是凡人，而是龙之子。并且，他长了一副龙颜，"隆准而龙颜，美须髯，左股有七十二黑子"。接着，在"斩蛇起义"的传说里，刘邦又被说成是"炎帝之子"。后来的汉儒们也纷纷加入这场造神运动，提供了更精妙的说法。但不管这些说法多么精妙，这种证明政权合法性的方式仍然是相当传统的，秩序的偶尔"打破"并不威胁秩序本身，旧有秩序在这里依然是一种担保。

然而，现在这样一个井然有序的传统世界观崩塌了，"现代"就其本意而言是一个"全新的时代"，它不是秩序内部的认知变化、政权更迭，而是整个世界观的转变。鲁迅的小说《祝福》里，祥林嫂问了一个问题，"人死了以后，究竟有没有灵魂"，这几乎成为现代人的普遍焦虑的写照：如果现存的世界观崩塌了，那么我们将从何处寻求行为的依据和人生的意义？启蒙思想家们提供了一个方案，即我们只能依赖自己的理性能力，确实这种能力给我们带来了丰硕成果（特别是在科学技术方面）。但随着认识的推进，一些意想不到的，甚至是我们不愿接受的后果也纷至沓来。最大的冲击之一，便是对于"理性人"这一观念的冲击。这种冲击并非来自外部的，而是来自现代人对自身的认识的加深。"理性主体"似乎陷入了一种悖论——理性使"我"变强（"知识就是力量"），也使"我"的虚弱和偶然性暴露于光天化日之下。达尔文、马克思、弗洛伊德常常被看作这种冲击的典型。而马克斯·韦伯将这种情形描述为工具理性和价值理性的不平衡发展。这一讲便是要围绕这一悖论，对上述几位思想家的相关看法进行介绍。

达尔文：生命的祛魅

1859年，达尔文的《物种起源》出版。作为一种生物学理论，进化论原本并不涉及文化、社会、政治等宏大领域。当达尔文提出这一理论时，它远不及"上帝死了"这样的哲人狂语来得惊天动地。但今天回顾这段历史，我们发现，它造成的影响却深远无比。

达尔文肖像（拍摄于1868年）

现代思想：兴起、变迁与未来

在牛顿之后的一两百年间，科学在各个领域高歌猛进，人类已经可以洞彻天体的运转，穷尽自然的奥秘，俨然开始窥伺上帝的权柄。但在人类理智疾风暴雨般的胜利之中，仍有一个领域保持着全然的神秘，那就是"生命"。对于非生命物质，物理学可以建立种种模型做出复杂解释；但哪怕穷尽人类理智在现实中的以及想象力可及的极限，也无法理解如此"活生生"的生命现象，是如何被造成的。尽管18世纪的早期唯物主义者已经大胆喊出"人是机器"，但这台机器究竟如何"活起来"，对于彼时的科学解释水平而言，不啻天方夜谭。"动物精气""活力"等在物质与非物质之间暧昧不清的概念，在一些半是哲学、半是科学的理论中被精心构造，但皆为死无对证之理。更匪夷所思的是，生物界体现出的那种千变万化又充满秩序的复杂性，究竟是从何而来？——哪怕是路边不起眼的杂草虫豸，其内在结构之精巧复杂，都足以令人类最为杰出的工匠相形见绌。至于整个生物界各物种间环环相扣的有机统一，似乎只能交给哲学家似是而非的思辨体系来解释，更别提人类这样的"高等生物"，其存在本身就宛若神迹。

事实上，从中世纪到达尔文的时代，"神创论"的一条至关重要的理由，就来自生命现象的这种神秘性。一个著名的比喻是：如果在荒郊野外发现一块手表，由于其种种精良的设计，我们会认为它不可能是风吹雨打自然形成的，而是必然存在着某个设计和制造者（表匠）。与此同理，生命现象比手表复杂精良千万倍，又怎么可能由"大自然的鬼斧神工"形成？必然也存在着设计和制造者！而且祂必然比人类表匠高明强大千万倍！于是，假想中的造物主得以保留了特定权柄。

然而，《物种起源》在大量证据的基础上系统解释了，这些看似精巧的秩序，完全可以交给大自然的鬼斧神工。加拉帕戈斯地雀的喙之所以匹配环境，并不是造物主特意安排的，而是自然选择的结果。《物种起源》的扉页援引了惠威尔的句子："……物质世界发生的事件，不是神力在每一特定场合的孤立干预所致，而是普遍法则的实施所致。"尽管当时达尔文的理论仍有大量不成熟乃至瑕疵之处，但他提供了一个有前景的框架和方向，引导着此后近两百年生命科学的发展，并不断被后者所印证。更重要的是，进化论

第六讲 理性人？——现代主体遭受的冲击

对生命现象的"祛魅"，开始为人类理性注入一种信心：向一切领域进军，用简单且朴素的物质变化规律，为千变万化的复杂现象做出统一且普遍的解释。

但是，这既是一种人类理性雄心的体现，也是对人作为一种独特造物的祛魅。天文学在三个世纪前就揭示了地球只是一颗普通行星，并非宇宙中心。但对人类这一物种之独特性的自信，无论是否基于宗教理由，都非常根深蒂固：人类作为万物的灵长，作为理性的、语言的、政治的、道德的动物，无法用低级的物质法则加以衡量。然而，进化论将人类置于物种演变的连续谱系中，毫不留情地粉碎了这种骄傲。它暗示着下述可能性：哪怕是人类生活中那些最高明、最高尚的部分，也可以（并且应该）在底层生物学乃至化学法则中找到基础，而这种基础同样支配着猪狗鸭鹅，甚至不起眼的草履虫。

在这种解释中，所有神秘性和神圣性都烟消云散了。当然，进化论仍不足以全盘颠覆宗教，神创论当然可以退一步宣称，是万能的造物主安排了生物自行演化，以此和现代科学达成名义上的共存，但不容否认的是，这种让步已经在实质上架空了宗教颁布价值秩序的权能。

这种意义危机不只降临在西方世界。几千年来，人类生活在一种安全的意义感中，生命具有价值和目的，这是不言而喻、毋庸置疑、无需论证的。这种意义感源自对人类特殊地位的普遍信念，而非西方一神教独有的谕令。在古希腊，亚里士多德断定人的目的是求得至善；在儒家学说中，尽管孟子也曾痛骂"人之异于禽兽者几希"，但这恰恰说明"人兽之别"本是一切道理的基础。然而，前现代文明这种安全的意义感，在进化论的观念冲击下，显然遭遇了合法性危机：人类看起来只不过是自然进程的偶然产物，它的存在并无目的、并无意义、并无依托。"上帝已死"是一种诗意的呐喊，而进化论则像一篇证据绵密的论文，论证了现代人意义缺失的基本处境。达尔文的本意当然并不在此，但进化论客观上的确为现代思想带来了如此巨大的挑战。

但是，我们切不可由此轻率得出结论，认为进化论终结了人类生活一切可能的意义。在死去的土壤里，也许孕育着新的根芽，而这需要在更广阔的现代思想图景中才能理解。

人文学科视阈的进化论

如果将现代思想粗略划分为"科学""人文"两个领域，进化论对前者的巨大影响无疑清晰可辨。杜布赞斯基指出："没有进化之光的照耀，生物学将毫无道理可言。"在今天最前沿的生态学、遗传学、分子生物学中，进化论已经成为底层思考框架，引导着这些学科进一步的探索。随着研究深入，许多交叉学科如统计学、博弈论也汇入其中，构成了蔚为壮观的交响。

与此同时，进化论同样对现代人文思想产生了巨大影响。之所以如此，上文已经有所触及：进化论将"人"的特殊存在纳入"自然"的普遍秩序之中，由此打开了观照前者的全新视角。没有人会从牛顿定律中寻求人生感悟，但进化论驱动下的生物学却实实在在地影响着人对自身的认知。这种影响如此巨大，甚至对进化论的误读，也足以作为某种现代思潮载入史册。

作为一种典型的误读，"社会达尔文主义"思想尤其为现代中国人所熟知，甚至简化为今天的网络流行用语"社达"一词。事实上，进化论思想被引入晚清中国时，正值民族危亡之际，"物竞天择、适者生存"的口号激起的是自强的民族意识，而非与世无争的科研兴趣。这段历史被书写在初中课本上，或许也塑造了当代中国对进化论的一般理解。

但甚少为人所知的是，严复"翻译"的《天演论》，实则来自对赫胥黎《进化论与伦理学》一书部分内容的节选，以及"六经注我"式的"改译"。在彼时的西方思想界，以斯宾塞学说为代表的社会达尔文主义的确颇为流行，其要点在于，将人类社群之间的关系，类比于生物界**自然**存在的生存竞争，进而对人类社会得出如下**应然**判断——强者应当生存，弱者应当淘汰。赫胥黎自居"达尔文的斗犬"，却对社会达尔文主义大加抨击，《进化论与伦理学》的一层重要动机，正是阐述其反对理由。书名中"伦理学"一词，也正是此种动机的体现。然而在严复的翻译中，这层主题几乎丧失。

在译者自序中，严复其实也清晰地指出，"赫胥黎氏此书之旨，本以救斯宾塞任天为治之末流"。但在特定历史处境中，救亡图存的动机实在过于

第六讲　理性人？——现代主体遭受的冲击

强烈，全然湮没了赫胥黎的主旨。在今天，我们理应回归一种学理层面理解进化论对人文学科的意义——或者说得更直白一些，从进化论这一自然科学理论中，究竟能够合法引申出什么关于人本身的结论？

社会达尔文主义的问题在于，将自然界的生存竞争类比于人群间的竞争，这可能存在着双重错误：首先，它对生物的"生存竞争"的理解过于简化、具象化；其次，将这一概念用于人类社会，又存在"类比不当"之嫌。对于第一重错误，必须指出，"生存竞争"是个高度比喻性的概念，不同物种间并非一定是你死我活、血战到底，而是会在自然选择的压力下占据不同的生态位，形成一个有机整体。哪怕食物链上被"强食"的一方，只要能够延续种群，就是竞争的胜出者。对于第二重错误，之所以说"类比不当"，是因为它没有考虑到人类物种的特殊性。尽管如上文所述，进化论褫夺了人类神授的、天赋的道德基础，但这并不意味着现代人无法重新构建一种理性的、契约式的道德。

实际上，在进化论诞生之前，哲学家已经不约而同地开始为构建这种现代道德努力，由此衍生出道义论、功效主义两大伦理学流派，限于篇幅本讲无法一一概述。在政治哲学中，亦能发现对上述类比的驳斥。一个典型的例子是霍布斯（《利维坦》之作者），在他看来，理性能力赋予了人类得其一思其二、永无止境的欲求。而人类彼此之间就算有强弱之别，也不至于太过悬殊；假若放任弱肉强食的自然状态，那么终将导致"所有人对所有人的战争"。在此状态下，强者也将招致反噬——现代人亲历的世界大战、恐怖袭击，皆可作此观点的注脚。基于这一根本处境，人类才有必要缔结契约，谋求秩序；而之所以作此选择，并不是为了光耀神圣的上帝或人性，而是因为这样符合经济理性的权衡结果。相较之下，社会达尔文主义看似"现实"得很，实则对具体的人性现实欠缺深入理解。

至此，我们对广为流行的"社会达尔文主义"做出了批判性反思，论证了不能将一种作为生物学思想的进化论简单挪用于人文领域。但接下来的问题是，进化论能否以某种更精致的方式影响现代人文社科思想？如果可以，那么这又是如何发生的？

事实上，进化论的确已经产生了这种影响——它甚至有望成为一种打通科学与人文壁垒的"大一统理论"。在科学领域内部，进化论对种种前沿学科的驱动效应在上文已经有所提及。而得益于这些科学进展，进化论又以一种更精巧的方式渗入人文思想领域中，带来了激动人心的观念革命。在个体层面，"进化心理学"从自然选择的视角尝试对人类心理现象做出全新解释。在群体层面，"社会生物学"同样借助进化论思想，对一切社会行为之生物学基础进行系统研究。在更加复杂的文化层面，道金斯借鉴生物基因提出的文化"模因"理论，也产生了巨大影响。进化论同样为现代哲学提供了无穷灵感，当代美国哲学家丹尼尔·丹尼特称其为"万能酸"，借助其思想框架，我们有望破解人类心灵的种种概念谜团。

在现代学术分科中，"科学"与"人文"之间常常被视作壁垒森严的不同领域，而进化论思想滋养的以上种种，则有望弥合二者的分裂。这些理论尽管在其学科内部也不乏激烈争论，但不可否认的是，进化论为现代人文学科带来了巨大活力和全新视角。它的思想效应，理应被每一位合格的现代公民了解。

弗洛伊德：潜意识

意识与潜意识

如果说达尔文的进化论思想揭示了人只不过是一种偶然获得成功的动物的话，那么弗洛伊德的精神分析理论则为人类作为一种理性存在者的自我理解蒙上了一层新的阴影。上文谈到传统的世界观崩塌以后，人们唯一可凭靠的便是自己的理性能力。拥有理性能力，不仅意味着我们可以为自然立法，去形成知识，也可以为自己立法，去道德地行为。此外，还隐含着这样一层意思：我们对自己所作所为、所思所想总是有意识的。一个被启蒙了的人，不会处于一种半梦半醒、浑浑噩噩的状态，宛如还生活在洞穴中一样。但是，我们又如何解释生活中各种各样的"差错"呢？大到精神错乱、产生幻觉，小到日常生活中的口误笔误、无心之举，又该作如何解释？

第六讲 理性人？——现代主体遭受的冲击

当然，人们会给出一些解释，比如说，认为这些混乱有其生理机能的原因。其中一些解释，在今天听起来相当的"粗糙"。比如，虽然在今天，"歇斯底里"这个词主要是用来形容一个人（无论男女）无法控制自己的情绪。但是在19世纪之前的欧洲，它却实实在在是一种精神疾病。这种"病"的症状是未知原因的情绪失控或者幻想性的身体不舒服。根据当时的观察，这些症状多出现在女性，特别是年轻未婚女性身上，所以当时的医学界认为，这跟女性身体的特殊构造相关，是由于子宫在身体里到处游走、扰动造成的。所以，人们根据"hystera"（子宫）这个词造出"Hysteria"（歇斯底里）一词来命名这一疾病，以说明其生理原因。当然，今天的医学界已经不再使用这一名称，并且这一说法也由于其性别歧视意味而受到女性主义者的批评，但这也只不过是近几十年的事情。

除了这种寻求某种生理机能上的解释外，还有一种比较抽象但逻辑上完全自洽的解释。那就是无论何种混乱和差错，都被看作是理性的不在场和缺乏。就像关于"恶"的论证中，把"恶"看作"善的缺乏"一样，"恶非实体"。这里非理性也没有"实体"，它具有依附性，一旦理性开始运行，一切非理性的因素就被平息了。即使我们不去深入讨论这一解释的相关争论，我们都能感受到一种难以名状的抽象感。因为，对一个处于错乱和幻想状态的人说"你要勇于使用你的理智"，有点像对一个快饿死的人说"何不食肉糜"，这未免有些荒谬。这也像一种伊壁鸠鲁式的逻辑，"当你的理性在起作用的时候，你并不受混乱影响；而当你被非理性支配的时候，你已经不是一个理性人了"。无论如何，我们总觉得这种解释是完全不够的。最重要的一点是，即使作为某种依附性的因素，非理性是如何起作用的，它的内部机制是怎样的，这些也都处于晦暗之中。然而，不搞清楚这些问题，便无法"纠正"这些混乱，"治疗"这些症状。

而弗洛伊德的精神分析理论恰恰是将目光对准这些"混乱"，试图去揭示其中的病理机制，于是这一原本旨在临床治疗的研究却对现代人的自我理解产生了巨大冲击。精神分析理论实际上秉持了一种非常科学的精神，它提出了两种基本假设。

现代思想：兴起、变迁与未来

其中一个假设是一种心理决定论原则，也就是科学研究里常见的因果原则。这一原则的基本主张是，人的心理现象与生理现象一样，不存在"偶然"或"灵异"事件，每一个心理事件都是由先前的事件决定的。比如，常见的口误或健忘，还包括梦境，经过分析家长期的观察，发现这些"偶然"现象背后都存在当事人的意图或愿望。只不过，当事人往往并不知道这种联系。比如，我走路的时候，总是避免踩到地板上的线条，但我又不知道自己为什么要这样做。一个被津津乐道的例子是和平主义者，和平主义者常常以一种咄咄逼人的激烈姿态（并不"和平"的姿态）推行和平主义。这种悖论的原因在于，他潜意识中的争斗愿望过于强烈，以至于他要在意识层面主动采取一种和平主义立场来平息潜意识中的斗争冲动，然而又无法完全平息，于是就会有"以一种不和平的方式推行和平主义"的情形。

这便涉及第二个假设，即存在一种人们自己并不了解的心理历程，也就是一种潜意识。一般而言，人们认为自己的精神世界大部分是由理性、意识构成的，混乱只是其中很小的一部分。但是，弗洛伊德根据大量的临床观察证明，人的意识构成就像一座冰山，我们能看到的只有那露出海面的一小部分，这部分便是我们的意识部分，它包括理性、思想、知觉等等。而冰山的绝大部分都隐藏在水面之下，我们无法看见它，也无法度量它，这便是我们的潜意识部分。那些我们不愿接受、羞于承认的内容都被驱赶到了这个部分，比如不道德的欲求、暴力动机、自私的需要、羞愧的体验、恐惧等等。这一"冰山"比喻足以颠覆人们对与自己的精神世界的自主性的信念。这种冲击实际上有三个层次：首先存在一种我们不了解的潜意识领域；其次这种潜意识领域占据了心理构成的绝大部分；最后潜意识不仅在量上取胜，而且还起着决定作用。

在意识和潜意识之间，还有一个前意识领域，它属于"现在虽然没有意识到但可以想起来的"部分。弗洛伊德做了一个形象的比喻，潜意识系统就像一个很大的"前厅"，而意识则居住在与"前厅"连接的"小房间"里，形形色色的人在"前厅"里乱转，都试图挤入"小房间"。但是在前厅和小房间

第六讲　理性人？——现代主体遭受的冲击

之间站着一位森严的"稽查官"，未经他的许可，任何人都不能进入"小房间"。

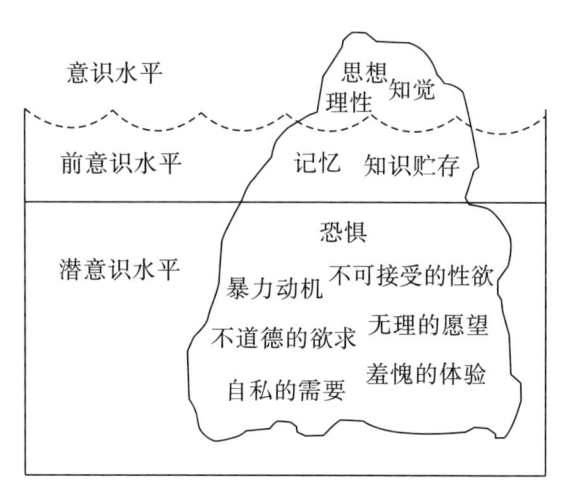

```
意识水平        思想 知觉
               理性
前意识水平      记忆 知识贮存

潜意识水平      恐惧
          暴力动机  不可接受的性欲
           不道德的欲求  无理的愿望
            自私的需要  羞愧的体验
```

弗洛伊德的心理冰山模型

上面这个例子还说明了潜意识的另一个特征，冰山结构并不是一种静态结构。处于"前厅"里的人，被弗洛伊德看作是不安分的捣乱者，他总是吵吵闹闹坚持要闯入"小房间"，这使我们的"稽查官"总是处于一种巨大的压力之下。那些被压抑的想法和冲动，常常冲出来，影响我们的感觉和行为，比如上文我们说的口误、笔误便是潜意识在日常生活中的体现。弗洛伊德有本书名为《日常生活的精神病理学》，专门研究日常生活中的这些受潜意识影响的行为。这种潜意识的冲动总是无法避免的，因此对待它的最好方式便是让意识和潜意识之间的门半掩半开，而不是施行过度的压抑。

在弗洛伊德之前，虽然也有人对梦做过认真的探讨，但是梦更多还是被看作某种神秘征兆，而不是科学研究的对象。在弗洛伊德创立了一套精神分析方法之后，我们可以对梦这一现象进行"科学的"研究。有的梦比较浅显，比如，高考已经过去了，但一旦遇到关键时刻，我们常常还是会梦见自己在参加考试。有时候，梦也会伪装，甚至是以一种相反的方式。比如，梦见自己的狗去世了，自己悲伤不已。但经过分析，这里面往往会存在一种做梦人自己无法承认的真实愿望，也就是自己实际上潜意识里可能希望自己的狗死掉，只不过自己的意识无法接受这种愿望，所以这种潜意识以"狗死了，自己悲伤不已"这种方式呈现在梦中。不过梦的解释权最终是在做梦者本人那里，做梦者在精神分析家的帮助下，可以通过自由联想等方式，去理解梦的含义，让梦背后的潜意识的意图、愿望进入到意识之中。

本我、自我和超我

上文说到，对待潜意识的最好方式是让意识与潜意识之间的"门"保持一种半掩半开的状态。那么这种"平衡"如何进行调节呢？这就涉及精神分析中的人格理论，人格划分为三部分，分别是本我、自我和超我。

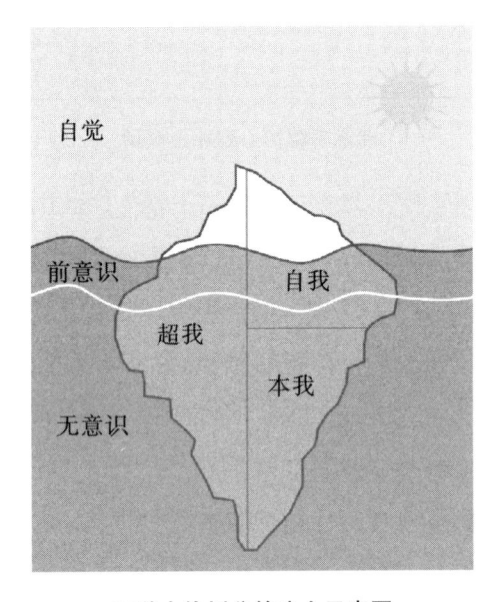

三种人格划分的冰山示意图

其中本我代表天生的、最原始的欲望和本能，处于潜意识的领域。本能不讲逻辑，也无关道德，它甚至也不在乎具不具备可行性和现实性。本我像婴儿一样，饿了就会哭闹，追求即刻获得满足，也就是说遵循一种快乐原则。可以想象，完全按照快乐原则行事，在现实中肯定会处处碰壁。而在肆意妄为的本我面前，最大的障碍便是超我。

超我象征着社会规范和道德，对本我的活动进行限制，向本我的欲望说

第六讲 理性人？——现代主体遭受的冲击

"不"；超我提供指导，要求你"应该做什么"以及"不应该做什么"。超我部分处于意识领域，部分处于潜意识领域。如果只存在本我和超我两部分，我们可能陷入极端情形，要么被本我支配而陷入疯狂，要么被超我压倒而非常痛苦。

这就需要自我在中间进行调节。自我遵循现实原则，它是人格中具有理智、逻辑、现实取向的部分，既不像本我一样追寻欲望的即刻满足，也不像超我一样一味打压我们的欲望。它试图对欲望进行挑选和甄别，以符合社会规范的方式，适时适度地满足部分欲望。

比如冬天早上的第一节课，对很多学生来说都有点挑战。这个时候，你的本我当然非常留恋温暖的被窝，试图把你再次拉入梦乡。而你的超我就像闹钟一样，一遍一遍在你耳边响起，试图赶走那个瞌睡虫。这时，你的自我也运作起来，琢磨着"自己的考勤分数还剩多少""这位老师够不够宽宏大量""我只晚到10分钟，可不可以"。三者进行着极限拉扯，当自我的调节很成功时，本我和超我之间便能达到一种有益的平衡。但这也意味着，在本我和超我的冲突中，自我不可避免要承受极大的压力。当自我的调节功能失调时，我们就有可能陷入各种各样的症状中。比如强迫性的行为，出门后总是怀疑自己没有锁门，这样自己的家有可能被盗窃或发生可怕的事情，于是不得不原路返回进行确认。

普通人常常也有强迫性的念头和行为，但通常比较轻微，对生活没有什么实质性的影响。但是如果这种症状严重到影响正常社交、工作和生活，便需要寻求专业帮助。精神分析的临床工作并非直接开一个"药方"，"告诉"来访者"应该怎么做"，也就是说当自我的功能失调的时候，它并不代替自我做决定，而是帮助来访者将其自我重新塑立起来。用一种形象的说法来说的话，精神分析在这里像一根给来访者提供助力的拐杖，最终站立行走的是来访者自己。所以，精神分析过程中的典型场景是，分析家总是让来访者说很多，而自己很少或者必要时才进行"介入"。

上述基本上涉及的是个人心理，实际上弗洛伊德根据精神分析理论给出了他对人类文明的看法。这一点在上文谈到超我时，已经有所涉及。弗

现代思想：兴起、变迁与未来

洛伊德并不否认文明是人类进步的标志，但是这样的文明是有缺憾的，因为它的进步总是以对人的本能的压抑为代价。也就是说，"文明总是压抑性的""文明是本能的敌人"。这种文明观念引起了后人大量的讨论。难道一个"灿烂悠久的人类文明"图景实际上是一种"负资产"吗？如果文明与本能本质上是冲突的，那么人的命运是否注定只能是一个永恒的悲剧？也有的人尝试去探讨，有没有可能有一种文明是非压抑性的？这方面的典范是马尔库塞的《爱欲与文明》。他认为弗洛伊德关于人的概念是对西方文明最无可辩驳的控诉，但同时又是对其最坚定不移的捍卫，这构成了弗洛伊德整个理论的矛盾。而在马尔库塞看来，有可能超越现实原则，建立一种爱欲获得完全解放的文明。

至此，我们对精神分析有了一个大致的了解。回到这部分的主旨，当谈到精神分析对思想史的影响时，弗洛伊德将精神分析与哥白尼、达尔文的理论相提并论。日心说表明地球不是宇宙的中心；进化论表明人类只是偶然的产物；精神分析则揭露我们甚至不能把握自己心理过程。虽然在今天，围绕精神分析的"科学性"产生了很多争论或怀疑，但毋庸置疑的是弗洛伊德的初衷是创立一门关于人的心理现象的"科学"。不过，悖论性在于，正是这种"科学"探求进一步挖掉了人类作为"理性存在者"的自我理解的根基，极大地削弱了整个启蒙运动的计划，潜意识的存在，使得人的自由感成为一个幻觉。人们在心理上觉醒了，但是每个人都是内在分裂的、压抑的、焦虑的、神经症的、异化的。

马克思：人的异化

提起马克思，大家都非常熟悉。在从中学到大学的政治课上，我们经常听到他的名字。我们会想到与他有关的种种名词，如"历史唯物主义""共产主义""自由人联合体""无产阶级""经济基础""上层建筑""辩证法""质变、量变"等等。更有意思的是，马克思的文风独具一格，一些艰深、晦涩的理论表达，在他笔下，变得情绪饱满、文采飞扬，同时又不失深度和

第六讲 理性人？——现代主体遭受的冲击

雄辩。《马克思传》的作者梅林曾说过："就语言的气势和生动来说，马克思可以和德国文学史上最优秀的大师媲美。"因此，他的很多句子被人们引为经典。比如，"一个幽灵，共产主义的幽灵，在欧洲游荡"，还有那句后来被用作"后现代"口号的"一切坚固的东西都烟消云散了"。作为一位两百多年前的思想家，很少有人像马克思一样拥有如此高的"热度"。2018 年，为了纪念马克思诞辰两百周年，德国还发行了印有马克思头像的零欧元纪念钞。

我们对马克思似乎再熟悉不过了，然而，一旦我们将目光聚焦于某个"概念"或"说法"上并稍作停留，便会发现事实可能并非如此。比如，"辩证法"一词，其起源可追溯至古希腊，后来在黑格尔哲学中得到系统表达，接着是马克思对黑格尔辩证法的继承和改造，亦即所谓的"马克思对黑格尔辩证法的'颠倒'"，然后是恩格斯的《自然辩证法》，接下来才是我们从课本上熟悉的关于"量变、质变""对立面的统一"等的说法。一旦我们去追问，在不同的阶段分别如何理解"辩证法"，而这些理解之间又有什么区别和关联，我们就会发现，实际上我们"一无所知"。其他主题，亦如此。我们不得不承认，马克思于我们而言，更多的是一个"熟悉的陌生人"。

当然，这里的任务并非展现马克思思想的全貌，而是仍然在一种现代性批判视野中，聚焦于马克思的异化理论。如果说达尔文代表从生物学角度对现代主体进行冲击，弗洛伊德代表从心理学角度对现代主体进行冲击，那么马克思则是从社会的层面揭示现代主体处于一种异化状态。

资本主义：既创造，又毁灭

马克思对资本主义的批判是众所周知的，我们甚至把他视为资本主义批判的旗手。但是，也有一个需要我们注意的事实，那就是，并非只有马克思或者左翼人士才对资本主义进行批判。保守主义者、宗教人士也从自己的角度对资本主义进行了非常严厉的批判，谴责资本主义社会中的贪婪、残酷、唯利是图，呼吁对市场施加更多的限制，恢复传统道德、信仰对社会的整合作用。简言之，是一种"道德批判"。实际上，我们对这种批判并不陌生。今天这种批判在网络上也不绝于缕，比如这两年频繁在社交媒体上见到的一个评价性词汇"精致利己主义者"。这些说法里包含着一种对已失落的美德（路不拾遗、无私等）的感伤，还包含着一种对人处于非人性状态的不满。

那么问题就来了，马克思对资本主义的批判是不是一种道德批判？这是一个争论不休的问题。但是无论如何，我们可以看到，马克思不惜用最为严厉的字眼来谴责资本主义的贪婪性，比如"资本来到世间，从头到脚，每个毛孔都滴着血和肮脏的东西"。但是马克思并不停留于这种"道德批判"。道德批判固然可以揭示社会的弊病，促使生活于其中的人觉醒。但是，如果这种道德批判，不同时伴随着对这些社会弊病产生的深层根源的揭示，那么这种批判就很容易沦为一种无力的呐喊。所以，资本主义批判不能只停留在道德批判，而应该去解释人之所以处于"非人状态"的现实根源，也就是要去关注长期以来被哲学家们所忽视的生产方式、经济活动，或者说"物质的生活关系"。

一般认为，马克思是在担任《莱茵报》主编时期意识到这一问题的。在这一时期，马克思接触到大量社会现实问题，特别是在评论关于林木盗窃法案的辩论时，他发现他遭遇了黑格尔体系中很少涉及的"物质利益难题"，不得不从抽象的理论"回到人间"。并且，此时他已经厌倦了昔日的"青年黑格尔派"伙伴们的夸夸其谈，转而开始思考哲学的现实意义。为此，马克思展开了他对黑格尔哲学的批判，这一批判提出了一个非常重要的"颠倒"，可"简单化"地总结为——不是国家决定市民社会，而是市民社会决定国家。市民社会才是理解历史发展的钥匙。这里的市民社会可以简单理解为一种物质关系或经济关系的领域。大家都或多或少能体会到这个领域是有"缺陷的"，就像上述"道德批判"所指责的那样。但是，极少有人能像马克思这样指出——是的，它有缺陷；同时（更关键的是）它是决定性的。在这种思路下，任何一种虚假的、颠倒的世界观都是根源于一种虚假和颠倒的现实本身，所以要谴责一种观念，从根本上是要揭露产生那种观念的现实本身的不合理性。简言之，就是要对现实本身进行批判。当然这种批判不能再停留

第六讲 理性人？——现代主体遭受的冲击

在道德层面或观念层面，"批判的武器当然不能代替武器的批判，物质的力量只能用物质的力量来摧毁"。考虑到马克思思想深厚的德国观念论背景，这一观点无疑具有重大意义。

正是基于对经济关系的冷静分析，马克思对资本主义的批判能够既承认其成果，又揭示其剥削关系。这里"批判"一词固然具有"否定"意味，但就其本意而言，它更多是标明其批判对象的界限。具体到资本主义而言，便是指出资本主义发展的界限。也就是说，资本主义生产方式是无法永久存续的，总有一天它的发展会达到自己的极限。这个说法实际上包含了两层意思，其中一层意思非常明显，亦即它总有一天会崩溃；而另一层意思则稍显隐晦，指的是在崩溃前，它有一个长足的发展时期。这也就是为什么在马克思的著作中，我们常常看到对资本主义的进步性的分析。

比如，在《共产党宣言》第一部分，马克思就指出：

> 资产阶级在历史上曾经起过非常革命的作用。
>
> 资产阶级在它已经取得了统治的地方把一切封建的、宗法的和田园诗般的关系都破坏了。
>
> ……
>
> 资产阶级在它的不到一百年的阶级统治中所创造的生产力，比过去一切世代创造的全部生产力还要多，还要大。自然力的征服，机器的采用，化学在工业和农业中的应用，轮船的行驶，铁路的通行，电报的使用，整个整个大陆的开垦，河川的通航，仿佛用法术从地下呼唤出来的大量人口——过去哪一个世纪料想到在社会劳动里蕴藏有这样的生产力呢？

汉娜·阿伦特甚至将《共产党宣言》的开篇看作是"对资本主义做出的最高褒奖"。除去修辞上的夸大色彩，这个评价不无道理。

当然，马克思很快就指出这种经济上的进步同时是一种社会灾难。资产阶级革命荡涤掉那些封建的、宗法的和田园诗般的关系，消除了宗教幻想和政治幻想，但是它并没有建立起一种真正的属人的关系和现实，而是

现代思想：兴起、变迁与未来

代之以一种"赤裸裸的利害关系"以及"公开的、露骨的剥削"。就像在达尔文、弗洛伊德理论中一样，一种关于现代性的悖论主题再一次出现了。在某种程度上，我们不得不做这样的理解，"资本主义在人类历史上既是最好的事物，又是最坏的事物"（弗雷德里克·詹姆逊）。如果说，"人的根本是人本身"（正如这一讲开头所引用的那句话），那么对人而言，就没有比人处于非人状态更糟糕的事情了。在马克思这里，这便是人的异化情形。

人的异化

在中文里，"异化"并不是一个经常使用的词汇。但是，我们大概可以感觉到，它包含某种"变化"，而且这种"变化"至关重要，以至于如果"我""异化"了，那么"我"就不再是"我"了。由此可见，这里的"变化"不是一种好的"变化"，它使我"丧失"了自身。我们可能会想到卡夫卡的《变形记》，它被视为一部展现"异化"主题的小说——主人公变成了一只巨大的甲虫，随之而来的是一种家庭关系的变化，失去了养家糊口的能力以后，家人们逐渐视他为累赘，甚至想把他赶出家门，最后主人公在周围人的冷漠和厌弃中孤独痛苦地死去。我们对"异化"的这种朴素理解以及联想并非一种"望文生义"，而是在某种程度上切中了要害。

"异化"（alienation）的英文词根源于拉丁文"alienare"，意为"脱离""让渡""让异己力量统治"等，它可以指财产转移、人神殊途、精神障碍、人际关系不和，比如一对夫妻因为"感情破裂"而离婚，也可以用"异化"一词。与以前的哲学家们常常在形而上学或者神学层面来思考"异化"不同，现代理论家大多将"异化"视为一种社会现象，准确地说是社会进步的一种副产品或者病症。一切不良社会现象，不管是物质的还是精神的，都可以用"异化"来解释。而马克思的异化理论，被看作是对"异化"主题的世俗化阐释。

马克思在他早年写作的《1844 年经济学哲学手稿》中较为完整地阐述了"异化"主题。这部手稿在他生前并未发表，而是直到 1932 年才全文出版，并引发了所谓的关于"两个马克思"的争论：马克思的理论究竟是青年

第六讲 理性人？——现代主体遭受的冲击

时期的关于人的"哲学"，还是成熟时期的关于经济的"科学"？在异化理论的影响下，形成了所谓的"人本主义的马克思主义"思潮，认为异化主题贯穿了马克思的整个理论。

马克思把人的本质看作是自由自觉的活动，也就是劳动。今天，这一点似乎有点"反直觉"，我的本质怎么可能是劳动呢？怎么可能是"自由自觉的"呢？这确实是今天我们绝大多数人的生存境况的真实写照。实际上，马克思并不是没有意识到劳动在现实中的糟糕形态，并且形容到，如果没有强制的话，人们会像逃避鼠疫一样逃避劳动。之所以会这样，是因为现实中的劳动并不是一种自由自觉的活动，而是一种异化劳动。对于这种异化状况，马克思在《1844年经济学哲学手稿》中还有一段经典描写：

> 首先，劳动对工人来说是外在的东西，也就是说，不属于他的本质的东西；因此，他在自己的劳动中不是肯定自己，而是否定自己，不是感到幸福，而是感到不幸，不是自由地发挥自己的体力和智力，而是使自己的肉体受折磨、精神遭摧残。因此，工人只有在劳动之外才感到自在，而在劳动中则感到不自在，他在不劳动时觉得舒畅，而在劳动时就觉得不舒畅。因此，他的劳动不是自愿的劳动，而是被迫的强制劳动。因而，它不是满足劳动需要，而只是满足劳动需要以外的那些需要的一种手段。劳动的异化性质明显地表现在，只要肉体的强制或其他强制一停止，人们就会像逃避瘟疫那样逃避劳动。外在的劳动，人在其中使自己外化的劳动，是一种自我牺牲、自我折磨的劳动。最后，对工人来说，劳动的外在性质，就表现在这种劳动不是他自己的，而是别人的；劳动不属于他；他在劳动中也不属于他自己，而是属于别人。在宗教中，人的幻想、人的头脑和人的心灵的自主活动对个人发生作用是不取决于他个人的，也就是说，是作为某种异己的活动，神灵的或魔鬼的活动发生作用的，同样，工人的活动也不是他的自主活动。他的活动属于别人，这种活动是他自身的丧失。

1936 年电影《摩登时代》中的异化劳动

异化有四个规定，(1) 物的异化，表现为工人生产的对象越多，他能占有的对象就越少，并越受其对象的奴役；(2) 自我异化，劳动本来是人的本质，但资本主义条件下劳动对劳动者来说成了某种外在、异己的，使劳动者感到不幸的东西；(3) 人同自己类本质的异化，人是通过对对象世界的改造，才确证自己是类存在物，然而在资本主义条件下，人的活动被贬低为维持个人的动物生存的手段；(4) 人与人的关系的异化，既然人从自己本身的类本质中异化出去，那么他与他人也必然相互分离，并处于敌对状态中。

这里无法详细阐述这四个规定，不过这并不妨碍我们从里面看到那个熟悉的悖论主题：那个作为一种异己力量凌驾于"我"之上，对"我"形成压制和剥削，让"我"感到不幸并想要逃离的"对象"，并非某种纯然外在的力量，而是由"我"产生的，是"我"自己的力量的外化。因此，才有一种悖论性的图景——工人生产得越多，就越是受其对象奴役，越是陷入一种"非人的"处境。简言之，"我"总是不断生产着自己的"对立面"。

异化的扬弃：共产主义

不过，马克思认为这种异化状态不是人的永恒命运，而是资本主义生产条件下的一种历史事实。这意味着，它是可变的。而国民经济学家正是在这一点上搞错了，他们将私有制看作一种理所当然的永恒前提，而不加追问。

既然这种异化状况是可改变的，那么一种克服了异化的情形是怎么样的呢？——恢复那个古老的、淳朴的，充满各种含情脉脉的"人性"内容的过去。马克思曾在《德意志意识形态》中描绘过一种不受分工制约的愿景："……我有可能随自己的兴趣今天干这事，明天干那事，上午打猎，下午捕鱼，傍晚从事畜牧，晚饭后从事批判，……"但是，马克思并不认同共产主义浪漫的前现代的生活。在马克思看来，共产主义代表着自我异化的扬弃，和向人的真正本质的复归。实际上，在马克思这里，一种真正的共产主义不同于浪漫主义的空想，而是有某种"现实性"，这种"现实性"在于它是在一种辩证的历史过程中展开的。虽然，上文谈到马克思对黑格尔的"颠倒"，但在这一点上，他又确确实实"非常黑格尔"。

在《1844 年经济学哲学手稿》里，有一句值得注意的话，"自我异化的扬弃同自我异化走的是同一条道路"。按照我们的惯常思维，"异化"代表着人远离自己的本质，而"异化的扬弃"代表人回归自己的本质，难道这两者不是刚好相背离的吗？为什么马克思说，它们走的是同一条路？实际上，这是一种辩证历史观念。这种观念认为，产生异化的社会本身包含着自身的否定性环节，也就是说它发展出了扬弃异化的条件。并非 B 从天而降，替代了 A，而是 A 的自我扬弃，进展到一个新的阶段。换言之，资本主义发展了自己的否定力量，"资产阶级不仅锻造了置自身于死地的武器；它还产生了将要运用这种武器的人——现代的工人，即无产者"（《共产党宣言》）。共产主义是"人向自身、向社会的即合乎人性的人的复归，这种复归是完全的、自觉的和在以往发展的全部财富的范围内生成的"。

韦伯："祛魅"与"铁笼"

今天，人们说起马克斯·韦伯的时候，常常将他与马克思、涂尔干并称为现代社会学的三大奠基者。但他并非一位传统意义上的学者。他以学术为"志业"，也以政治为"志业"。他参与魏玛共和国宪法的起草制定，以德国代表团顾问的身份参与了第一次世界大战后的巴黎和谈，甚至尝试组织一个

现代思想：兴起、变迁与未来

政党将社会主义和自由主义联合起来，这些工作对德国政治的影响至今仍是一个争论不休的话题。他留下的文本颇丰，遍及宗教、经济、法律，甚至音乐，但并不系统。无论如何，他是研究现代性问题绕不开的思想家。

某种意义上，韦伯是一位让我们"难以理解"的理论家。这里说的"难以理解"的意思是，我们总是有意无意地预设或者期望，理论家似乎都需要支持某种观点或持有某种"立场"。但韦伯不是，他试图价值中立，但是他又不断告诉我们价值中立，并非价值相对主义。于是导致的结果便是，我们似乎很难从韦伯的著作中，获得一种我们期待的"清晰明了"的观点，知道韦伯支持什么，反对什么。对于初次接触韦伯理论的人，这一点真的是非常"不友好"。但是，也正是这种特点，使得韦伯的理论可以说是对"现代性的悖论"的最为经典的描述，既展现了其成果，又揭示了其失落。当他谈到世界的"祛魅"时，我们会想到上文提及的"古今之分"；当他认为"合理化为西方独有"时，我们又会想到"东西之别"。无论你同意或不同意他的观点，他都成了现代性问题的一个里程碑式的人物。

世界的"祛魅"

"disenchantment"这个词，在中文里有时候被翻译为"祛魅"，有时候又被翻译为"除魅"。跟上文提到的"异化"类似，无论是"祛魅"还是"除魅"，都是我们日常不太使用的词。它源自韦伯一段广被引用的话："我们这个时代，因为它所独有的理性化和理智化，最主要的是因为世界已被除魅，它的命运便是，那些终极的、最高贵的价值，已从公共生活中销声匿迹，它们或者遁入神秘生活的超验领域，或者走进了个人之间直接的私人交往的友爱之中。"[①] 一种说法认为，韦伯是从席勒那里借用了这个词，不过已经改变了意思。

韦伯用"祛魅"来说明世界的解神秘化，或者理性化。这一点在上文中已经有所阐释，"现代"之所以是一个"新的时代"，是因为不再存在那种神秘的一体化力量，为我们提供一个意义解释系统。不过就像上述引文中提到

[①] 马克斯·韦伯：《学术与政治》，冯克利译，生活·读书·新知三联书店2005年版，第38页。

第六讲 理性人？——现代主体遭受的冲击

的那样，这种"祛魅"总是具有两面性的，一方面它意味着一种理智化，另一方面它也意味着意义和价值的丧失。对于这种"祛魅"，很难说韦伯究竟是为之欢呼，还是为之哀叹，虽然有时候他被认为具有某种悲观色彩，但是他本人更倾向于进行一种价值中立的描述。不过，价值中立在当时并非一种普遍被接受的立场。或许，正是这种中立立场使得韦伯的理论可以公正地展现现代性的成果和缺失。

"祛魅"的结果便是，工具理性和价值理性的不平衡发展。韦伯坚持一种事实判断和价值判断之间的二分，这种二分可追溯到休谟。事实判断是以"是"或"不是"来作为连系词的，比如，我们看了一看教室里的灯，然后说"教室里的灯光是白色的"，这便是一个事实性的描述，不涉及好坏和偏好。但是，如果我们说"教室里的灯光应该是白色的"，或者有学生出于某些原因，对教室里的灯光并不满意，认为"教室里的灯光不应该是白色的"，这种以"应该"或"不应该"为连系词的判断，便是一种价值判断。在这类判断中，显然包含"好"或"不好"之类的评判。以往的伦理学说时常不自觉地进行一种从事实判断到价值判断的跳跃，但这种跳跃是缺乏根据的。实际上，我们无法从事实判断推出一个价值判断。就上述例子而言，我们无法就"教室里的灯光是白色的"推导出"教室里的灯光应该是白色的"。

进行了这种区分以后，我们很快便会发现一个问题，事实判断和价值判断不享有同等程度的客观性和普遍性。关于事实判断，我们似乎比较容易达成一致，至少是可以期望它具有某种客观性。我们只需要到教室里看一看，我们就知道"教室里的灯光是白色的"这个命题的真假，并且它是客观的。不太可能出现，对于一些人来说"教室里的灯光是白色的"，而对于另一些人来说则不是。当然，这里也有可能存在分歧，可能有人认为灯光是白色的，有人认为是暖白色的。这种分歧是可以通过诉诸精确的科学仪器来消除的。就这些事实而言，我们可以形成"客观的知识"。

但是，如果涉及价值判断，这种客观性就很难保持。张三认为教室里的灯光应该是白色的，李四认为应该是暖黄色的，王五认为应该是彩色的。每个人都有自己的理由和喜好，很难达成一致。当然，教室里的灯光的颜色问题，相对而言，还是一个较为简单的问题。我们大致还是可以诉诸一定的"科学"理由，比如出于视力保护、学习效果的原因，最后选择一个有"科学"依据的灯光颜色。但是，还存在大量涉及价值判断的命题，它们的复杂程度要高得多，很难达成某种普遍的看法。比如，在伦理道德层面，虽然有大量的伦理学家尝试去寻求一种普遍性，但也不太可能找到一种与客观知识一样的普遍性。

因此，只有在事实领域，我们才能获得"客观知识"，这便是"科学"。而在价值领域，我们只能陷入"主观意见"的纷争中。

科层制与"铁笼"

工具理性依循的是一种"手段—目的"的模式，它考虑的是如何便捷有效、省时省力地达成一定的目的，也就是最优手段的问题。这就涉及韦伯所说的"科层制"的组织方式，有的也翻译为"官僚制"。"官僚"一词在中文中常常具有贬义色彩，以至于我们谈到"官僚制"的时候，往往忽略了其优势，而夸大了其问题。实际上，在一个高度复杂、联系紧密的现代社会，科层制几乎算是最高效、最合理的组织方式了。如果没有科层制这种组织模式，我们几乎很难想象我们在今天可以正常生活，大到国家的运行、企业的生产，小到我们在教室里开展教学活动，无一不涉及这种组织方式。这并不是说科层制毫无问题，而是说目前我们很难找到一种比科层制更好的组织方式。

科层制的特征在于，首先它进行了高度专业化的分工，保证每个部门和职位只负责足够专精的领域，并且由专业人士把持。这意味着，你能否获得一个职位，是由你的专业能力决定的，而不考虑其他因素，比如你的身份、社会地位、性别等。当然，这里说的是一种理想状态，而非实际状态。专业化为整个系统的顺畅运行提供了必要的保障，也创造了大量的就业岗位，使得人们有机会参与到社会劳动之中。当然，关于你是否具有某种专业能力，有一套资质评价体系。比如，你如果顺利毕业，便可以获得自己专业的毕业证书，那么你就拥有了某种专业技能。其次，这种科层制也是一种层级制度，或者也可以说是一种等级制，但是这种等级制并没有传统等级制的那种人身依附关系，职权大小本质上仍然是按照专业技术的差异来分配的。当然

第六讲　理性人？——现代主体遭受的冲击

这也是一种理想状态，在实际中，人们也会看到"外行领导内行"的情形，而这就是一种反例了，轻则造成人力物力的浪费，重则让整个系统陷入瘫痪。再次，每个部门和职位都有一定的规章制度，这意味着每个职位的职权和责任都是有规定的，每个人都依照规章制度来处理一切事务，对章程负责，而不是对具体的人负责。最后，这样，"科层制"便具有了一种非人格化的特征，它排除了个人的意志、情感、偏好的影响。科层制的统治权威，是一种法理性的权威，其合法性既不像传统型权威那样来自"上天"，也不像魅力型权威那样来自个人的超凡魅力，而是来自正式制定的规则和法律。科层制中下级对上级的服从，从根本上是对规则和法律的服从。

从上述特征，我们可以看到，一种**理想的**科层制具有很多优点：高效、稳定、可预期；任人唯贤而非任人唯亲；法治取代人治；对事不对人；让更多的人有机会参与到社会劳动中；避免外行治理；等等。但是，**实际中的**科层制永远达不到理想的理性化程度。所以，我们常常看到的是，人们并不是那么遵守规章制度，在做决定时，也很难撇开私人情感、主观偏好以及一些传统因素潜移默化的影响。哪怕我们可以做到中立立场，但科层制本身仍存在很多问题，比如：它非常机械化，缺乏灵活度，以至于如果遇到一些新的情况，它可能短暂"失灵"；它对事不对人的同时，也造成了一定的冷漠，不关心人的具体需求；过度看重绩效，以一种单一的、量化标准来衡量一个人的工作，造成了人的不同程度的"异化"；等等。

这里，最大的问题仍然是，启蒙理性那种全面的理想在实际的现代生活中变得单一化了，理性化完全留给了工具层面，一切都服务于整个社会组织的高效运转，人只作为其中的一个环节起着作用。一度被认为非常重要的道德、自由、意义等方面都被排除出去了。在这里，我们所熟悉的"现代性悖论"又出现了。但是与马克思不同，在韦伯这里，历史并没有辩证地发展出解决方案。韦伯用一种不无悲观色彩的语言来描述现代人的困境，将其比作一种无法逃脱的"铁笼"：

>　　没有人知道将来会是谁在这铁笼里生活；没人知道在这惊人的大发展的终点会不会又有全新的先知出现；没人知道会不会有一个老观念和

现代思想：兴起、变迁与未来

旧理想的伟大再生；如果不会，那么会不会在某种骤发的妄自尊大情绪的掩饰下产生一种机械的麻木僵化呢，也没人知道。因为完全可以，而且是不无道理地，这样来评说这个文化的发展的最后阶段："专家没有灵魂，纵欲者没有心肝；这个废物幻想着它自己已达到了前所未有的文明程度。"①

现代性的铁笼（创作于 1840 年）

"诸神之战"

那么，我们还如何谈论意义和价值呢？直到今天，虽然我们生活在商品社会，一切都被商品化，但我们似乎仍在使用"自由""公平""信用"等具有价值内涵的词汇，似乎并不像韦伯说的那样，一切价值都失落了，从公共生活中销声匿迹了。然而，真的如此吗？我们来看看信用方面的情形：一家店铺往往会将"童叟无欺"的字眼标在店铺显眼处；果汁饮料常常会在包装的正反面用显目字体标明"百分之百真果汁，绝无添加剂"；我们在网购的时候常常会看看评论，但是我们也经常收到"评论返现"的邀请；等等。在这些例子中，"信用"被工具性地使用（用来吸引顾客），甚至是可以计算成

---

① 马克斯·韦伯：《新教伦理与资本主义精神》，于晓、陈维纲等译，生活·读书·新知三联书店 1987 年版，第 143 页。

第六讲　理性人？——现代主体遭受的冲击

本的，但它并不具有内在价值。

从工具理性的视角来看，追求内在价值，不计成本的行为，反而是"非理性的"。因为它们无法用客观的标准来进行衡量，所以只能进入一种主观领域。道德说到底是一种个人的选择。这便是一种价值多元化的情形，后来人们用"诸神之战"来形容这种价值多元化——不再存在唯一的神进行最终的裁决，而是多个神陷入无休止的纷争之中，没有任何一种价值可以树立起普遍的权威。

当然，在以前这种情形还不是那么明显。因为彼时通信尚不发达，即使不同的人、不同的群体之间的价值观念相互冲突，但是由于很难有打照面的机会，甚至彼此并不知晓对方的存在，所以还能相安无事。但是今天，随着通信技术的发展，特别是网络的出现，整个世界处于紧密的联系和即时的交流之中，这便为"诸神的纷争"提供了一个新的战场。值得留意的是，不同的价值观之间的冲突，似乎并没有因为更多的交流而平息，反而是常常陷入一种更严重的撕裂之中，这一度成为社会学关注的现象。对于这种撕裂，我们并不陌生，所以有了那句带有玩笑性质的劝诫："不要在网络上与别人吵架。"

面对不同的人和群体之间的价值冲突，或者不同文明之间的冲突，我们不得不提到一个严肃的问题：还有没有一种好坏对错的标准？我们如何去判断一个行为道德与否，又如何去判断一个文明进步与否？或者，还是说这些都是相对而言的。也就是说，多元化是不是最终会导向一种相对主义。韦伯自己并不赞同相对主义的立场，他也很鄙视"见风使舵"的行为。作为个体，究竟应该怎么办呢？——我们最好在信念伦理和责任伦理之间保持一种平衡。一方面，要有一个理性清醒的头脑，在进行事实判断时，避免价值判断的影响。另一方面，在不同的价值冲突的情形下，能够坚守自己的立场。实际上，韦伯认为，在价值之间进行选择，是一种殊死斗争，选择妥协和相对主义都是不可能的。韦伯所说的"价值中立"只是反对将事实判断和价值判断混淆，而不是放弃价值立场。不过，如何保持这种平衡，是一个永恒的难题。韦伯的思想本身也是"现代性悖论"的一个典型体现，并且这个悖论越来越呈现为一种找不到出路的困境，这也就是为什么韦伯那里总是充满了一种矛盾和悲观的基调。实际上，我们后面还会不断遭遇这个难题。

关于韦伯谈论的主题，我们有时候容易走极端。现实中，我们总是遇到韦伯警醒的问题。比如，在批评科层制的时候，我们一定要区分科层制内在的技术性问题与科层制本身的价值缺失问题。如果将前者错置为后者，那么，我们便容易陷入一种道德绑架，从而失去在技术上去优化科层制的机会。这样，甚至让我们都无法严肃对待科层制的价值缺失的问题。上文谈到，在韦伯生活的年代，价值中立并不普遍，所以需要韦伯疾呼。这一点，从某种意义上，仍然存在于我们今天的生活中。价值中立并非一种道德虚无主义，而是在区分实然与应然的前提下，才能更好地采取一种道德立场。

阅读文献

以下书目均为本讲涉及理论的出处，《文明及其缺憾》从意识与潜意识、文明与人性等角度分析了理性与现代性等概念，《1844年经济学哲学手稿》与《共产党宣言》则是了解、学习马克思主义的敲门砖，通过这两本书我们可以更加清楚地看到资本主义社会条件下的经济运行规律、异化的本质以及无产阶级与共产党人的目标等内容，《学术与政治》则是对"祛魅"进行了系统性的分析，讨论在"祛魅"已经成为事实的情况下，学术与政治是否可以作为一种志业、如何作为一种志业。

1. 西格蒙德·弗洛伊德：《文明及其缺憾》，杨韶刚译，中国法制出版社2018年版。
2. 卡尔·马克思：《1844年经济学哲学手稿》，中共中央马克思恩格斯列宁斯大林著作编译局编译，人民出版社2018年版，异化劳动和共产主义部分。
3. 卡尔·马克思、弗里德里希·恩格斯：《共产党宣言》，陈望道译，中国民主法制出版社2022年版。
4. 马克思·韦伯：《学术与政治》，冯克利译，生活·读书·新知三联书店2005年版。

讨论和彩蛋

第七讲　历史的新天使：文明与野蛮

如果说上述对现代理性及主体的冲击还可以被我们理解为现代理性精神内部的一种自我反思的话，那么 20 世纪上半叶发生的一系列历史事件，却让人们不得不重新去审视启蒙现代性的整个进程，以及一直以来自诩的"进步""文明""现代"等观念。人们不禁会问，为什么如此大规模的战争和大屠杀这种反人类的野蛮行径，发生在现代文明发展程度如此高的地方。对这种情形的反思大致可以分为两种，一种是认为这是现代文明中的一个曲折阶段，它跟非理性相关，而不是跟理性相关，现代社会还是有机会回到"正轨"上；另一种则比较"激进"，认为 20 世纪的悲剧源头就在现代性本身之中，所以要求对启蒙现代性的基本观念进行彻底反思。

对进步主义的反思

本雅明：新天使

1940 年 9 月 26 日，在比利牛斯山脉边境小镇的一所旅馆中，本雅明吞下大量吗啡片，选择了在逃亡的路途中结束自己的生命。传记作者"清点"了他最后随身携带的物品，"70 美元和 500 法郎，一只黑色皮箱，里面装着：六张护照照片，一张 X 光片和健康证明，一只琥珀杆烟斗，一只装着眼镜的破碎眼镜盒，一只磨损的镍链金怀表，巴黎颁发的身份证，带有西班牙签证的护照和信件，杂志和纸张，还有些手稿，其内容不详"[1]。他的同

---

[1] 伊斯特·莱斯利：《本雅明》，陈永国译，北京大学出版社 2013 年版。

现代思想：兴起、变迁与未来

行者后来回忆说，本雅明随身携带的这只手提箱很大很重，对于一场逃亡而言，这显然不是一个好的选择。同行者问他要不要帮助，本雅明拒绝了，他说："这里面有我最新的手稿。它是我最重要的物品，我不能冒险失去它。这手稿必须保存下来，它比我重要多了。"

这份手稿最后有没有被保存下来呢？围绕这份手稿的命运问题，争议不断。有人说，本雅明死后不久，这份手稿就被销毁了；有人推断，这份手稿很有可能就是《论历史的概念》，后来又以《历史哲学论纲》的名称而被传播；还有一种说法是，这个手稿之所以有各种版本和争论，是因为本雅明自己一直在修改这份手稿，一直没有形成一个令他满意的定稿。究竟是哪一种情形，目前还没有定论，不过这并不影响这部手稿中的思想在今天的传播，其中最重要的便是本雅明对"历史进步主义"的反思。

在介绍本雅明关于"历史进步主义"的反思之前，需要对他进行一个简单的介绍。他出生于1892年，是德国犹太裔哲学家、文学评论家，他著述颇丰，并留下了大量手稿。他的名字常常与20世纪的一个著名学派"法兰克福学派"联系在一起，这个学派有着非常深厚的马克思理论的传统，致力于建立一种社会批判理论，它主要是由法兰克福大学社会研究所的成员构成，本雅明相当于研究所的一个编外成员。这个研究所的大量成员是犹太人。在20世纪30年代的德国，左翼背景、犹太人身份使得整个研究所不得不进行整体搬迁，转辗去了美国。不过本雅明拒绝了跟研究所一起搬到美国的请求，他认为"在欧洲还有捍卫的阵地"。直到1940年，这些"阵地"一个个被攻克，本雅明的公寓被查封，他才在朋友们的帮助下准备去往美国，不过此时去美国已经变得越来越困难。在一番舟车劳顿后，本雅明被困在了法国和西班牙交界的边境小镇，于是他选择了结束自己的生命。

在他留下的手稿中，有一段被广为引用的话，它不仅在哲学史上很重要，也被看作一个精彩的艺术评论。他这样写道：

> 保罗·克利的《新天使》画的是一个天使看上去正要从他入神地注视的事物旁离去。他凝视着前方，他的嘴微张，他的翅膀张开了。人们就是这样描绘历史天使的。他的脸朝着过去。在我们认为是一连串事件

第七讲　历史的新天使：文明与野蛮

的地方，他看到的是一场单一的灾难。这场灾难堆积着尸骸，将它们抛弃在他的面前。天使想停下来唤醒死者，把破碎的世界修补完整。可是从天堂吹来了一阵风暴，它猛烈地吹击着天使的翅膀，以至他再也无法把它们收拢。这风暴无可抗拒地把天使刮向他背对着的未来，而他面前的残垣断壁却越堆越高直逼天际。这场风暴就是我们所称的进步。①

《新天使》（创作于 1920 年）

保罗·克利画过大量的"天使"，本雅明这里描述的《新天使》，是其中的一幅。本雅明在一次展览上看到这幅画，深受触动，后来收藏了这幅画。如果我们不了解保罗·克利的画风，先看了本雅明的描述，再去看这幅《新天使》的话，可能会有些吃惊。本雅明用浪漫、悲伤的笔调描绘的，竟然是这样一幅甚至有些童稚的画作。在现代艺术家中，保罗·克利是非常难以界定的一位，他游走在抽象与具体之间，并不致力于展现多么晦涩深奥的主题，而只是天马行空地尝试线条、形状和颜色的各种组合，用他的话来说，"绘画就是带着线条去散散步"。他所描绘的天使，褪去了神圣的光环，像人一样有缺点、有恐惧、有烦恼。在保罗·克利的画作中，这幅作品被讨论的次数远远超过他的其他画作，造成这一状况的一个原因便是本雅明对这幅作品的钟爱和评论。当然也有

---

① 汉娜·阿伦特：《启迪：本雅明文选》，张旭东、王斑译，生活·读书·新知三联书店 2008 年版，第 270 页。

现代思想：兴起、变迁与未来

人说本雅明的解读有过度阐释之嫌，与其说是对保罗·克利的作品的解释，不如说是对他自己的历史观念的阐发。在很长一段时间中，无论是处境多么窘迫，多么颠沛流离，本雅明都将这幅画带在身边，时时凝视。无论如何，它确实激发了本雅明的灵感，使他描绘了一种历史哲学的轮廓。

在我们一般的理解中，时间是线性的、均匀流逝的。这种看法也体现在我们日常使用的词汇中，比如，"过去、现在、未来""昨天、今天、明天"。并且，这种时间是客观的、可量化的，也正是得益于此，我们才能应对日益复杂的现代社会。在这种时间观念下，我们自然而然地将历史理解为由已经发生了的一个个前后相继的事件而构成的连续体，似乎后一个阶段的总是要比前一个阶段的"更先进"，或者我们总是可以期待一个"更好的"未来。然而，在本雅明这里，这种线性的时间观念和进步的历史观念被打破了，过去、现在和未来形成了相互交织的状况。

在本雅明的描述中，天使的姿势是"面向过去，背对未来"的。在人们眼中，这个"过去"是由一连串的事件构成的。而在天使眼中，这些事件之间并无本质区别，它们是同一场灾难的不断重演。这个灾难之所以会不断重演，是因为进步主义的历史观念让人们无法理解这些灾难（比如战争），于是倾向于把它们理解为一种必将或有待克服的附带现象。这样的结果便是，人们无法理解灾难的机制，也就无法从灾难中进行学习，更谈不上去克服灾难。只有跳出这种进步主义视角，才能瞥见历史的真实情形——正如本雅明所言，"宇宙是永恒的大灾难"。

至于一种进步意义上的未来，在人们看来意味着"文明"，但在本雅明看来，它从未摆脱过野蛮，它只是以"进步"之名裹挟着人们向前。这样，我们所熟悉的现代性悖论又一次出现了：没有一种文明的丰碑不同时也是野蛮的实录。这便是一种"野蛮与文明的辩证法"。

那么，还有没有其他的可能性呢？这里是不是又陷入韦伯"铁笼"般的处境呢？实际上本雅明这里保留了一些所谓的"救赎之光"，但是它极其微弱。这种救赎之光不同于那种灿烂的"启蒙之火"，它并不来自人类文明的"丰功伟绩"，而是从人类的灾难、悲剧所构成废墟上，从过去的"断壁残垣"中升起的微光。这要求我们将目光投向过去，铭记这些灾难和悲剧。本雅明认为，只有这样，才有可能对历史进行"爆破"，也就是打破那个灾难不断发生的连续体。而每一个当下都是一个紧急的时刻，都需要我们进行决断，因而赋予了我们不可逃避的责任。

当然，正如本雅明所言，这种救赎之光是非常微弱的，而且其中不乏一种弥赛亚主义色彩，所以本雅明的思想也被称为"神学的马克思主义"。但是，无论如何，本雅明对进步主义历史观的批判对人们是一种警醒：对进步的简单信仰是一剂麻痹剂，它让人对迫在眉睫的危险浑然不觉，也无法识别出现实中的"倒退"。

启蒙与神话的纠缠

本雅明的历史观念在他的伙伴那里得到了回响，也就是上文提到的法兰克福学派的核心成员霍克海默和阿多诺，他们在20世纪40年代（也是法兰克福大学社会研究所的"流亡岁月"）共同写作了《启蒙辩证法》，对启蒙乃至整个文明进程都进行了彻底的反思。这部著作一度成为20世纪60年代在德国青年知识分子间流传的地下经典读物，直到70年代正式出版，也一度成为社会研究所理论家与当时的左翼青年之间的精神纽带。

困扰两位作者的是跟上述提到的"现代性悖论"一样的问题：为什么人类没有进入真正的人性状态，而是陷入了野蛮状态。与上文提及的达尔文、马克思、弗洛伊德、韦伯等有所不同，对于霍克海默和阿多诺而言，正在发生的一切使得这个问题变得非常"急迫"，不回答它，人们就无法理解正在发生什么。所以在这部著作的开篇，两位作者就开宗明义地直接针对启蒙进行了一通"责难"：

> 就进步思想的最一般意义而言，启蒙的根本目标就是要使人们摆脱恐惧，树立自主。但是，被彻底启蒙的世界却笼罩在一片因胜利而招致的灾难之中。[1]

---

[1] 马克斯·霍克海默、西奥多·阿多诺：《启蒙辩证法——哲学断片》，渠敬东、曹卫东译，上海人民出版社2020年版，第1页。

启蒙不仅没有兑现自己的承诺，反而成了灾难的帮凶，这里的灾难并不是由于失败而造成的，而是"因胜利而招致的"，在启蒙的进程中，人们曾经为这些"胜利"欢呼过。

一般认为，现代作为一个"新时代"，意味着世界观的彻底转变，即从一种古代神话的世界观转向一种现代理性的世界观。与此相反，霍克海默和阿多诺分析并展现了一幅启蒙与神话相互纠缠的场景，这种场景通过两个主题呈现给我们：（1）神话已经是启蒙；（2）而启蒙又倒退为神话。

第二个主题相对而言比较好理解，在前面我们就已经提及过这样的疑问：启蒙本身是不是一种意识形态霸权，科学是不是只是一个新的"神话"？在《启蒙辩证法》中，这成了一个中心论题。两位作者谈到启蒙的时候，并没有援引康德那句耳熟能详的口号——"要有勇气运用你自己的理智"，而是从培根的"知识就是力量"谈起，以展示在启蒙现代的历程中，知识的目的并非像人们所以为的那样是"求真"（展现真理），而是"求用"，也就是"去行之有效地解决问题"。"知识不是满足，不是像交际花那样去寻欢作乐，而不考虑什么结果"，相反，它要作为一种工具去有效地解决问题。

那么如何对待那些不能"行之有效地解决问题"的内容，也就是那些"无用"的内容呢？比如无功利地追问宇宙的真理，追求正义、善和美，崇尚古希腊以来的那种"思想之风"，过一种"沉思的生活"，等等，这一切都变得不再重要。霍克海默和阿多诺很敏锐地观察到，"对于启蒙运动而言，任何不符合算计和使用规则的东西都值得怀疑"。所以，培根说的"知识"，并不是去"穷究万物之根本"，而是利用和控制自然，这种自然完全被抽掉了那些活生生的内容，而成为一个僵死的对象。这里，本质上并不是一种理性认知在起作用，而是一种权力支配的逻辑在起作用。现代人面对"知识"的"霸权"，就像古代人面对命运的压迫力量一样，都毫无招架之力。在这个意义上，甚至可以说并没有所谓的"启蒙"，与其说是倒退回了神话，不如说一直没有摆脱神话。

接着，可以从第二个主题，倒回去看第一个主题。霍克海默和阿多诺说知识工具化了，这就排除了追求真理和探求意义的可能性。似乎在现代人眼

第七讲　历史的新天使：文明与野蛮

中，一切都是可以量化的，包括人自身。人本身没有意义，也不是目的。那么，我们自然就会追问这样一个问题，是否存在一种没有工具化的状态？亦即是否存在一种意义尚未耗尽的状态？这将我们引向了现代之前，甚至是更远古的时期。在《启蒙辩证法》中，霍克海默和阿多诺常常这样做。也就是说，如果现在的情形特别糟糕，那么我们就往前看看，比如，那种尚未区分主客体，也不追求对对象的把握和知识的明确性的时期。看看这些时期是不是有所不同，是不是还保留了一些有意义的、活生生的自然，是不是还保留了一些不可度量之物。

最容易想到的，便是科学的对立面，比如巫术。在一般的理解中，巫术似乎包含一种神秘力量，这种力量不受人把控且凌驾于人。而巫术对待自然的方式，似乎也保留了自然的某种神秘感，这种自然还没有被科学把握为一种纯粹的物质。问题在于，这是否就意味着恢复那些被排除和抛弃的活生生的内容？经过霍克海默和阿多诺的仔细分析，他们发现，巫术中常常会出现一些特定的替代物，意味着巫术也呈现出某种"科学"的特征。比如，在巫术中，人们会用敌人的毛发、名字、长矛来代表敌人本人，来对他们发起诅咒。又比如，在祭祀中，动物被作为牺牲来替代人。在霍克海默和阿多诺看来，"替代物"这种情况的出现，标志着向推理逻辑迈进了一步，因为用一个东西"替代"另一个东西已经包含了某种抽象性，且已经具有样本的随意性。也就是说，这里有一种普遍的可替代性，这就跟科学实验室中的"样本"的可替代性是一样的。举个例子，如果你养个宠物兔，你会给它取个名字，你会知道它喜欢的食物、它的脾性和习惯。但是，在科学实验中用到的兔子，则不会有这些"个性"，它们有的只是编码，并且有的实验需要这些兔子（样本）相似程度越高越好，这样一个样本失败了，还有许多可以替代的样本。这便是样本的普遍的可替代性。换言之，科学样本都是同质的，都被整齐划一了。而巫术中的"替代物"本质上和科学中的"样本"是一样的。所以，试图从巫术中找寻科学中失落的那些意义、那种和对象的亲密性，注定是徒劳。所以，巫术并非科学的反面，而是与科学逻辑一致的。在这个意义上，霍克海默和阿多诺说，神话已经是启蒙了。

现代思想：兴起、变迁与未来

从自我保存到自我毁灭

上述对待自然的方式，也是对待人的方式。一方面，人也是抽象化、可量化的，人和人之间是没有差别的、可替代的，想一想上文谈到过的科层制的情形。另一方面，对人的方式，也是一种"支配—服从"的统治逻辑，因而毫无人的"自由"可言，虽然启蒙宣称人的"自由"是它的理念之一。在霍克海默和阿多诺看来，资本主义世界的等价原则是这种抽象化和"整齐划一"的体现。在这种等价原则的支配下，人们不仅买卖商品，也买卖劳动力，这便造成了上文所述的"人的异化"情形。

于是在这里，那个熟悉的现代性的悖论又出现了。霍克海默和阿多诺将这种悖论，阐述为了一种"从自我保存到自我毁灭"的过程，并将这一过程从启蒙时代扩展到了整个人类文明。正如上文所述，在他们看来，神话已经是启蒙了。他们以荷马史诗《奥德修记》为例来说明这个"自我保存和自我毁灭"的悖论。

众所周知，《奥德修记》讲的是奥德修斯在战争结束之后，历经艰险回到家乡的故事。在返乡的途中，奥德修斯的第一要务就是保存自己。但是，跟他在旅途中遇到的各种"神怪"相比，他和他同伴的力量是微乎其微的，他们无论如何都不可能单凭力量来战胜那些艰难险阻。这个时候，奥德修斯就展现了他作为一个理性主体的"机敏"。比如，他在面对独眼巨人时，采取了一系列欺骗性的做法，给巨人喝了烈性葡萄酒，告诉独眼巨人他的名字叫做"无人"。结果，当独眼巨人在遭受奥德修斯的攻击时，他只能向同伴呼救，称"无人攻击我"，当然不会有同伴去救他。奥德修斯和他的同伴再一次脱险，这个故事是奥德修斯的众多胜利中的一次。

然而，这个故事又因为"无人"这一称谓而充满了隐喻色彩。如上所述，整个返乡之旅中，奥德修斯都要想方设法保存自己。但在这个故事中，他却要说自己是"无人"，换言之，也就是"否定自己"。这里便形成了一个悖论，奥德修斯正是通过"否定自己"来换取"自我保存"的。这种从"自我保存"到"自我毁灭"的悖论，被霍克海默和阿多诺解读为一种现代主体的隐喻：现代主体的生成过程，总是伴随着主体性的丧失。至于这种悖论有

第七讲 历史的新天使：文明与野蛮

没有可能被消解，以及如何被消解，两位作者并没有给出更多的建议。

逃避自由

弗洛姆："他自由了，也孤独了"

针对发生在20世纪上半叶的一系列灾难，除了上述对人类文明历程进行的彻底反思之外，还有一种从精神分析层面展开的对法西斯主义心理根源的研究。艾里希·弗洛姆的《逃避自由》成为这方面研究的典范。弗洛姆也是法兰克福学派的成员，同时也是一位精神分析家，他致力于修改弗洛伊德的精神分析理论，将其"社会化"，并将人本主义的马克思主义与精神分析结合起来。

上文曾谈到，现代就其本意而言是一个全新的时代，它意味着井然有序的意义系统崩塌了。这让现代人处于一种矛盾处境中：一方面现代人似乎解放了，自由了，可支配的物质也丰富了；但另一方面又由于找不到意义和价值而充满焦虑。弗洛姆也注意到人的这种生存状况，他这样来描述现代人的处境："天堂永远地失去了，个人孤独地面对着这个世界——像一个陌生人投入一个无边际而危险的世界。新的自由带来不安、无权力、怀疑、孤独、及焦虑的感觉。"[①]

对于个体而言，在其婴儿时期，他虽然是一个独立的生物体，但在相当长的时期内，他仍然与母亲处于一种依赖关系中。弗洛姆将这种原始联系称为"原始纽带"。只要个体仍处于这种"原始纽带"之中，他就是没有自由的。但是，也正是由于这种联系给了个体以归属感和安全感。而个体化的过程，也就是摆脱这种原始纽带，从儿童成长为一位独立的成年人的过程。但是这个过程总是伴随着分离所造成的强烈焦虑和巨大不安。对一个群体而言，也是类似的，一方面人类的理智和控制自然的能力在日益增长，另一方面人类又愈发怀疑自己在宇宙中的位置，怀疑生命的意义，日益感到孤独和不安全。在弗洛姆看来，这种悖论性的处境构成了逃避自由的心理机制的基

[①] 埃里希·弗罗姆：《逃避自由》，刘林海译，国际文化出版社2007年版，第46页。

础——由于恐惧自由带来的孤独感，人们常常倾向于放弃掉自己的自由，甚至主动逃避自由，而去认同某种外部的权威，以获取所谓的"安全感"。

问题在于，逃避自由是否能够使人重新获得一种原始纽带般的"安全感"呢？在弗洛姆看来，这当然是不可能的。它不仅不能让人重新找回失落的天堂，反而会带来新的地狱。逃避自由的心理机制不仅对个人是有害的，在一定的条件下它还会给社会带来甚至是灾难性的后果，法西斯主义就是其中的一个极端例子。

弗洛姆分析了三种典型的逃避自由的心理机制。首先，逃避自由最明显的表现形式是一种施虐和受虐共生的极权主义。弗洛姆认为，施虐和受虐看起来是两种完全相反的行为，但它们本质上有着共同的根源，那就是人内在的不堪忍受的孤独感。受虐者内在有一种想要摆脱的欲望，但是他们的行为却总是相悖地展现出某种无力感，还时常贬低自己，显示自己的卑微无能、无足轻重。他们不愿意自己做选择、坚持自己的想法和见解，也不愿意承担相应的责任。他们情愿听从他人的主张、服从外在的力量——"除掉"自己，便消除了自由带来的负担。施虐的一方表面上看起来似乎是与受虐的一方刚好相反，他们想要拥有无限的权力，试图从对别人的操纵和控制中获取满足。但弗洛姆认为，施虐者与受虐者一样，都具有一种依赖性。受虐者的依赖性自不待言。而施虐者表面上看起来是"强大的"、拥有"力量"的一方，是被依赖的一方，但实际上，这种力量并非来源于他们自身，而是来自他的施虐对象。如果没有了施虐对象，这种"力量"自然就消失了。所以，在弗洛姆看来，施虐者和受虐者彼此离不开对方，他们之间是一种共生关系。弗洛姆将这种"施虐—受虐"的共生关系看作是法西斯主义兴起的心理基础。并且，在很多时候，施虐和受虐两种倾向会出现在同一个人身上。

逃避自由的第二种表现形式则是破坏性和攻击性。它与"施虐—受虐"倾向一样，本质上是由于摆脱自由带来的孤独和焦虑而产生的。破坏性冲动虽然看上去有点像一种施虐倾向，但实际上与施虐倾向不同。施虐者是通过操纵和控制他人来增强自己的力量。而破坏性冲动则是欲借助摧毁自己不能控制的、威胁到自身存在的外在力量，来增强自己的力量。不

第七讲　历史的新天使：文明与野蛮

过，在现实中很多破坏行为并不被人们视作破坏。相反，人们常常用一些合理的理由，诸如爱、责任、良知、爱国主义等字眼来掩饰自己的破坏行为或对其进行辩护。按照精神分析的看法，破坏冲动是由求生冲动的受阻而催生的，求生冲动越是受到阻碍，破坏行动就越强。而这种阻碍便指向了压抑性的社会环境。

逃避自由的第三种表现形式则是一种"舍己的自动适应"，也就是一种顺从的态度。这可能是在我们普通人中间，最常见的一种逃避自由的模式，它更加温和，也更加隐蔽，通常人们并不觉得有多大的问题。由于这种逃避模式非常普遍，所以也让它有了更深远的社会意义。相比于"施虐—受虐"、破坏与攻击模式，顺从模式是一种更加温和的逃避自由的方式，也是大多数普通人所可能采取的方式。它表现为，"个人不再是他自己，他完全承袭了文化模式所给予他的那种人格"，也就是毫无反思地将文化环境加之于他身上的种种要求和观念接受下来。"因此他就和所有其他的人一样，并且变得就和他人所期望的一样。这样，'我'与世界之间的矛盾就消失了，然后，对孤立与无权力的恐惧感也消失了。"看起来，个人与他的周围环境如此地融洽，人与人之间几乎没有什么区别。这样，个体便不再感到孤独和焦虑，但同时这样的个体也就没有了自主的思想和行为。矛盾的地方在于，每个人越是想要得到别人的赞许和认可，就越是变得跟其他人趋同；然而，越是趋同，他就越是因为失去个性而产生恐慌。于是，这个恐慌的个体就倾向于去服从新的权威，因为这种权威给予他安全感。

照上述说法，个体脱离了原始纽带，便会陷入孤独无依，继而又逃入枷锁中，这似乎构成了一个闭环，自由与束缚、独立与孤立在这里难分难解。与精神分析关于"文明总是以对本能的压抑为代价"这一经典命题不同，弗洛姆认为，存在一种"积极自由的存在状态"，在其中有两个核心要素。一个是爱，这种爱不是控制他人，也不是依附他人，而是在肯定他人、保留自己个性的前提下，与他人合为一体。另一个是劳动，这种劳动不再是强迫性的，也不再是占有自然，而是一种具有创造性的劳动。凭借着这种自发行为，自由所带来的孤独无依便化为乌有。

权威主义人格量表

同一时期（20世纪40年代），跟弗洛姆一样同为法兰克福学派批判理论家的阿多诺也参与了一项关于法西斯主义人格的研究，这项研究实际上是一个更大的研究计划的组成部分，试图解决当时的一个主要问题——"偏见"。最后出版的报告《权威主义人格》是一部跨学科的、理论和经验研究结合起来的经典之作。阿多诺和这一项目的其他研究者提出了一个问题，如果确实存在具有法西斯主义倾向的个体的话，那么他到底是什么样子的？那些构成他的内在力量的东西是什么？

研究者们主要以精神分析的潜意识理论作为取向。一方面，在当时第二次世界大战快要结束的背景下，鲜少有人会公开支持反犹主义和法西斯主义，个体有可能会隐瞒自己的政治偏见；另一方面，在日常生活中，个体甚至自己都有可能没有意识到自己的政治偏见。

因此在他们设计的问卷中，有一些看起来似乎与政治倾向无关的问题。研究者认为，对法西斯的宣传极其敏感的人具有很多共同特征。具有这些特征的人，并不一定是公开的法西斯分子，他们甚至也不认同法西斯主义的主张。但他们是潜在的法西斯宣传易感人群，在一定的处境中，他们可能就倾向于支持法西斯主义。

感兴趣的读者可以查询一下阿多诺和其他研究者们设计的这个量表，即F-Scale问卷量表。

平庸的恶

上文谈到法兰克福学派的批判理论家就法西斯主义、权威主义人格展开的研究，试图在普通人的性格结构中发现那些潜在的法西斯主义心理因素。无独有偶，另一位流亡美国的德国犹太哲学家汉娜·阿伦特（Hannah Arendt）提出了一个在后来广为流传的"平庸的恶"（Banality of Evil）概念[1]，并引发大量讨论。

---

[1] 更为准确的翻译，应为"恶的平庸性"，这里用了比较常见的翻译"平庸的恶"。

第七讲　历史的新天使：文明与野蛮

1961年，阿伦特以《纽约客》特约记者的身份前往耶路撒冷，报道在那里举行的对纳粹战犯阿道夫·艾希曼的审判，并于1963年出版了《艾希曼在耶路撒冷——一份关于平庸的恶的报告》。阿道夫·艾希曼是前纳粹党卫军中校，负责执行"犹太人问题最终解决方案"，是犹太人大屠杀的主要负责人和组织者之一。在一般人的想象中，大屠杀的主要负责人大概是个穷凶极恶的狂热分子，公诉方也试图将艾希曼描述为一个"邪恶的虐待狂"。然而，坐在审判席上的艾希曼看起来却再普通不过了。"他中等身材，体形较瘦，四五十岁的样子，前脑门半秃，牙齿不太好，近视眼，脖子干瘦。整个审判过程中，他一直朝法官席的方向探着脖子（从未面向观众）。他的面部神经性抽搐，令他的嘴早在审判开始前很久就有些变形了。"阿伦特写道，"艾希曼不是伊阿古，也不是麦克白：在他的内心深处，也从来不曾像理查三世那样'一心想做个恶人'。他为获得个人提升而特别勤奋地工作，除此之外，他根本就没有任何动机。这种勤奋本身算不上是犯罪……。他只不过，直白地说吧，从未意识到自己在做什么"[①]。

那个坐在玻璃罩后面的人与其说是一个疯狂、邪恶的反社会分子，不如说是一个平庸无趣的官僚。艾希曼和他的辩护人辩解道，艾希曼并不是作为一个"人"行事，而是出于职责所需行事。与其说他的罪行源于个人的邪恶意图，不如说源于对上级命令和权威的绝对服从。这是科层制中的一种典型现象，他的行为是预期中的事情。在"犹太人问题最终解决方案"这部大型的死亡机器中，艾希曼只是机器上的一枚"小齿轮"，一个任人摆布的工具。

整个审判现场似乎充斥着一种自相矛盾，一方面要审判这位"世上头号变态恶魔"，另一方面又要审判这个恶魔身上潜藏的"众多跟他一样的人"。如果艾希曼只是一个极端的恶魔，情况都会简单很多。阿伦特认为，"艾希曼令人不安的原因恰恰在于：有如此多的人跟他一样，既不心理变态，也不暴虐成性，无论过去还是现在，他们都太正常了，甚至正常得可怕。从我们

[①] 汉娜·阿伦特：《艾希曼在耶路撒冷——一份关于平庸的恶的报告》，安尼译，译林出版社2017年版，第3、306页。

的法律制度和我们的道德准绳来看，这种正常比所有残暴加在一起更加可怕，因为它意味着，这类新的罪犯，这些实实在在犯了反人类罪的罪犯，是在不知情或非故意的情况下行凶作恶的，这也是纽伦堡审判中被告及其律师反复强调的。"[1]

在阿伦特看来，重点并不在于辩护方所说的，艾希曼只是"最终解决方案"这部机器上的一枚"小齿轮"而已；也不在于，公诉方所抗议的，他们在艾希曼身上找到了这部机器的"发动机"。阿伦特认为，重点在于她在艾希曼这样一个普通人的脸上看到的一种现象（一个事实），她把这种现象称为"平庸的恶"，真正严肃的讨论将围绕它展开，这也就是为什么她将书的副标题定为"一份关于平庸的恶的报告"。艾希曼没有意识到自己在做什么，但这并不意味着他愚蠢，他非常明白究竟发生过什么，他只不过不思考。阿伦特写道，"他并不愚蠢，他只不过不思考罢了——但这绝不等于愚蠢。是不思考，注定让他变成那个时代罪大恶极的人之一。如果这很'平庸'，甚至滑稽，如果你费尽全力也无法从艾希曼身上找到任何残忍的、恶魔般的深度；纵然如此，也远远不能把他的情形叫作常态。……这种远离现实的做法、这种不思考所导致的灾难，比人类与生俱来的所有罪恶本能加在一起所做的还要可怕——事实上，这才是我们真正应该从耶路撒冷习得的教训"[2]。在阿伦特这里，"平庸"指的不是一个人的身份地位，也不是天资成就，而是一种思考的匮乏，一旦停止了思考，人们就丧失了辨别对与错，判断美与丑的能力，就会在权威面前选择盲从。

不过，需要注意的是，这种似乎没有主观邪恶意图的平庸性，并不能减轻艾希曼应该承担的罪责。无论艾希曼有没有主观意图，他最终"执行了，从而也支持了一个大屠杀的政策，却是不争的事实"，而"政治不是儿戏。论及政治问题，服从就等于支持"。

然而，由于阿伦特并未展开系统的讨论，以至于这一概念被提出以后就

---

[1] 汉娜·阿伦特：《艾希曼在耶路撒冷——一份关于平庸的恶的报告》，第294页。
[2] 汉娜·阿伦特：《艾希曼在耶路撒冷——一份关于平庸的恶的报告》，第306-307页。

第七讲 历史的新天使：文明与野蛮

引发了大量的争论、质疑，甚至歪曲。比如，认为"平庸的恶"是在为纳粹分子辩护，甚至说阿伦特"赦免"了艾希曼的罪并将它"转嫁给犹太人"。而在今天，"平庸的恶"又时常受到一种矮化，成为对普通人的某种"道德绑架"。这大概是阿伦特未曾料到的。

今天，随着越来越多资料的披露和出版，我们可以更冷静地再次思索"平庸的恶"，去探索现代科层制背景下"无思想性"与恶之间的关系的深度。多年后，齐格蒙·鲍曼在其反思现代性的代表作《现代性与大屠杀》中，指出大屠杀不只是犹太人的悲剧，也并非德意志民族的一次反常行为，而是现代性本身所固有的一种可能性。阿伦特在当时也提出了类似的说法，她强调，有一点对政治学和社会学来说尤其重要，那就是，"官僚（科层）制的本性，在于将人完全变成职员，变成行政机器上的小齿轮，从而令他们丧失人性"，而正是"希特勒矢志不渝地道出了他完美的科层制之梦"。

阅读文献

以下文本均是本讲理论的出处，并且都对"启蒙"这一概念进行了反思，《启蒙辩证法——哲学断片》分析了启蒙与神话之间的模糊关系，《逃避自由》则对自由这一概念进行了更深入的反思，《艾希曼在耶路撒冷——一份关于平庸的恶的报告》通过对耶路撒冷审判庭的记录映衬出普通人的平庸之恶。通过对以下文本的阅读，读者可以对"启蒙"这一概念的另一面有更深入的理解。

1. 马克斯·霍克海默、西奥多·阿多诺：《启蒙辩证法——哲学断片》，渠敬东、曹卫东译，上海人民出版社2020年版。

2. 艾里希·弗洛姆：《逃避自由》，刘林海译，上海译文出版社2015年版。

3. 汉娜·阿伦特：《艾希曼在耶路撒冷——一份关于平庸的恶的报告》，安尼译，译林出版社2017年版。

第八讲　一切坚固的东西都烟消云散了？

存在主义

"纵身一跃"

在上两讲中，我们反复提到一个主题，或者可以说是问题。"现代"就其本意而言指的是一个"全新的时代"，这意味着传统的井然有序的世界观不再是不证自明的。于是，现代人陷入一种悖论处境：我自由了，但无所依靠。这也是上文提到的"逃避自由"的缘由。如果已有的世界观崩塌了，那么我将从何处寻求行为的依据和人生的意义呢？这成为现代人的存在困境和普遍焦虑。人们一度寄希望于启蒙理性，认为它不仅可以给我们带来知识方面的增长和生活的改善，还可以提供意义、价值方面的论证，让我们似乎可以重建一种新的、自觉的世界观。我们的知识（科学知识）确实增长了，生活也确实改善了。然而，意义和价值方面似乎裹足不前，至少是看不到与知识增长相匹配的提升。这也是韦伯探索的主题——工具理性的增长与价值理性的衰落。20世纪的存在主义思想家对这种意义感缺乏的"存在焦虑"进行了探讨，但这些探讨很少再像传统思想或宗教信仰那样给人们提供某种实质性的"生活指南"，也很少理所当然信任一种"理性的生活"。因此，存在主义被认为有某种"非理性"倾向，从而"背离"了启蒙理性。

克尔凯郭尔这位生活于19世纪的丹麦哲学家被视为存在主义的先驱。在他看来，存在总是具体和特殊的，个体无法在自身之外获得什么，信念是个人的事情，而群体和社会完全是抽象和虚构的，"哪里有人群，哪里就有

第八讲 一切坚固的东西都烟消云散了？

虚伪"，人注定是孤独者。

克尔凯郭尔将人生道路分为三个阶段，个体在每个阶段都面临着非此即彼的选择。在审美阶段，也就是感性阶段，人被各种欲望、情绪和冲动支配，追求感性层面的目标。这一阶段的典型人物是唐璜，他喜欢追求女性，见一个爱一个，沉溺于一场场感官游戏。他看起来过着一种无拘无束的自由生活，然而这种生活却被感官欲望所支配。欲望的满足总是暂时的，而人的欲望总是无止尽的。欲望得不到满足会陷入一种痛苦之中，而欲望得到了满足则会陷入一场无聊和空虚中。这一切并不能给予人生以意义。人们意识到这一点，就会面临一种抉择：要么在空虚无聊绝望中度过余生；要么超越这种感官享乐，去追求一种更高的阶段，做一个道德的人。

在道德阶段，人学会了克制自己的感官欲望，不再一味追求个人欲望的满足，开始遵守具有普遍意义的道德准则和义务，过一种理性的、以善为目标的生活。人们相信可以凭借自己的意志和理性克服自身的弱点，认为一种自我的完善性是可能的，甚至可以为了崇高的理想而牺牲自己。苏格拉底便是这种生活方式的典范，在他看来，"未经审视的生活是不值得过的"，他通过他特有的"助产术"探讨正义、美德等道德问题。当他被判死刑时，他并没有选择逃离，而是恪守道德责任，从容赴死。这种"经过审视的生活"时常被视为一种"好的生活"的典范。对于普通人而言，这是一种也许很难达到，但"值得"追求的生活。然而，在克尔凯郭尔看来，道德阶段仍然存在矛盾。我们想要过一种道德生活，但又时常受到第一个阶段的各种诱惑而忘却道德义务，所以这里存在道德义务与对道德义务的履行之间的脱节，或者用通俗的话来讲，存在理想与现实的矛盾。这导致个人会因为无法过上一种道德生活而陷入一种自责中，这种道德意识中的内疚心理无法在道德阶段得到缓解，这样个体就又一次面临着决断：要么沉溺于这种罪责意识中，要么超越道德阶段，飞跃到宗教阶段。道德阶段的这种罪责意识就是宗教信仰的前身，无法通过道德来解决，只能通过救赎来解决。于是就进入了宗教阶段。

在宗教阶段，孤独的个体直接面对上帝。人不再沉溺于追求第一阶段的

现代思想：兴起、变迁与未来

感官享乐，从而不再受世俗和物质所累，也不再只以第二阶段的道德原则和理性为指导，从而摆脱了道德和义务的约束。在这个阶段，个体只作为他自己，作为一个孤独的个体面对上帝。信仰不依赖于理性，上帝的存在不能通过逻辑方式来证明。从理性的视角来看，信仰甚至是无法理解的。这个阶段的典型是亚伯拉罕，上帝想要考验亚伯拉罕，让他用自己的儿子以撒来祭祀。亚伯拉罕毫不犹豫听从了上帝的命令，准备杀掉自己的儿子。当然故事的结尾是，亚伯拉罕通过了上帝的考验，在他准备杀掉以撒的时候，上帝现身阻止，以羔羊代之。虽然，最后亚伯拉罕并没有牺牲自己的儿子，但是作为普通人，还是很难理解为什么一个父亲试图杀掉自己的儿子而没有丝毫犹豫。也就是说，从理性的角度看，亚伯拉罕的行为是毫无理性的，甚至是荒谬的。然而，恰好是这种荒谬，而不是理性，始终伴随着信仰，成为衡量信仰强度的尺度。正所谓，"正是因为荒谬，所以我才相信"。在信仰领域，人只能选择要么不信，要么"纵身一跃"投身于信仰。正如上文所述，克尔凯郭尔关注的是个体，因此信仰也是个体孤独地面对上帝。并且，个体与上帝的相遇充满了偶然性，这也意味着，如果在宗教阶段有望达到人的永恒的幸福的话，那么这种永恒的幸福依赖于一个偶然事件，一种道成肉身的奇迹时刻。

在克尔凯郭尔这里，从第一阶段到第三阶段是一个上升过程，在每一个阶段都需要个体做出非此即彼的选择，也并非每个人最终都会到达第三阶段。在这里，工具理性的考量靠不住，道德上的个人努力也不是全部，最重要的是个体做出的非理性选择以及偶然瞬间。这种个体性、非理性和偶然性成为之后的存在主义的重要特征，成为现代人寻求意义的某种指南，但这种指南又永远是偶然、模糊并且不确定的。

"人不得不自由"

在这里一种现代人的矛盾处境再一次呈现出来：由于漂泊无依而需要寻求意义，但意义的获得又充满不确定性。这种特征也体现在了存在主义哲学家萨特的观点中。萨特的思想在 20 世纪曾经风靡一时，经历过一段时间的沉寂之后，近年来似乎又有一种新的传播趋势，特别是在年轻人中间。他的

第八讲　一切坚固的东西都烟消云散了？

一些话流传甚广，比如"存在就是虚无""他人就是地狱""存在先于本质"，这些"口号般"的观点似乎跟现代人的直觉形成了一种无意识的关联，即使人们不知道它们具体所指，但还是隐约感受到它们击中了自己的生存状态。

在我们的一般认识中，存在总是"有什么"，而不是"没有"。我们也通常会说，"人是理性的""人是有意识的"或者"人是自觉的"。也许我们也听过笛卡尔那句著名的话"我思故我在"——哪怕我怀疑一切，但也总有一个在进行怀疑的"我"存在。然而，在萨特这里，"存在就是虚无"，自我并非意识的拥有者。意识本身是虚空，如果人的规定性是意识的话，那么所谓的人的存在便是虚无。意识有一种相对于外部存在的自由，它并不总是接受外部存在已有的样子，它拥有一种可以对外部存在说"不"的自由。不过，这种说"不"的自由并不意味着走向彻底的消极和否定，而是给人留下了进行自为创造的可能性和空间。虽然意识什么都不是，但它总是要成为某种结结实实的存在。于是，存在、虚无、自由之间形成了一种紧密的勾连。

因此，人并不是先有了存在，然后变成了自由的，而是人的存在就是人的自由。"人类的自由先于人的本质，并且使人的本质成为可能。"[①] 我们见过太多的关于人的本质的规定，如"人是理性的动物""人是政治的动物""人的本质是社会关系的总和"等等。但在萨特这里，人并没有固定的本质，人的存在先于人的本质，人总是在一个"becoming"的过程——也就是成为人的过程中。而任何存在状态，都是人自由选择的结果。

当然，在竞争日益激烈的现代社会，这似乎有点违反我们的直觉，我们会觉得"自由选择"是一个奢望，我们多数情况下并不是出于自由做选择，而是迫于外部环境因素做选择。比如，迫于生存需要而做一份自己并不喜欢的工作；再比如，上文提到的艾希曼辩称，参与大屠杀并不是出于他自己的意图（自由），而是因为他是军人，而军人要服从命令。但在萨特这里，你总是拥有可以说"不"的自由，你总是可以选择不像目前这个样子。在上述例子中，可以选择辞职，艾希曼可以选择不服从命令或者当个逃兵。哪怕你

---

① 萨特：《存在与虚无》，陈宣良等译，生活·读书·新知三联书店1987年版，第152页。

说，你不做任何选择，萨特都会认为这种"不选择"本身也是一种选择。在这个意义上，人是命定自由的。当然，人可能会掩饰自己的自由，可能自欺，可能像弗洛姆说的那样"逃避自由"，但他永远也摆脱不了自由。

如果人不得不自由，他之所以这个样子是因为他选择成为这个样子，每一种存在状态都是人自由选择的结果，那么就意味着人要为自己的选择负责，而不是把责任归给环境。绝对的自由意味着绝对的、无法推卸的责任。当然，这种自由选择并不是说可以任意选择，那么我们要依靠什么标准进行选择呢？在萨特这里，并没有什么外在标准给我们提供尺度，标准只能是自己的，但是你一旦进行了选择，就要承担全部责任。

在萨特这里，我们再次看到了一种双重性——一方面人是自为的存在，他可以选择成为什么样子；但另一方面，我们的选择又是没有凭据的、不稳定的。换言之，人可能很有激情，但这种激情又有可能是徒劳的。同样的，在萨特这里，人也是孤独的，我们可能会在某些特殊场合下形成短暂的集体意识，但是它随时可能破灭。比如，在户外音乐节上，陌生的人们由于相同的爱好聚到一起，一起欢呼、蹦跳，支持自己喜欢的乐队，自发地形成"人形波浪"，亲密无间。而音乐会散场，欢呼声褪去，这个短暂的"共同体"便不复存在。

荒谬的英雄

相比之下，同时作为存在主义代表人物的加缪似乎给出了一些更为"积极的"建议。加缪提出了一个著名的命题——"真正严肃的哲学问题只有一个：自杀"。这个问题是由荒谬感引起的。我们可以回忆一下上文所讲的，在前现代的世界观中，秩序井然的宇宙给人类提供了安身立命的根基。而在现代，那样一个意义体系崩溃后，人们认识到世界本身是没有目的的，也缺乏意义，于是产生了一种荒谬感。当然，这并不是说，世界本身是荒谬的、无意义的。而是说，世界只是在那儿，它与人的意义、价值、希望无关。只不过，人们会期待世界是有意义和价值的，并且这种期待也是合理的，但是世界无法满足这种期待，于是造成了巨大的落差而形成荒谬感。

荒谬感无处不在，在百无聊赖的平庸日常中，在忙碌后的空虚中，在无

第八讲　一切坚固的东西都烟消云散了？

数次上班通勤途中，我们或多或少都会遭遇一些时刻，体会到加缪《局外人》中的主人公的感受。作为"理性存在者"，我们能认识世界，形成知识，并希望有一天过上幸福生活。然而，世界却总是拥有超越了我们认知的那一面，充满了神秘性、非理性、不可还原的多样性，我们的理性和知识对此无能为力，这也会产生荒谬感。当然，还有一个更为终极的命题：生命也是有限的，而死亡将带走一切，这也是荒谬感的一个来源。

面对这种荒谬有几种反应，其中一种反应便是上文提到的真正严肃的哲学问题——自杀。在加缪看来，人们向来把自杀当作一种社会现象来分析，而他认为应该在人的内心深处去探寻自杀。自杀的原因在于看到生活的意义被剥夺，"一个人自愿地去死，则说明这个人认识到——即使是下意识的——习惯不是一成不变的，认识到人活着的任何深刻理由都是不存在的，就是认识到日常行为是无意义的，遭受痛苦也是无用的"[1]。然而，自杀究竟能在多大程度上对抗无意义、摆脱荒谬感却是成疑的。自杀与其说是对抗荒谬的方式，不如说是对荒谬的屈从，是承认自己完全被无望之感压倒。这样看，自杀本身都是徒劳无意义的。

而第二种反应则是在生活之外去寻求意义，这是很多哲学家的应对方式。其中一种是理性的，比如试图回到事物本身，在事物本身中找到价值，恢复其中的理性原则。然而正如上文所说，我们的认知总是有限的，荒谬性对于理性而言是不可理解的。另一种是非理性的，比如上文谈到的克尔凯郭尔，诉诸"纵身一跃"的信仰。而加缪这样一个无神论者认为，世界的荒谬性在于，世界既不是富有理性的，也不是非理性的。而且，有神论用上帝压制人类追求合理秩序的愿望，导致人的理智追求成了罪恶的。

那么除了上述两种方式外，还有没有其他应对荒谬的方式呢？在加缪看来，还有一种方式，那就是：如果没有意义，那么就在无意义中去自行创造意义。在加缪的心中，西西弗斯代表了这样一个态度，"西西弗斯是个荒谬的英雄"。在希腊神话中，西西弗斯受到了诸神的惩罚，惩罚方式是：将一

---

[1] 加缪：《西西弗神话》，杜小真译，人民文学出版社2012年版，第13页。

现代思想：兴起、变迁与未来

块巨石推上山顶，每次快要推上山顶之后，巨石又会从其手中滑落，滚下山去。于是他又要重新从山下推起，如此循环往复、永无止境。诸神认为没有比进行这种无望无效的劳作更严厉的惩罚了。今天，当我们想要形容一项任务徒劳无效但又无止无尽时，我们还会用"西西弗斯式"一词来形容，在这一点上，现代人尤其有体会。但是，加缪却在西西弗斯循环往复的苦役中看到了一种对抗荒谬的态度。西西弗斯并没有因为徒劳而放弃，相反，他洞察到了世界的荒谬、生活的无目的性，并认为与其逃避和绝望，不如专注于此生此世，以积极的态度自行创造意义。实际上，"幸福和荒谬是同一大地的两个产儿"，而"西西弗无声的全部快乐就在于此。他的命运是属于他的。他的岩石是他的事情。……荒谬的人知道，他是自己生活的主人。在这微妙的时刻，人回归到自己的生活之中，西西弗回身走向巨石，他静观这一系列没有关联而又变成他自己命运的行动，他的命运是他自己创造的"。"这块巨石上的每一颗粒，这黑黝黝的高山上的每一颗矿砂惟有对西西弗才形成一个世界。他爬上山顶所要进行的斗争本身就足以使一个人心里感到充实。应该认为，西西弗是幸福的。"[①]

后现代主义

从第六讲开始，一直到目前，我们已经谈到了形形色色对启蒙现代性基本观念的冲击。这些冲击有的是由于科学新发现带来的，有的则是出于对启蒙现代性本身的反思，整个第六讲到第八讲都可以归到"现代性反思与批判"这一主题之下。我们其实已经看到了，在这些形形色色的反思之间存在一些程度上的差别。比如，马克思和恩格斯就对资本主义进行了彻底的批判，但是在马克思主义关于"人类解放""人的全面发展"等思想中，我们仍然可以看到与启蒙现代性中崇尚理性，致力于实现一种美好生活等观念的亲缘性。但是，在霍克海默和阿多诺的《启蒙辩证法》中，这种对启蒙的基

---

① 加缪：《西西弗神话》，第 150—151 页。

第八讲 一切坚固的东西都烟消云散了？

本观念的坚守似乎有所弱化，并且他们的批判并不只停留在资本主义阶段，而是延展到人类文明的开端处，成为一种对人类文明的批判。于是有人认为霍克海默和阿多诺对启蒙的批判是对启蒙及其基本观念（包括理性、进步等）的彻底解构，已经是一种"反启蒙"了，我们在第七讲的讨论题目中就提出了这样一个疑问——对"启蒙"进行彻底的批判，是否就意味着放弃启蒙本身？关于这一点是充满了疑问的。再比如，上文谈到的存在主义也常常被认为具有非理性特征，这也与启蒙现代性崇尚理性这一点正相违背。虽然存在大量争论，但无论如何，这些形形色色的反思都还没有走到对启蒙进行系统性地彻底解构的地步。

直到20世纪后半叶兴起了一种名为"后现代主义"的社会文化思潮后，对启蒙的反思和批判开始呈现出某种系统性的、彻底解构的特征。与其他"后"思潮类似，后现代主义中的"后"并非空间位置上的前后，也非时间序列中的先后，而是对其所修饰之物的解构，具体到"后现代主义"便指的是对现代性及其相关理念（如理性、普遍性、进步等）的解构和终结，以及对世界进行新的理解和探索，如更关注世界的多元性、不确定性、相对性等。虽然，今天人们对后现代主义已经耳熟能详，但实际上很难说有一种可以清晰界定的后现代主义思潮，其内部也纷繁复杂，甚至充满争论。而且很多理论家，虽然被划入后现代主义之列，但是他们却不认为自己的理论是后现代主义的。当然，考虑到后现代主义本身的反叛特征，拒绝被归类这一点也就不难理解了。

"对元叙事的怀疑"

在这里我们无法呈现后现代主义的全景，只能展现后现代主义的基本特征。利奥塔是少有的直接打出"后现代主义"旗号的哲学家，更有甚者将其称为"后现代哲学之父"，不过这并不是因为他对后现代主义给出了明确的定义。相反，他对"后现代"的解释也是模糊的、变动的。他甚至说，"我虽然极力解释何为后现代，但我对此一无所知"。并且，正是由于"后现代"是一个不确定的词汇，所以利奥塔才选择使用它，除了起到警告作用之外，它没有什么别的价值。不过，从否定层面来说，至少有一点是明确的，那就

现代思想：兴起、变迁与未来

是"后现代"宣告了现代性已经日薄西山。

利奥塔在有的文本中也将"后现代"解释为对共识的厌恶和对差别、分歧的尊重。而将他与后现代主义联系起来的最具有代表性的著作是《后现代状态：关于知识的报告》，这本书中常被引用和讨论的观点是，利奥塔将后现代解释为对元叙事的怀疑。那么什么是元叙事呢？

首先，利奥塔区分了两种不同的话语类型，一种是科学知识，一种是叙事知识。科学知识，我们比较熟悉，通常我们会认为这类知识是具有客观性的，但科学知识并不代表知识的全部，它总是与叙事知识并存的。而"叙事"顾名思义就是"讲故事"，它通常与一种文学上的虚构联系在一起，但是在利奥塔这里，是指一个群体所讲述的关于他们的存在、历史以及他们对未来的信念的故事。实际上，所有的话语都要通过"叙事"的方式来呈现其观点，比如历史通过讲故事来建构过去，心理学通过讲故事来表达自我，社会学通过讲故事来描述不同的社会组织方式，甚至包括科学，也是在用叙事来描述物理世界。通过叙事，人类表达着自己是谁，以及自己想成为谁。

当然，这并不是说可以任意地"讲故事"，实际上不同的叙事类型需要遵循不同的规则，利奥塔用游戏来进行类比。一方面，所有的话语都要遵循规则，没有规则我们就无法进行游戏；另一方面，这些游戏又是不停改变的，并且还会相互影响。而人们正是处于一系列的游戏中，不同的游戏规则决定了人之所是。换言之，人的身份（identity）——我是谁，我可以期待什么——都是由这些游戏规则建构起来的。

而在这些各种各样的叙事类型之上，还有一种更为基本的叙事，也就是一种"元叙事"，元叙事制定了叙事的规则，前现代和现代都有自己特定的元叙事组织方式。比如在前现代，人们在讲述故事的时候，要遵循一定的程式，通过特定的开头和结尾，将讲故事的人与祖先，也就是将现在与过去连接起来，以这样的方式建构一个群体的历史和身份。而现代性的元叙事是一种关于人类进步的宏大叙事，似乎在未来可以解决所有的问题。在这里，我们自然会想到那一整套关于启蒙的叙事。

在利奥塔看来，有两种核心性的现代元叙事，一种是思辨的宏大叙事，

第八讲 一切坚固的东西都烟消云散了?

一种是解放的宏大叙事。思辨的宏大叙事的代表就是19世纪的德国哲学,我们可以将精神的普遍历史、知识的整体等都理解为这种宏大叙事。而解放的宏大叙事始于法国大革命,在这种叙事中,知识被视为是人类自由和解放的基础,人类有权利拥有知识。解放的宏大叙事有不同的版本,它的启蒙版本将人们从迷信中解放出来,而它的马克思主义版本则将工人从资本家的剥削中解放出来。无论各种版本有什么不同,它的目标是一样的,都指向人的解放。

但是,这种情况在过去的几十年中发生了变化。在所谓"后工业社会""后现代文化"中,知识不再是为了实现普遍的人类目标而被组织起来的。比如,"真理"这种现代知识体系中的核心概念不再具有吸引力,而资本的残酷性也摧毁了现代性的进步观念。当代社会不再只有一个单一的元叙事,而是充满了语言游戏的多样性,在这里我们发现的不再是启蒙叙事中具有统一身份的"理性主体",而是一种离散的个体,这种个体成为各种相互冲突的道德观念和政治观念交织的场所,社会也变得越来越碎片化。

支持现代性的思想家往往尝试去修补这些裂缝、碎片、离散和混乱,以延续启蒙现代性的叙事传统。而利奥塔则恰恰相反,他认为宏大叙事本身是有问题的,崇尚理性、自由等普遍观念也为殖民统治者提供了进行资本主义扩张的道德理由。因此,抵制资本主义扩张的最好方式是增加语言游戏的碎片化,而不是修补碎片化,后现代的前景在于社会会变得更加开放和多元。

知识与权力

在前几讲中,我们谈到现代是一个全新的时代,在这里人们相信自己可以凭借理性认识世界,形成知识,而知识可以给人带来幸福的生活。并且,知识是客观的、普遍的,这种观念深入人心。但是,后现代主义认为,这只是启蒙所讲述的故事的版本。在这个版本中,形成了一系列的"标准",这些标准在某种程度上是客观的,人们可以凭借它们判断对错、善恶、美丑、有序和无序、正常与偏离、洁净与污秽。

然而,在后现代主义看来,与其说这些标准是"客观的",不如说,它们是被建构出来的。现代需要明确的界限,于是各种二元对立被"发明"出来。并不是说有一个混乱的状态，然后人们凭借自己的能力澄清了混乱，且在其中建立了秩序。而是说先有了秩序，为了说明这种秩序的合法性，需要"发明"一些混乱作为它的对立面。知识也是如此，它并不是人们凭借自己的认知而积累起来的对世界的认识。将不能被人类理性把握的东西，也就是那些不能认识的东西排除出去，那么剩下的就是知识。这样知识也不是普遍和客观的。同样的，现代的卫生观念也是如此——污浊的东西需要被统统清除。疯癫也被视为现代文明的一种威胁，要将"疯子""不正常的人"都"圈禁"起来或"流放"，让他们成为"边缘性的"人，这样剩下的就是一种文明、雅致的理性人的形象。

在福柯看来，疯癫并不是一种自然或生理疾病，它是历史的产物，是对人群加以分类的社会功能。17 世纪麻风病逐渐消失，麻风病院闲置，当时的法国政府就用这些场所隔离罪犯、流浪汉和疯子。于是，疯子就成了需要防范和管理的对象。而社会对待疯癫的态度就是对待非理性的态度，理性的标准并非来自知识的论证，而是有外在的历史偶然。

在这些二元划界中，我们可以看到背后是一种"排除法"。排除掉混乱，就是秩序；排除掉不能认识的，就是知识；排除掉污浊，就是卫生；排除掉不正常，就是正常。在这背后是一种权力的逻辑。在福柯看来，"叙事"本身就是一种权力的体现，叙事能够产生权力。在福柯那里，知识和权力也处于一种复杂的交互关系中。当然，在今天，权力的运作方式并不一定就是压制性的，它有可能是"快乐的"，还有可能让人觉得"有意义""有价值"。比如，减肥成功会让人重新获得自信，微整形能让人摆脱容貌焦虑。但这是否又是对身体的一种新的形式的规训呢？

如果启蒙理性不再是理所当然可靠的，那么与它相关的知识、道德、审美也无法得到保障。知识不再是普遍的、客观的，而是总是与权力混杂在一起；道德更是具有相对性，不同的人和文化，由于不同的历史、习俗，具有不同的道德标准，这些道德标准之间只具有差别，而无好坏；审美上，后现代主义以其复杂多样的风格和技巧而闻名，以断裂性、碎片化为特征，注重形式和语言上的实验性和先锋性。如果说之前现代人还处于一种矛盾处境的话，那么现在则处于一种完全碎裂的处境中，真善美的标准从生活中销声匿迹，甚至连"现代人"这样一个身份都有些可疑，都成了某种现代话语的"暴力"的体现。在这样的情形下，催生了一种后现代主义的生活态度。游戏般地对待各种知识和理论，把它们打破，再以随意的方式进行拼接，不相信它们的真理性，而是追求一种趣味性。

我们从第六讲开始集中讨论的现代性反思，在后现代主义达到了一个高潮，一种告别现代性的姿态越来越清晰可见。然而，现代性是否真的走到了终点，却是一个充满争议的话题。在"告别现代性"姿态声势浩大的同时，还有一种"坚持现代性"的呼声。

未完成的现代性

实际上，对启蒙现代性的反思并非某种启蒙现代性"之后"的产物，也就是说并不是启蒙现代性的基本观念被阐明了之后，才出现了对这些观念的反思。相反，对启蒙现代性的反思，从一开始就伴随着启蒙。实际上，审美现代性对工具理性、非人的状况进行的揭露就可以看作是对启蒙及其相关概念的反思，它是现代性的另一个面向。但是，正如上文所述，这种反思还没有走到对启蒙进行系统性地彻底解构的地步。它们属于现代性的一部分，而不是对现代性的告别。

实际上，对于如何界定后现代主义，一直是存在争议的。虽然，在多数情形下，它都被视作一种告别现代性的思潮和运动。但也存在另一种声音，主张将后现代主义视为一种现代性自身的反思意识的极端化。换言之，它本质上仍就是现代性自身的反思意识，只不过这种反思比较彻底，因此它并不是对现代性的告别。这种观点主张对后现代主义进行细致分析，在其中区分出哪些是彻底的反现代的后现代主义，而哪些是温和的作为现代性反思的后现代主义。

坚持现代性的理论家认为，那种彻底的后现代主义终究会陷入一种自相矛盾中。因为，它们否认存在任何终极原则，在将所有原则置于怀疑主义式的审查之下时，它们自己所倡导的原则却似乎没有受到质疑。比如，后现代主义主张"不存在真理"，那么这句话本身是不是"真的"呢？"一切都是相对的"，那么这个主张本身是否也是"相对的"呢？"知识就是权力"，这个论断是否本身也是一种权力体现呢？这些悖论是后现代主义自身无法处理的。

除了指出后现代主义存在一种逻辑上的悖论之外，还有一种对后现代主义的反对意见认为，后现代主义对现代性的解构中隐含着一种复古的倾向，也就是回到一种前现代状态，而这本质上是一种倒退。因此，看似激进的解构，实则是一种新的保守主义。持这一观点的是当代著名的德国哲学家哈贝马斯，他是一位批判理论家（正如上文提到的弗洛姆、本雅明、阿多诺那样），同时也是一位坚定的现代性的捍卫者，并且由于主张"现代性是一项未完成的计划"而广为人知。

他注意到，与启蒙现代性推崇理性相反，后现代主义常常诉诸一些非理性激情力量，而这些激情力量被塑造为"理性的他者"，它们有时候是自然、身体和生命力，有时候又是幻想、想象和疯狂，有时候又是欲望、放纵和狂欢，总之是理性无法占有的一切。哈贝马斯写道，"这种激情力量被塑造成为理性的他者，既是神秘的，又是匿名的，并在其他名称下表现了出来——诸如存在、异质、权力等。玄学家的宇宙自然和哲学家的上帝变得模糊不清，成为让人着魔的回忆，成为哲学和宗教意义上孤立主体的一个动人记忆"[①]。这些内容都跟一种原始的幸福图景和古老形象存在着隐秘的关联。在这些意象中，人与宇宙母体处于一种共生关系中，一种亲密无间的安稳状态中，而不是漂泊无依的"自由"状态，正如在上一讲中弗洛姆所说的那样。在普遍的异化状态下，这种共生状态成了现代人的"乡愁"，然而却是理性无法把握的、回不去的故乡，于是它只能处于梦幻中和疯狂的想象中。

这些意象或许真实地表达了现代人对异化处境的不满、控诉，以及对一种"幸福状态"的追求。但是，它不太可能成为摆脱现代异化状况的正确途

---

① 哈贝马斯：《现代性的哲学话语》，曹卫东等译，译林出版社 2004 年版，第 359 页。

第八讲 一切坚固的东西都烟消云散了？

径,而是一种倒退到未启蒙的蒙昧状态的迷途。它就像《奥德修记》中"吃落拓枣的人"提供给奥德修斯的"落拓枣",这种"落拓枣"甜美异常,经历艰难险阻的奥德修斯只要吃下这种落拓枣,便能忘记所有的痛苦和艰辛,进入甜美的梦乡,在梦里有他所想要的一切,有他念念不忘的妻子,而他也会忘记返乡的念头,因为"吃落拓枣的人"说:"留下来吧,这里就是故乡。"然而,显然那里并不是真正的故乡。

类似的,赫胥黎著名的反乌托邦小说《美丽新世界》中有一种叫作"唆麻"的精神药物,它在书中频繁出现:"你要来一克唆麻吗?"它"拥有基督教和酒精的所有好处,却没有它的任何缺点";"半克就是半个假日,一克就是一个周末,两克就是一次辉煌的东方旅游,三克就是一次月球上昏昏沉沉的永恒。空虚无聊来一克"唆麻",痛苦沮丧来一克"唆麻",整个"美丽新世界"都严重依赖"唆麻"。如果说,一度加诸人们头脑的信念是"努力工作、勤俭节约"的话,那么在这里,一种新的"绝对命令"诞生了,那就是"尽情地享乐吧!"在感受上,人们确确实实获得某种"幸福",只不过这种幸福具有虚假特征。

对于后现代主义者而言,快乐和幸福,哪怕是虚假的,但那也是一种快乐和幸福,既然现实就是这样,那就尽情享受吧!生活并不一定需要经过审视。而对于现代性的捍卫者而言,"理性""求真"这些信念仍然支配着他们,他们宁愿生活在清醒的苦难现实中,也不愿意在虚假的幸福中消磨时光。他们仍然坚信存在一种真正的幸福,它是启蒙现代性所许诺的,虽然有时候现实似乎与这种愿景背道而驰,让我们看不到这种愿景的现实的可能性,但它仍然作为一种值得向往的状态而起一种引导性的作用。因此,现代性并没有终结,而是一项未完成的计划。

哈贝马斯时常提醒我们,从启蒙现代性的理念到现代社会的现实存在各种各样的"变形"甚至是"扭曲",但它还是或多或少地体现在了现代科学、现代法律和制度以及自律艺术中,它包括"推动科学以及科学的自我反思不断超越技术知识革新的理论动力,此外还有法律和道德普遍主义基础,它们在宪政民主制度、民主意志结构以及个体主义认同模式当中也都有着体现,

现代思想：兴起、变迁与未来

虽然这种体现总是受到扭曲，而且也不完整。最后还有审美经验的创造性和冲击力，它是主体性在摆脱目的行为命令和日常直觉惯例时从自身的解中心化过程中所获得的。这些审美经验体现在先锋派艺术作品当中，体现在艺术批评话语当中，并在自我实现所持有的革命价值领域中发挥了一定的启示功能，至少具有一种有益的对比作用"[1]。换言之，现代社会或多或少在一定程度上实现了启蒙的理念，这些是在现代已经达成的结果。

回到我们在上一讲中谈到的对进步主义的反思，我们现在无法像孔多塞这样的启蒙运动信徒一样自然而然地怀有一些夸张的期望，期望艺术和科学不仅会推动对自然力的控制，还能够进一步促进对自我和世界的理解、道德的进步、社会体制的公正甚至人类的幸福。这样的乐观看法在今天已所存无几。但哈贝马斯在其著名演讲《现代性：一个未完成的方案》中提到的问题仍然存留着："我们是不是应该继续坚持启蒙运动的宗旨，即便它们已经千疮百孔？或者我们应该放弃现代性的全盘方案？如果上面提到的认识潜能不仅仅在技术进步、经济增长和合理管理上开花结果，我们是不是应该希望看到它叫停，以保护一种仍然有赖于诸种模糊传统的生活实践，让它不受任何动摇人心的因素的干扰？"

在哈贝马斯看来，虽然我们无法再像启蒙运动时期那样持一种乐观的进步主义观念，但这并不代表着启蒙现代性的整个计划的崩塌。在哈贝马斯这里，一种"学习"观念替代了"进步"观念。"文化现代性所特有的尊严在于韦伯所说的价值领域的分化"[2]，现代文化价值领域分化为科学、道德和审美领域，分别处理知识、正义和趣味问题，并且在相对应的文化系统内部被体制化，形成有自己内在逻辑的独立自主领域。这种价值文化领域的分化过程是现代化所特有的，它代表着从前现代的混沌一体走向一种合理的分化，这个过程本身是一个不可逆的学习过程。这种学习过程是一个逐步的积累过程，但是并非一种线性的历史进展。因为我们不仅从各种"好的"东西

---

[1] 哈贝马斯：《现代性的哲学话语》，第131页。
[2] 哈贝马斯：《现代性的哲学话语》，第130页。

中学习，我们还从错误、失败和扭曲中学习；我们不仅在知识层面学习，也在道德层面学习。我们甚至不可能不学习。当一种线性的进步观念"弱化"为一种学习观念时，那么对启蒙的过高期望也会被"弱化"，而同时启蒙现代性作为一个未完成的计划则得到了保留。

今天，世界变得越来越多元，我们是否能像哈贝马斯所说的那样，在多元声音中找到一种理性的统一性，越来越成为问题。关于现代和后现代的讨论仍在持续，也有人认为哈贝马斯对后现代主义的处理和评价过于苛刻和简单化，而且很多被划分到后现代主义思潮中的哲学家、理论家并不认为自己是后现代主义者。无论如何，后现代主义思潮至少是表达了一种我们反复提到了的关于现代性的悖论或困境的直觉——启蒙许诺了一种幸福的生活，然而现实却与这一愿景背道而驰。正如上文提到的霍克海默和阿多诺在《启蒙辩证法》中所言，"就进步思想的最一般意义而言，启蒙的根本目标就是要使人们摆脱恐惧，树立自主。但是，彻底启蒙的世界却笼罩在一片因胜利而招致的灾难之中"[①]。

阅读文献

以下书目分别从现代性的两个方面对现代性进行了批判，《西西弗神话》凸显出现代性荒谬的一面，而《现代性的哲学话语》则从一个后现代的视野对现代性进行反思，通过对以下文本的阅读，读者应该能更深入地理解现代性为何是一个未完成的方案。

1. 加缪：《西西弗神话》，杜小真译，人民文学出版社 2012 年版。
2. 哈贝马斯：《现代性的哲学话语》，曹卫东等译，译林出版社 2004 年版。

讨论和彩蛋

[①] 霍克海默、阿多诺：《启蒙辩证法》，渠敬东、曹卫东译，上海人民出版社 2020 年版，第 1 页。

第四篇 现代性在中国

第九讲　佛教中国化的现代启示

在之前的八讲中，我们将主要的目光都集中在现代性的整体特征，以及现代性在西方的兴起和变迁之上。但现代性的繁荣，显然绝非局限于西方，而是全球性的。这当然也就涉及现代性的全球冲击和地位确立的问题。

需要注意的是"问题"一词。这些进行冲击和确立地位的进程，是否可以被简单理解为从西方开始的一种特别的"现代"模式在全球范围内的扩散进程，这是有许多争议的。并且，现代性地位的确立，是否就意味着一种相较于其他"非现代性"模式来说更好的模式已被选择出来，这也是有许多争议的。稍微具体地来说，这些有待分析的问题，除了在之前八讲中，我们已经框架性刻画的那些现代性自身的优势与困难之外，还包括在具体的历史之中，一种现代性文化必须面对的，其他不同文化和不同世界观的挑战与融合的问题，比如，这些不同文化本身是否就具有现代性的潜质，或者起码包含让自身能够现代化的因素？又比如，就算包含着这些因素，并且利用它们，我们也确实促成了一种文明或文化的现代化，那这是否就是"足够好"的？这都是需要反思的问题。但是，正如我们在第一讲中就已经说过的那样，只要我们不简单地把"现代"理解为一个既定的现实，或者一种地域性的权力，而是把它理解为一种在共同反思和商议中得到确定的思想分期，并始终坚持，进行古今分期的理由可公共探讨，也可理性置疑，那么我们同时也就在坚持主张，现代性仍是一项未竟的事业。这也就是为什么在第八讲的最后，我们要再次强调未完成的现代性的原因。

一本通识书显然无法详细回答上述所有问题，但作为本书的最后两讲，我们应该试着从自己的文明文化出发，来概要式地回应上述问题。事实上，就我们自己生长于斯的国度而言，甚至连"西方"这个词，都不是从一开始就指向"现代西方"，而我们面对"西方冲击"，也不是一件在现代才发生的事情。早在佛教传入中国时，西方冲击和文化交融就已经发生了。在本讲中，我们首先回顾这次古老的冲击，以尝试性地提取出中国文化面对冲击时的自身更新潜质或因素，它们中的一些在现代中国的形成与表现中，仍然发挥着重要的作用。然后，我们将进入对现代性的中国表达的具体分析，这些分析既包括古老中国的当代生机焕发之可能性，也包括历史视野下的中国现代化进程之现实性。

佛教创立与传入中国

佛教产生于印度，其创立者被尊称为"Buddha"，汉语音译为"佛陀"或"浮屠"，简称为"佛"，意思是有觉悟的人。佛陀还有一个尊称"Sakyamuni"，汉语音译为"释迦牟尼"，意思是释迦族的圣人。"释迦"是古印度部落的名称，意思是"能"，"牟尼"是尊称，含有"仁、忍、儒、寂"等义，合起来意译为"能仁""能忍""能儒""能寂"等。佛陀的俗名叫"Gautama Siddharha"，汉语音译为"乔达摩·悉达多"。"乔达摩"是族姓，意思是健壮的牛，"悉达多"是名，意思是"一切事成"。佛陀出生于迦毗罗卫城，位于今天印度和尼泊尔交界的尼泊尔一侧，地域比较偏远，面积也不大，一说有2600平方公里，一说仅有160平方公里，相当于今天一个较大的乡镇的规模。释迦牟尼生活在公元前6世纪左右，这一时间正好处在德国思想家雅斯贝尔斯所说的"轴心时代"。所谓轴心时代是指以公元前500年为中心，公元前800年到前200年间，人类文明出现重大突破，各大文明纷纷开始出现自己的圣贤，他们对人类历史、善恶取向等根本问题的深刻思考，奠定了各大文明的思想文化传统。比如，波斯的琐罗亚斯德（前628—前551）、中国的孔子（前551—前479）、古希腊的苏格拉底（前469—前399）都生活在人类文明的轴心时代。

佛陀的教义在公元1世纪左右传入中国，至少在两个方面迎合了中国的

第九讲　佛教中国化的现代启示

社会文化心理，分别受到了中国上层社会和下层社会的普遍欢迎。

首先，下层社会容易接受佛教"业报"的思想。司马迁在《史记·伯夷列传》中曾提出过一个令人困惑的问题："盗跖日杀不辜，肝人之肉，暴戾恣睢，聚党数千人，横行天下，竟以寿终。是遵何德哉？……余甚惑焉，傥所谓天道，是邪非邪？"这说的是为什么好人没有好报？恶人没有恶报？也就是说人们通常最关注的社会正义的问题。可是，中国先秦的诸子百家都没有对这一问题做出圆满的解释。佛教"业报"的思想正好填补了先秦以来中国思想的这块空白。佛陀将当时印度社会流行的三种观念杂糅在一起，形成了他独特的"业"的因果律，第一种是"业"的观念，就是人生前所犯下的种种罪孽。第二种是"轮回"的观念，认为人死了以后并不是灰飞烟灭了，其魂魄会在六道当中轮回，重新转世投胎。第三种是"果报"的观念，就是我们通常说的因果报应。佛陀把这三种观念综合在一起，指出我们在现实生活当中看到的好人没有好报，恶人没有恶报，这并不是一个完整的故事，其实恶人死后会进入六道轮回当中，用行善受苦来偿还自己生前所犯下的罪孽。正所谓："纵经百千劫，所作业不亡。因缘会遇时，果报还自受。"

其次，佛教的"中道"思想迎合了东汉以后中国上层社会喜欢辩名析理、清谈思辨的爱好。"中道"类似于儒家的"中庸"之道或孔子说的"无可无不可"，也与老子所说的"道可道非常道，名可名非常名"相近。例如，佛陀生前遇到过一个外道，名叫长爪梵志，他是印度无人能敌的第一辩论高手，他与人论辩只有一条宗旨："我以一切不受为宗。"意思是我否定一切。后来他与佛陀辩论，佛陀只说了四个字就驳倒了长爪梵志立论的宗旨，佛陀说："是见受否？"意思是你是否否定"否定一切"这个命题？长爪梵志陷入了自己命题的悖论当中，无言以对，当场拜佛陀为师。这则故事后来收入中国禅宗典籍《五灯会元》中。那么，长爪梵志为什么会输给佛陀呢？因为他犯了执着的毛病，他执着于否定一切。佛陀的一个主要思想就是破人的执着，认为再美好的事物，一旦执着就坏了。就像《金刚经》中的名句"应无所住，而生其心"，以及《心经》所说的"色不异空，空不异色，色即是空，空即是色"，讲的都是这种"中道"思想。

现代思想：兴起、变迁与未来

佛教传入中国，除了思想上的契合，还得力于"丝绸之路"这条东西方文化交流纽带的形成。季羡林先生曾经说过"世界上历史悠久、地域广阔、自成体系、影响深远的文化体系只有四个——中国、印度、希腊、伊斯兰[①]，再没有第五个；而这四个文化体系汇流的地方只有一个，就是中国的敦煌和新疆地区，再没有第二个。"这条东西方文化交流的重要通道，始于西汉武帝时期的张骞出使西域。

正史中记载张骞出使西域的原因是：汉武帝欲联合大月氏人东西夹攻匈奴。但是，被匈奴赶跑的大月氏人，不愿再与匈奴为敌，拒绝了汉朝的请求，张骞出使西域的军事目的并未实现。但西域开通以后，汉朝开始逐渐了解西域的真实情况，商贸往来日益频繁，其影响远远超出了最初的预想。

开凿于初唐的敦煌莫高窟，其323窟主室北壁西侧有一幅《张骞出使西域图》，反映的是张骞出使西域的场景，但张骞此行的目的不是联合大月氏人，而是犹如唐僧取经一样，把佛教传入中国。这虽然是一个杜撰的故事，但是将佛教传入中国的大事因缘与张骞附会在一起，至少反映出古人对张骞出使西域的深远历史意义的一种认识。

《张骞出使西域图》

---

① 这里的伊斯兰，是"波斯、阿拉伯伊斯兰文化体系"的简称。

第九讲　佛教中国化的现代启示

尽管张骞出使西域并没有使印度佛教传入中国，但却直接影响到中国道教的神仙信仰。陈寅恪先生在《天师道与滨海地域之关系》中指出，战国和秦皇汉武时期的神仙方术家，皆出自燕、齐滨海地域。这大概是因为海上虚无缥缈，容易让人产生神仙信仰。所以秦始皇、汉武帝起初都相信神仙在东边的海上。但是，自张骞出使西域以后，西边昆仑山上的西王母的神格不断提升，到东汉时期，西王母俨然已是主宰东西方的一尊主神。1955年四川新繁出土的东汉画像砖中的西王母坐在代表东西两个方位的龙虎座上，身边围绕着三足乌、九尾狐、玉兔、蟾蜍等祥禽瑞兽，地位十分尊崇。后来，杂技和魔术由西域传入中国，汉代的人将其附会于西王母的传说，认为这就是神仙方术，于是进一步坚定了神仙在西方的信仰。历史往往就是由这些多元、复杂、偶然的事件叠加和建构而成的。

丝绸之路不仅仅便利了商品贸易，更重要的是搭建了文化的桥梁，使得东西方文明得以互相交流。很多原本不是出自中国的概念或事物，通过长期的交流，现在已经融入我们的文化中，变成了中国文化的元素或符号。例如，菩萨、狮子、葡萄、宝塔等，其实均来自古代的印度和西域，但后来却成了中华文化的重要组成部分。

这就给了我们一个重要的启示：中华文化是多元包容的，中华文化能够源远流长，至今仍充满活力，并不是靠抱残守缺、故步自封，而是始终以开放的胸怀吸收转化外来的文化，让其变成自己文化的一部分。

据现今存世文献记载，佛教是在东汉明帝永平十一年（公元68年）从"北方丝绸之路"传入中国的。《后汉书·西域传》有：

> 世传明帝梦见金人，长大，顶有光明，以问群臣。或曰："西方有神，名曰佛，其形长丈六尺而黄金色。"帝于是遣使天竺，问佛道法，遂于中国图画形象焉。楚王英始信其术，中国因此颇有奉其道者。后桓帝好神，数祀浮屠、老子，百姓稍有奉者，后遂转盛。

但从考古发现来看，佛教传入中国的时间可能比文献记载的还要早。在

现代思想：兴起、变迁与未来

今天世界第一大佛乐山大佛旁边的乌尤古渡口有一座东汉的崖墓——麻浩1号崖墓，在麻浩1号崖墓的横梁上发现了一尊佛像，为今天中国境内所发现的最早的佛像之一，其雕刻的时间不会晚于东汉中期（公元1世纪左右）。

佛教教义与儒家学说的冲突

据季羡林先生《浮屠与佛》一文考证，中国最早翻译的"佛"字并不是直接从梵文"Buddha"音译的，而是间接通过西域吐火罗文和龟兹文翻译过来的，进而从翻译推测，佛经最初传入中国时并非原汁原味的，而是经过西域的吐火罗文和龟兹文转译的。正是因为这个原因，魏晋以后，不少中国僧人前仆后继到印度求取真经。玄奘就是这些赴印度取经的中国僧人中最杰出的代表。

但是，原汁原味的印度佛教传入中国后，也在文化交流与传播中产生了消极的影响。陈寅恪先生在《冯友兰〈中国哲学史〉下册审查报告》指出：

> 释迦之教义，无父无君，与吾国传统之学说，存在之制度，无一不相冲突。输入之后，若久不变易，则绝难保持。是以佛教学说能于吾国思想史上发生重大久远之影响者，皆经国人吸收改造之过程。其忠实输入不改本来面目者，若玄奘唯识之学，虽震荡一时之人心，而卒归于消沉歇绝。[①]

由此可知，佛教教义与儒家的伦理思想是相违背的。儒家提倡忠孝，但佛教让人出家，这就意味着要放弃儒家所重视的家庭伦理和政治伦理，这是以儒家思想为主导的中国传统社会很难接受的。所以佛教传入之初，受到了强烈的抵制。佛教唯有经过中国文化的"吸收改造"，在彻底"中国化"后，才能在中国扎根下来。在陈寅恪先生看来，中国历史上最成功的"留学生"玄

[①] 陈寅恪：《冯友兰〈中国哲学史〉下册审查报告》，收入陈美延编：《陈寅恪集·金明馆丛稿二编》，生活·读书·新知三联书店2001年版，第283页。

第九讲　佛教中国化的现代启示

奘,是佛教"中国化"过程的一个反面教材。玄奘翻译佛经的特点是一字不改、忠实输入,要保持印度佛教的原貌,所以他翻译的正宗的印度"唯识学"不能流行于中国,他所创立的中国"唯识宗"仅仅传了两代就消亡了。其原因就在于其"忠实输入不改本来面目",最终不符合中国人的文化心理。与之相反,六祖惠能所创立的禅宗却大获成功,在中国开枝散叶、广泛传播,成为佛教中国化的一大标志。

下面,我们举出一些例子来说明佛教在中国化过程中,与中国文化不断冲突融合的过程。

第一个例子是"父母于子女无恩论",出自《后汉书·孔融列传》。《三字经》说"融四岁,能让梨",表扬孔融四岁时就知道把大梨让给哥哥,自己吃小梨,这是儒家所讲的"悌"道。孔融是孔子的第二十世孙,从小受儒家伦理道德熏染,所以四岁时就懂得让梨。但是,东汉后期,佛教传入中国,孔融的思想可能一定程度上受到佛教的影响,发表了惊世骇俗的"父母于子女无恩论",与儒家伦理唱起了反调。孔融说:"父之于子,当有何亲?论其本意,实为情欲发耳;子之于母,亦复奚为?譬如寄物瓶中,出则离矣。"他认为父子之间没有什么恩情可言,父亲和母亲发生关系生下孩子,只是一时情欲发动而已。子女于母亲也没有什么恩情可言,母亲怀胎十月,就像把一件东西寄放在容器里,需要用时就取出来,存放的东西并不会因此对容器产生亲情。那么,孔融为什么要冒天下之大不韪,证明父母和子女没有恩情呢?因为佛教传入中国,有一大障碍是中国人深受儒家孝道观念的影响,不愿意放弃家庭伦理出家。只有先证明父母与子女无恩,破除孝道的观念,才能说服人们出家。最后,孔融因为这种离经叛道的言论,被满门抄斩。

第二个例子是《沙门不敬王者论》。因为佛教教义主张众生平等,出家人不必对君王行跪拜之礼。但是儒家文化向来主张"君君臣臣、父父子子",一个人不仅要服从家庭伦理尽"孝",还要服从政治伦理尽"忠"。如果像佛教要求的那样六亲不认,不拜王侯,"三纲六纪"的社会等级秩序就无法维持。所以,佛教的这种主张很难被中国的世俗社会所接受。于是从东晋至唐朝，发生了多次关于沙门拜俗的争论。最后在儒家伦理价值的主导下，佛教不得不对君王妥协称臣。

第三个例子是《佛说盂兰盆经》。如果说前面的两个例子反映的是佛教与中国社会文化的激烈冲突，那么《佛说盂兰盆经》在中国的广泛传播，则是佛教教义迎合了中国社会文化心理的典型事例。《佛说盂兰盆经》记述佛陀大弟子目犍连，因不忍其亡母堕入饿鬼道受倒悬之苦，便向佛陀求助。佛陀指示他在七月十五日这一天，通过供养僧众的方式解救其母脱离苦难。这部佛经传入中国后引起了强烈的反响，因为从儒家伦理来看，"目连救母"的行为就是孝道。为此，中国人还专门在农历七月十五这一天设立了一个节日——盂兰盆节，举行超度宗人的佛教仪式。

第四个例子是佛教造像的变化。佛教传入中国，为适应中国的道德审美和社会心理，印度佛像的服饰、形象发生了一些改变。例如，今天我们常见的大肚弥勒是以五代时期的布袋和尚为原型塑造的，和印度的弥勒形象已经没有太大关系。而唐代雕凿的乐山大佛才是一尊标准的印度弥勒佛，但后世对这一弥勒形象已经非常模糊了。另外，观音菩萨形象最初在印度佛教中为男身，但来到中国以后，为符合中国人对于母亲慈悲的审美习惯和文化想象，化身为女性形象出现。这些都是佛教中国化过程中出现的独特现象。

最后讲一个佛教中国化过程中的经典案例。众所周知，最早的佛经是由巴利文书写的，后来才用梵文书写，接着又由梵文转译为吐火罗文、龟兹文等西域文字，最后转译为汉文，佛经就是这样传入中国的。清末在敦煌发现了一部大约是隋唐时期的写本《佛说诸经杂缘喻因由记》，其中有一篇《莲花色尼出家因缘》。莲花色尼，是一位比丘尼，据说她天生丽质，皮肤细滑晶莹，就像一朵出水的莲花，所以名叫"莲花色"，后来经历种种磨难，看破红尘，出家为尼，称为"莲花色尼"。她是佛教创立初期的一位著名比丘尼，早期巴利文佛经中也有关于她的故事。陈寅恪先生通过巴利文佛经和敦煌写本汉译《莲花色尼出家因缘》的比较，发现在巴利文原版中，莲花色出家共经历了七件事，但汉译本仅有六件事，少了最后一件事。这究竟是怎么回事呢？

原来在印度佛经中，莲花色尼之所以在出家前要经历种种磨难，是因为她在前生曾许愿来生要有七种恶报赎罪，这七种恶报分别是：

第一件事，丈夫被蛇毒咬死。

第二件事，亲生儿子被狼吃掉。

第三件事，渡河溺死。

第四件事，身患恶疾。

第五件事，自食儿肉（比"易子而食"更为悲惨）。

第六件事，父母被火烧死。

汉译版的《莲花色尼出家因缘》到第六件事为止，莲花色的父母亲被火烧死后，按照中国儒家伦理的要求，就不必再行孝道，莲华色心冷如灰，出家为尼。这一切看起来顺理成章，但是在巴利文原版的佛经中，真正导致莲花色出家的是第七件事——"母女共嫁其子"。这是莲花色异常坎坷的人生中最悲惨而离奇的一段经历。为什么莲花色的七种恶报翻译为汉文后，居然少了最后一件乱伦故事？难道是因为翻译的时候拿到的是残本，刚好没有第七件事吗？实际上，这是佛教中国化过程中一件非常重要的事例。因为儒家的伦理型文化是中国社会的根基，乱伦故事在儒家文化中是一大禁忌。尽管古希腊有俄狄浦斯王杀父娶母，古印度有莲花色母女共嫁其子，但在儒家伦理主导的传统中国社会，这种事是绝对不能传播的。我们可以想象，翻译《莲花色尼出家因缘》的这位僧人经历的艰难抉择：一边是自己的佛教信仰，一边是自己的文化立场，他必须在二者之间做出选择。到底是文化高于信仰，还是信仰高于文化？最后的答案就是删掉第七件事"母女共嫁其子"，他选择了文化高于信仰，宁可违背佛经的本意也要服从中国固有的文化和传统。这就是《莲花色尼出家因缘》的重要意义。

以上案例，不仅有助于我们了解佛教中国化的历程，还可以为我们理解"西学东渐"提供一个非常重要的参考视角。在佛教中国化的历程中，我们见证了外来宗教如何与中国本土文化冲突融合，形成独具特色的中国佛教，这一过程不仅体现了文化的包容性与创新性，也为"西学东渐"现象提供了宝贵的经验。西学东渐，即西方学术、思想向中国传播的过程，同样面临着文化差异、接受程度与本土化改造的挑战。佛教中国化的历程启示我们，在引进外来文化时，要结合本土实际，进行创造性转化，否则削足适履，生搬硬套，势必会适得其反。正如陈寅恪先生所说："其忠实输入不改本来面目者，若玄奘唯识之学，虽震荡一时之人心，而卒归于消沉歇绝。"因此，深入研究佛教中国化的历程与经验，对于当今东西文化交流互鉴，促进人类文明多样性发展，具有深远的现实意义。

佛教中国化的完成

由于玄奘翻译的佛经一字不改、忠实输入，务求保持印度佛教教义的原貌，与中国的文化传统格格不入，所以他千辛万苦取回的"真经"长期无人问津。反而是惠能最终使佛教变成了中国的佛教。从禅宗开始，佛教的中心逐渐从印度转移到了中国，再由中国传播到东亚各国。后世所说的佛教大多都指中国的禅宗，其实际创始人就是禅宗的六祖惠能。他的盛年处在武则天统治时期，彼时佛教传入中国已经有六百多年了，经过这样漫长的过程，佛教彻底中国化的机缘渐渐成熟，所缺少的正是一位像惠能这样天赋极高的高僧将佛教与中国文化天衣无缝地连接在一起。惠能的出现，实乃佛教教义与中国本土文化深度融合的产物，同时也是佛教中国化进程中一次关键的转折点，标志着佛教中国化的一次质的飞跃。

我们先介绍一下六祖惠能传奇的一生：

惠能（638—713），俗家姓卢，祖籍河北范阳，出生于唐太宗贞观十二年（638年），卒于唐玄宗开元元年（713年）。其父本是唐朝官员，唐高祖武德三年（620年）被贬谪到岭南新州。惠能三岁时父亲病逝，他与母亲相依为命。惠能长大后以上山砍柴为生。二十三岁那年，他送柴到一家客店，出门时遇见一位客人在诵读《金刚经》，惠能一听内心就有所开悟。他问客人从何处得到这部《金刚经》，客人回答是从蕲州黄梅县东禅寺五祖弘忍大师处得到的。惠能立即回家安顿好老母，只身一人走了一个月，来到黄梅东

第九讲　佛教中国化的现代启示

禅寺拜见五祖弘忍大师。

一见面，弘忍就问：你从哪里来？到这里想要求得什么？惠能回答自己是岭南新州人，"远来礼师，惟求作佛"。弘忍说：你是岭南打猎为生的"獦獠"，就像断绝了一切善根的"一阐提"，怎么能成佛？惠能机智地答道："人虽有南北，佛性本无南北。獦獠身与和尚不同，佛性有何差别？"意思是说：人虽然有南方人和北方人的区别，但佛性原本是没有南方和北方的差别的。獦獠虽然与吃斋念佛的和尚不同，但在佛性上又有什么差别呢？弘忍见他说的很有道理，就把他留在后院劈柴、踏碓，干一些粗重的体力活。

就这样过了八个多月。有一天，弘忍召集寺中所有门人，让他们立刻作一首偈子，阐明各自对佛性的理解。如果有人能领悟佛性，就将衣钵传给他，让他当六祖。众人自忖修为比不上弘忍的首座大弟子神秀，都不敢作偈子。神秀也犹疑不定，经过反复考虑，最后决定趁着半夜三更，将自己的偈子偷偷写在佛堂南廊中间的粉墙上。神秀的偈子是："身是菩提树，心如明镜台。时时勤拂拭，莫使惹尘埃。"显然，这是渐悟成佛的思想。弘忍看了以后认为神秀并没有真正悟到佛性，教神秀另外再写一首来，神秀却再也写不出来了。

过了两天，有一个童子经过后院的碓坊，口里唱诵着神秀的那首偈子。惠能一听就觉得不对劲，于是就请童子引他到佛堂去看。惠能不识字，恰好有一位官员江州别驾张日用在场，惠能就请他又念了一遍神秀的偈子，然后自己口诵一偈，请张日用代写于墙上："菩提本无树，明镜亦非台。本来无一物，何处惹尘埃？"显然，这首偈子是针对神秀那首而作的。惠能的偈子非常巧妙地阐释了佛教一个最基本的概念——"空"。他用"空"的概念来表达明心见性、顿悟成佛的思想。这首偈子一出，众人都十分惊叹，称赞惠能对佛性的见地深刻，就像活佛在世。因寺内传法的斗争激烈，弘忍怕别人加害惠能，便把偈子擦掉，说惠能还没有悟到佛性。但是，第二天夜里，弘忍却把惠能叫到自己的禅房内，为他讲授《金刚经》，并将衣钵传给了他，命他做禅宗六祖。因担心门人争抢衣钵，弘忍命惠能迅速离开东禅寺。

此后十五年间，惠能为躲避追杀，混迹于岭南一带的猎人群中，不敢公

现代思想：兴起、变迁与未来

开自己的身份。后来辗转来到广州法性寺（今光孝寺）。惠能到达时，有两个僧人正在争论"是风动还是幡动"的问题。一个说是风动，一个说是幡动。惠能突然走上前说："非风动，非幡动，仁者心动。"众人惊骇不已，顶礼膜拜。于是惠能出示传法的衣钵，在僧俗各界的簇拥下登坛说法。惠能说法的内容被门人用口述的形式记录下来，成为中国佛教禅宗的一部重要经典——《六祖坛经》。

《六祖坛经》作为禅宗开宗立派的根本经典，不仅开创了中国佛教的新格局，而且为中国文化缔造了一种全新的文化品格和人文精神——禅的精神。在《六祖坛经》中，对于佛教中国化的问题，惠能有诸多深刻的洞见。例如，

> 善知识！若欲修行，在家亦得，不由在寺。在寺不修，如西方心恶之人。在家若修行，如东方人修善，但愿自家修清净，即是西方。①

这段话首先打破了修行必须在寺庙进行的刻板印象，认为无论身处何地，只要有修行的决心和行动，即使在家也可以进行修行。前面提到，佛教传入中国所遇到的一大障碍，就是教人出家，放弃家庭伦理和政治伦理，这是以儒家思想为主导的中国传统社会很难接受的。惠能的观点放开了佛教对修行地点的限制，有利于佛教融入中国人的日常生活中，为更多人提供了修行的可能与途径。相反，惠能认为即使身处寺庙之中，如果没有真正的修行之心，也如同心恶之人一般，无法获得真正的解脱。

又如：

> 东方人造罪，念佛求生西方；西方人造罪，念佛求生何国？②

这是说中国人每天吃斋念佛，忏悔赎罪，无非是求往生西方极乐世界。但是，惠能却敏锐地意识到："那么西方极乐世界的人如果犯了罪孽，他们吃斋念佛又祈求往生哪个国度呢？"这其实是在提醒人们，不要仅仅依赖外在

---

① 惠能：《六祖坛经：图文本》，王月清注译，凤凰出版社2010年版，第54页。
② 惠能：《六祖坛经：图文本》，第49页。

的宗教仪式（如念佛）来逃避现实生活中的罪孽和责任，而应当注重内心的修行和道德的提升。同时，他也解构了以玄奘为代表的一众高僧到印度求取"真经"的行为，因为无论身处何方，真正的修行都是对自我内心的净化与超越，而非简单地寻求一个外在的西方极乐世界。所以，后来的禅宗提倡"放下屠刀，立地成佛"，就是劝导人们只要诚心悔过，放下心中之恶念，便可顿悟成佛。当惠能说出这些话的时候，就标志着佛教中国化已彻底完成。从此以后，前往西天取经的中国僧人就越来越少了。

惠能不仅深刻理解了佛教教义精髓，更以其非凡的智慧洞察到了佛教与中国传统文化融合的契机。他提出的"顿悟成佛"思想，既是对传统佛教教义的创新发展，也深深植根于中国儒家的心性学说与道家的自然无为哲学之中。惠能开创禅宗，强调心性本净、佛性人人皆有，这一思想不仅简化了烦琐的佛教仪式，更使得佛教信仰贴近了广大民众的生活，实现了佛教真正意义上的本土化与大众化。在他的影响下，佛教不再是外来宗教的代名词，而是成为中国文化不可分割的一部分，深深融入了中华民族的精神血脉之中，影响着一代又一代人的思想观念和价值取向。

佛教中国化的启示

中国在现代转型的过程中，遇到了不少与佛教中国化相类似的文化冲突和不兼容问题。这些冲突源于传统与现代、东方与西方之间的张力，并表现在外来文化与本土文化的碰撞上。

首先是外来文化与本土文化的碰撞。随着全球化的加速，西方的文化理念、科技理念、价值观念等大量涌入中国，与中国传统文化产生了激烈的碰撞。这种碰撞不仅体现在物质层面，如生活方式、消费观念的变化，更深入到精神层面，如价值观、道德观的重塑。外来文化以其新颖性、实用性吸引了一部分人，但同时也引发了对本土文化认同的危机。

其次是传统与现代的断裂。现代文化转型往往伴随着对传统文化的重新审视和批判，在这一过程中，一些传统文化元素被视为过时、保守，甚至被边缘化。然而，传统文化中蕴含着丰富的智慧和经验，对现代社会仍有重要的启示意义。如何在传承与创新之间找到平衡，是现代转型中必须面对的问题。

最后是东方与西方的差异。东方文化与西方文化在哲学基础、价值观念、思维方式等方面存在显著差异。这种差异在现代文化转型中尤为明显，如对个人主义与集体主义的看法、对自由与秩序的理解等。如何在保持中国文化本位前提下吸收西方文化的精髓，是现代转型中的一大挑战。

佛教中国化对中国现代文化转型具有重要的参考和借鉴意义，主要体现在以下四个方面：

第一，文化融合与创新的示范效应。佛教自东汉传入中国后，经过长期的本土化过程，逐渐与中国传统文化相融合，形成了以禅宗为代表的具有中国特色的佛教文化。这一过程展示了不同文化之间融合与创新的可能性，为中国现代转型提供了宝贵的经验。在现代社会，随着全球化的加速，各种外来文化不断涌入，中国文化正面临着前所未有的挑战和机遇。佛教中国化的历程启示我们，应以开放包容的心态接纳外来文化，同时深入挖掘和传承本土文化的精髓，通过融合与创新，推动中国文化的现代转型。

第二，伦理思想与道德建设的启示。佛教虽然强调众生平等、慈悲为怀、自我克制等思想观念，但毕竟是印度文化的产物，与中国的家庭伦理、政治伦理存在很大差异。印度佛教中，家庭观念相对较弱，更强调个体的修行和解脱。而在中国，家庭是社会的基本单位，家庭伦理观念深入人心。因此，佛教在传入中国后，需要适应中国的家庭伦理观念，如强调孝道和家庭责任等。印度佛教中，政治观念相对淡薄，更侧重于个人的精神追求和修行。而在中国，政治伦理观念在传统文化中占有重要地位，强调君民关系、道德教化等。了解古今中西在伦理道德上的价值取向差异与演变，对中国现代社会的道德建设具有重要的启示意义。

第三，文化交流与对外传播的方法策略。佛教中国化的过程也是一次成功的文化交流与对外传播案例。佛教在传入中国后，通过翻译经典、建立寺庙、培养僧侣等方式，不断被中国文化吸收转化，然后在中国社会广泛传播。如何在东西文化的交流中，去其糟粕、取其精华，吸收外来文化的精髓，佛教中国化的历程提供了历史的借鉴。

第四，文化自觉与文化自信的培养。佛教中国化的历程也是中国文化自觉与文化自信培养的过程。在面对外来文化的冲击时，中国文化既没有盲目排斥，也没有全盘接受，而是保持了文化本位的立场，通过融合与创新，形成了中国化的佛教。这种文化自觉与文化自信，同样适用于中国现代文化转型。在面对全球化带来的文化多样性时，我们应坚定文化自信，深入挖掘和传承中华优秀传统文化的精髓，同时积极吸收外来文化的有益成果，推动中国文化的繁荣发展。

阅读文献

以下书目是对佛教的初步介绍，读者可以通过以下书目对佛教建立起基本的认识。《佛教征服中国》介绍了佛教进入中国与中国化的历程，《六祖坛经》是佛教中国化后的经典文本，《佛教十五题》则是对于从佛教起源到中国化的概括性历史介绍。通过以下文本的阅读，读者应该能对佛教中国化的历程与意义有更加深入的认识。

1. 许里和：《佛教征服中国》，李四龙、裴勇等译，江苏人民出版社1998年版。
2. 惠能：《六祖坛经：图文本》，王月清注评，凤凰出版社2010年版。
3. 季羡林：《佛教十五题》，中华书局2007年版。

讨论和彩蛋

第十讲　旧邦新命：现代性的中国表达

东西方思维的比较

在上一讲中，我们已经看到，中国文化在应对古老的"西方冲击"时，是如何展现其兼容并包的能力，并利用自身特点对那些"异样"的因素进行融合创新的。接下来我们将看到，在面对现代的"西方冲击"时，中国又是如何表现自身对带有"西方"色彩之现代性的接纳和改进能力的。当然，要明白中西古今不同元素的分合变化，明白中国思想中特别强调的"旧邦新命"的意义所在，也就是明白古老中国自我更新能力的原因，我们先要理解东西方思维的差异。在此基础上，我们就可以更好地把握何谓现代性的中国表现。

《几何原本》与《九章算术》

中西科技的比较，主要是科技思维方式的比较。尽管科学没有国界，但是科学思维确实会受文化的深刻影响。

让我们以几何学为例对此展开进一步的说明。我们选取的代表西方文化影响下科学思维的是《几何原本》，它是西方几何学的起源，而《九章算术》作为中国文化影响下科学思维的体现，记载的内容比它稍早几百年。也就是说，在中国的周代，我们就已经开始讨论勾股定理等几何学知识和原理，其成果主要记载在《九章算术》这本书里。从这两部书中，就可以看到东西方思维的巨大差异。

《几何原本》的写法，很符合我们今天几何教育的思维，它从最基本的概念开始，首先定义什么叫点，什么叫线。通过对点、线、面、体等一个个

第十讲　旧邦新命：现代性的中国表达

概念进行严格的界定，我们就拥有了推导各种公式和命题的形式化框架，这就是《几何原本》编撰的基本特点，也就是我们今日所谓科学思维的基本特点。越是经典的科学教材，越贯彻着《几何原本》的科学思维方式。首先界定学科的基本概念，然后从这些概念出发，提出若干重要的假设或命题，随后再逐一进行论证，并最终把这些命题、定理、假设全部组合在一起，构成一个完整的知识体系或一门学科。

而《九章算术》显然不是按照这种科学思维方式来撰写的。顾名思义，这本书共分九章，但有趣之处在于，各章之间看起来其实只有非常松散的关联。以勾股定理为例。整个九章算术的大部分内容都在探讨勾股定理，中国比西方更早发现这个定理，但是中国人理解勾股定理，却是循着一种场景运用型的思维，而非西方的系统构建型思维。所以，在《九章算术》中，居于核心的是应用题的设置。比如说在丈量土地面积的时候，我们就设几道应用题，然后运用勾股定理来丈量。诸如此类的情形，在全书中比比皆是。

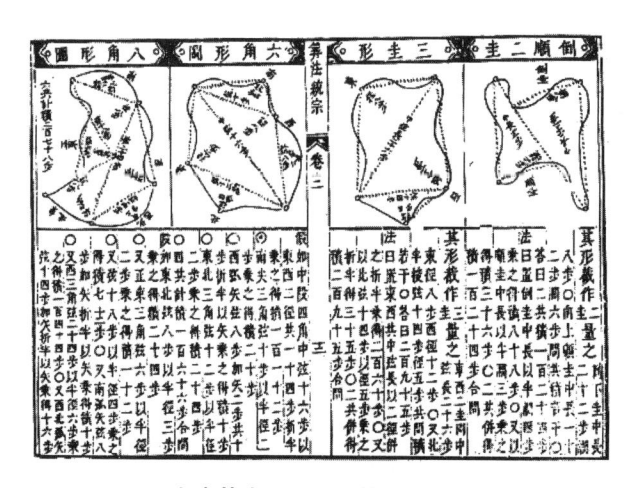

《九章算术》田亩计算部分节选

按照今日一般的科学定义，中国早期的这种几何学的思维，其实不能叫几何学，而只是一种经验科学，这种经验科学必须和实际运用结合在一起。这是中国古代科技思维的一个特点，也是中国传统哲学的一个特点，即**体用合一**。相比之下，西方的科学思维从一开始就是体用可分的，比如《几何原

225

本》，即使不做任何实际运用，几何原理和定理体系也是一个自足的观念体系。

当然这并不是说，这些西方原理没有任何用处，而是说，从一开始强调原理，就是在使用中所需的那些法则，并不是在西方科学思维开端处就十分突出的特征。在本书第二讲中，我们就已经说过，那种重视经验积累与校正进程，注重大规模运用的科学思维的兴起，其实与人类的现代性处境息息相关。所以，西方几何学的真正**用处**，特别表现在**近代**对行星轨道的计算，以及火炮发明以后对弹道的计算中，而不是表现在古代希腊对几何的观念性探索中。但即使同样强调应用，我们也必须清楚，**大规模的普遍应用**与**场景式的特殊运用**仍是不同的。

相比之下，受中国文化影响的科学思维，既然不是首先追求建立形式化的普遍系统，而是以体用合一的方式做场景分类，那么由此可见，分类学显然就是这种思维的重点所在。然而什么叫分类呢？比如中国古代的类书，是怎么来进行分类的呢？这些类别第一个是天，第二个是地，第三个是人。天文、历法、星象等等，这些知识归为一类；地上的飞禽走兽、山川地理又归为一类；中间是人这一类，又分为官民、君臣、父子等等。可以看出，这种分类注重经验中的状态特征等要素，而非因果或逻辑等要素。相比之下，西方科学分类的逻辑性则要强得多，这与西方思维更强调理论的特点是分不开的。东方思维则强调类比、类推，也就是从不同场景和不同运用之间才看得出的经验一贯性。换言之，东方思维有一种具象性的思维取向，我们明白所有的道理，都要从现象当中去得出。比如说大家从小就会背的诗"煮豆燃豆萁"，现象是说烧豆秸煮豆子，但实际说的却是骨肉相残。诸如"举头望明月，低头思故乡"之类，都是说所有现象背后的道理，一定要通过一个具体的现象带出来。如果没有这个带出道理来的现象或场景，道理就是光秃秃的，它的体用一源的意义就是缺失的。

郑和宝船与圣玛利亚号

在了解到以上东西思维差异的要点后，我们也可以进一步来解释，为什么同样拥有探索世界的冲动和经验，但中国的郑和下西洋，却没有如哥伦布发现新大陆一样，造就一个现代性的世界。其中的关键仍然在于，场景性特

第十讲 旧邦新命：现代性的中国表达

殊应用的取向与原则体系的普遍运用取向之不同。而一旦理解这种关键差异，我们也就可以试着初步回应科技史上著名的"李约瑟难题"。

我们知道，现代世界不是建立在农耕文明或者游牧文明之上，而是建立在海洋文明之上的。中国虽然很早就发明了船，但在13世纪之后，中国的造船业就已经和世界逐渐拉开了距离。直到21世纪，随着中国现代制造业的强盛，这一差距才被逐渐拉平。

我们也知道，在上述背景下，郑和对现代世界之形成的贡献，远远不及哥伦布。郑和是沿着今日的海上丝绸之路到达非洲，而哥伦布则横穿了整个大西洋，发现了新大陆。同样是奔袭万里，探索世界，为什么中国虽拥有巨型船舶，但却丧失了一种拓边精神？这就导致了一个著名的科学史难题，即"李约瑟难题"。它由英国著名的生物化学家李约瑟（1900—1995）提出，可以再细分为两个问题：

> 第一个问题：为什么在公元前1世纪到公元16世纪之间，古代中国人在科学和技术方面的发达程度远远超过同时期的欧洲？
>
> 第二个问题：为什么近代科学没有产生在中国，而是在17世纪的西方，特别是文艺复兴之后的欧洲？

为什么是圣玛利亚号发现了美洲，发现了新大陆，而非郑和的庞大船队？让我们从郑和下西洋航海路线的特点说起。郑和的船队一直是沿着海岸线开的。但为什么这么巨大的船队只沿着海岸线开，不敢开向深海，而圣玛丽亚号却能乘风破浪横渡大西洋呢？最重要的原因是，一旦驶向深海，航船首先就要有方向的定位。确保我们航线正确的方法，就涉及上面说到的几何原理在现代西方的大规模运用，涉及六分仪的发明，罗盘的精确定位，以及大范围的气象水文资料的大规模搜集和依据普遍规则的整理。郑和的宝船虽然巨大无比，能够在特殊环境条件下做灵活的航行策略制定，但从实际的航行效果来看，却没有办法驶向深海。相比之下，圣玛利亚号已经拥有了一些欧洲最先进的航海仪器，能够依据行星轨道计算定位，所以才敢于横渡大西洋。通过这个具体的案例可以看出，东西方在科学思维上的巨大的差异发展到

227

16世纪以后，就形成了一种巨大的现实世界探索方面的差距。所以，接下来的问题就是，我们如何具体地描述这种现实差距形成的过程呢？

中西现代差距的形成

中西现实差距的形成，有三个重要的时间节点。第一个节点是蒙古的兴起，也就是通往近代世界门户的形成。第二个节点是明朝中期——我们在上面讨论郑和时，已经谈到了这个时间节点。第三个节点，即可以明确东西差距完全不可逆的节点，在乾隆五十八年，也就是1793年。在这一年，中国和英国发生了一场外交礼仪冲突，它是鸦片战争爆发以前中英关系的一个重要转折点。

通往近代世界的门户

从历史的角度来剖析中西差距的出现，要把开端设置在一个重要的时间节点上，即蒙古的兴起。今日世界历史学界都把蒙古的兴起看成整个世界近代化进程的开端。蒙古帝国控制范围的扩大，开启了整个世界一体化的进程。

蒙古的突然崛起，改变了整个欧亚世界的版图，传统的古老帝国逐一被摧毁。这些古老帝国被摧毁以后，其疆域、人口一度处于蒙古贵族的统治之下。但之后，蒙古贵族也迅速衰落，欧亚大陆就出现了很多权力真空。后来，随着一种新方式的采用，很多新国家应运而生，填补了这些权力真空。这种方式，就是我们今天说的现代民族国家。它们都受到蒙古模式的影响。

比如蒙古商业扩张的影响。古代蒙古人特别善于经营，他们通过欧亚征服所掠夺的财富，很多都是给商人从事放贷活动的。这种类似于资本主义原始积累的商业模式，与日后欧洲商人资本家的操作不无相似之处。而在中国，代元而起的明朝也出现了商品经济的发展，其中最典型的是早期全球化的那些沿海商业模式，比如西班牙人与荷兰人到中国沿海进行贸易，而中国沿海商人就通过这种贸易发家致富。更大的影响则在于，由于蒙古的短暂大一统，几十年时间内，东方科技和艺术的一些优秀的成果流入欧洲，使得欧洲成为最大的受益者。同时，蒙古人所推行的一些重要的制度也被近代世界所继承。比如说贸易自由、交通开放（元朝的驿站十分发达），还有知识共享、世俗政治、多教共存、国际法外交豁免等等——这些现代世界的国际惯例，追根溯源都受到蒙古帝国文化影响。在此之后，**整个世界的一体化进程**就打开了。

明朝在早期全球化进程中的得失

现代性对明朝的影响必须结合欧洲崛起这一历史事件来理解。因为众所周知，在整个早期全球化的世界性竞争当中，欧洲最后胜出，明朝及其后继者却衰颓下来。但需要特别说明的是，欧洲的胜出有其特殊的原因。最开始的时候，在早期全球化中，欧洲其实是处于劣势的，其经济文化都相对落后。那时候的欧洲刚刚度过中世纪，因为极端的贫困和匮乏，欧洲人想要通过贸易的方式来获取财富，于是选择**跟东方进行贸易**，因为东方有他们需要的商品。

欧洲非常依赖中国的商品，尤其是香料和茶叶。香料的需求，跟欧洲人的饮食习惯有关。欧洲饮食中肉类占比很大，需要杀牛宰羊，但杀完以后一顿吃不完，需要腌制保存，这个时候就要用香料。另外，长期吃肉不便于消化，就要喝有助于消化的茶，比如中国的武夷岩茶。这些微小但重要的习惯，支撑着东西方贸易的底层结构。并且也因如此，这些基于习惯而开始的东西贸易，也在现代世界的一些重大政治事件中扮演着令人瞩目的角色。比如大家知道，为了抗议英国人的倾销，发生了波士顿倾茶事件，由此引发了美国独立战争。但很少有人知道，被倾销的茶大部分其实正是中国武夷山的茶。英国人从中国的沿海采购了茶叶以后，运到美国波士顿港口去卖，最后却引发了美国的独立战争，这就是历史的吊诡之处。

在这一时期，世界贸易的格局长期都是西方依赖东方。但下一步，这一贸易关系却牵连出了更多的大事因缘。众所周知，奥斯曼帝国掌控陆上丝绸之路的贸易节点后，很多商品一旦到波斯市场就被层层加税，欧洲商人赚不到钱，这就迫使他们必须开通一条新航道通往东方。这是一个非常重要的转折点：陆上丝绸之路的重要性由此逐步被海上丝绸之路所取代。当时欧洲大力发展航海技术，最初就是为了在海上能够平安航行，但这些精良的技术却引发了欧洲的科技革命，并带领欧洲在这场早期全球竞争中笑到了最后。

现代思想：兴起、变迁与未来

在这场科技革命中，特别值得一提的发明就是英国历史学家艾伦·麦克法兰在研究现代世界诞生时说到的玻璃。某种意义上，**玻璃缔造了现代世界**。人类很早就掌握了玻璃的制造技术。在今天中东地区海湾一带，有一些渔民在海上打完鱼以后，傍晚会在沙滩上开篝火晚会，第二天早晨起来就发现篝火的废墟里边，出现了一些彩色的玻璃球，这是人类最早发现的玻璃。人类很早就知道了玻璃是如何制造的，但随后的漫长岁月中，这项技术却长期停滞。古代的玻璃是五颜六色的琉璃，这是因为古人没有足够的提纯技术，无法把其中的彩色矿物质提取出来，因此玻璃没有好的透明度。比如中国很早以前就掌握制造琉璃的技术，但也解决不了提纯问题，于是转而研发另外一项价值更高的技术，即烧制瓷器的技术，最后停止了对玻璃的研发，但这也给中国近代科技的发展埋下了后患。因为西方的近代科技发展，很大程度上就是建立在玻璃制作技术的突破上。欧洲人首先解决了提纯问题，然后解决了玻璃的打磨问题。有了提纯和打磨这两项技术以后，玻璃就发挥了它的巨大功用，因为立刻有两项改变世界的发明随之产生，即望远镜与显微镜。这两项发明几乎奠定了整个近代科学的工具基础。有了望远镜，天文学和地理学就有了发展基础，也就有了军事学上弹道观察的可能，而有了显微镜，生物学、医学、细菌学、动植物分类学等就可长足发展。最终，我们在大小两个尺度上，就拥有新的世界观察和理解的可能。而在我们讲述的东西贸易这条主线中，随着玻璃技术的开发运用，很多科技相关成果也被用来促进海上贸易，并且不仅如此，西方人甚至很快就不满足于平等贸易，而是开始巧取豪夺，全球殖民了——可以用于贸易的这些知识和技术，同样可以用于**武器制造与战争发动**。

基于以上分析，我们就可以解释明朝中期为什么对理解现代中国十分重要了。历史学上有一本重要的著作，讲的是万历十五年。这一年对中国并没有特别的意义，因为这一年中国风调雨顺，天下太平。但是这一年又是重要的一年，其重要性是参考欧洲才能被理解的。在欧洲，这一年是西班牙的无敌舰队远征英吉利的前一年，是整个世界近代史最关键的起点。英国成为日不落帝国和整个世界的霸主，就是从这一年跟西班牙争夺海上霸权开始的。

而也就是由此开始，才有了所谓"**东西大分流**"的问题，以及东西方差距拉大的问题。

在这一年，西方的殖民主义者已经来到中国沿海，但中国的万历皇帝对于这些西方人的来历根本一无所知，也不知道这个世界在发生着什么样的变革。中国的皇帝不了解什么叫作世界贸易，只知道朝贡体系。而对西方的军事发展，也没有给予足够的重视，这是因为来到中国沿海的西方殖民者，往往都是一小股人，一段时间内，中国还可以用人海战术对其加以压制，这就使得中国皇帝没有意识到，西方的科技实际上已经超越中国。到了1840年以后，当英国舰船来到中国的沿海的时候，这种差距已经大到没有办法弥补的程度。

1793年的中国与英国

1840年开始的鸦片战争对于理解中国现代进程的意义，已经在我们的教科书中被无数次重复。但我们接下来想要说明，为什么会有鸦片战争这样的事情发生。它起源于1793年的一次**礼仪之争**。而鸦片战争只是这次礼仪之争的结果。

什么叫礼仪之争呢？中英矛盾的起源，实际上就在乾隆五十八年。这一年，英国国王乔治三世派了一个使节团，即马戛尔尼使团来到中国，跟乾隆皇帝谈判，由此爆发了一场关于礼仪的争论。马戛尔尼使团认为自己是文明世界的代表，要跟清朝建立平等的外交关系，而乾隆皇帝认为中国是天朝上国，坚决要求使团行三跪九叩之礼。这是注定无法谈拢的。同时，马戛尔尼使团还怀有搜集情报的目的。因为当时中国长期闭关锁国，而英国想要了解清帝国内部的情况。使团的确发现了不少清帝国统治后期的弊端，在返回英国之后，就给英国国会写了一个报告，反映他们在清朝的见闻。这个报告后来成为英国敢于发动鸦片战争的一个重要依据。而英国之所以一定要派这样一个使团来窥探，又是因为英国和中国在体量上存在巨大差距，英国不敢贸然动手。

我们来看看这一年清朝和英国的一些重要数据比较。这一年，清朝国力已达到顶点，疆域也扩张至最大范围。而英国这个时候正值美国独立不久，失去了北美最大的殖民地，所以国土面积尚不到中国的零头。至于人口，当时英国的人口只有 900 万，而中国人口已经接近 3 亿。英国人口太少，却要生产当时占整个世界工业总产量 30％的商品，于是只能发展工业，用机器来代替人工。相反在中国，完全可以不依赖工业，就支持当时占整个世界 32％的工业总产值份额。但这恰恰体现出了二者的差距所在：从体量上看，清朝远远超过英国，但是从工业生产总值的人均贡献量来看，英国却已超过清朝不知多远！到这个时候，中英两国的差距在短期内已经根本没有办法再弥补，这就是后来爆发鸦片战争的真正实力对比原因。

在此基础上，我们重新回到之前已经说过的"李约瑟难题"，来深入谈谈为什么中国没有产生工业革命。第一个原因是刚才讲到的人口问题。中国因为人口增长太快，没有使用机器的需求，所以即使在手工业最发达的江南地区，也全部采用劳动密集型的方法来生产商品，但英国因为人口太少，必须要发展机器大工业。

第二个经常被忽略但非常重要的原因，是能源革命。工业革命爆发的能源支撑，其实就是煤炭的大规模开采。大家小时候看过的托马斯小火车拉煤拉货的动画片，其实反映的就是工业革命初期英国的曼彻斯特工业区的交通情况。这些小火车能够到处行驶，是因为英国拥有大量分布于地表的浅层煤矿，非常容易开采。且像曼彻斯特这些工业中心，还有一些重要的港口，同时也是煤炭产区，也就是说，英国的工业中心、商业中心和能源中心几乎是完全重叠的，火车走到任何地方都可以加煤。

但中国情况完全不同。中国的煤炭主要储藏在黄河以北，但唐朝中期以后，中国经济中心却开始南移，到明清时期，中国手工业经济最发达的地区在江南，然而江南地区却少有煤矿。也就是说，中国的经济中心和能源中心是分离的。黄河以北的煤炭要运送到江南，成本极高，所以根本不可能支撑如英国那样的工业品运输和交换的便利交通网络。

这样一来，通过历史的叙述，我们就进一步回答了"李约瑟难题"，大家也就能理解 16 世纪以后中国的科技开始逐渐被西方反超的原因。这些原因不能简单归结为王朝政治的腐败或者社会的黑暗，我们要从历史的大势出发，来分析这些问题产生的症结和根源。

第十讲　旧邦新命：现代性的中国表达

数千年未有之大变局

中国近代百年，是面临"数千年未有之大变局"的百年。但是，结合第九讲的内容，我们完全知道，这样的变局在中国历史上并非首次出现。那么，相比于诸如佛教传入中国所引起的变局，中国的现代性变局有着什么独特性呢？我们认为，最大区别在于，前面的变局都是**在传统中变**，也就是说，前面的几次社会大转型，都是在中国内在的传统框架下演进的。唯独近代这一次变局，除了在传统中变以外，还有**在传统之外变**，这就使得中国近百年的社会演进显得异常复杂，其中既有传统的演进，又有完全外来因素的加入。二者互相干扰，互相推动，这就是所谓数千年未有之大变局，因为从周秦之变，唐宋变革以来，从没遇到过这般现象。我们下面用两个例子，来分别予以说明。

在传统中变：中国传统武术的现代转型

除中医外，能够表现中国传统思想和文化的，当数中国武术。中国传统武术的现代转型是典型的在传统中的内在演化，但当它遭遇现代以后，又发生了微妙的改变。我们可以用三部文学作品来说明这个问题。

第一部作品是老舍的《断魂枪》。讲的是一个名扬天下的镖师，使用五虎断魂枪绝技名震武林，但后来归隐的故事。归隐的原因现在看来很简单，就是因为有了火车、枪炮之后，镖局已经丧失其传统意义，镖师也混不下去了。所以五虎断魂枪的主人就退出江湖，不干了。但很多人觉得他神功盖世，想要请他出山，跟现代性的坚船利炮对抗。故事的结局是，老镖师自知必败，坚决不肯出山。这就摆出了一个死局：中国传统武术自此还能怎么演进？

第二部作品是冯骥才的《神鞭》。讲一个人从小练就一门绝活——辫子功，也叫神鞭。这人生活的时代正值晚清内忧外患之时，他先是在天津一带，也就是所谓津门武林打出了名头，后又挑战日本武士、俄国大力士，为国争光。但后来，他参加义和团，在与八国联军对抗当中，他的辫子被侵略者放冷枪一枪打断。这以后，鞭的主人就陷入了迷茫，因为辫子断了，功夫

233

就没了，只能另找出路。最后，北方出现了一个威震黑白两道的神枪手，此人就是当年的神鞭。他把神鞭变成了神枪，实现了中国武术的现代转型，也就是放弃了传统功夫，把传统功夫用到新的枪炮上。所以我们经常说，义和团运动其实是中国武术的最后一站，义和团以后，中国武林发生了根本性的变化，以后中国很少再靠武术来打天下。

第三部作品是一部影视文学作品——王家卫的《一代宗师》，讲到义和团运动后，民国时期中国武术的发展。怎么发展？这就涉及武术的国际化问题。香港当时是英国殖民地，武术在这里面临国际化机遇。一代宗师，就是李小龙的老师——咏春拳叶问。这部电影讲的是：本来中国北方的武林宗师来到了广东佛山，想要统一南北武林，但是最后遇到日本入侵中国，抗日战争爆发，这梦想就破灭了。这时候，叶问就改换思路，发现传统中国武术的发展思路有问题。所谓的统一南北武林在现代已经完全做不到了，所以他另辟蹊径，从香港开始推动武术在国际上的传播。后来他教了一个非常著名的弟子——李小龙，李小龙把咏春拳又传到了欧美，这就是我们讲的武术的现代转型。

这三部作品基本上把中国的武术在近现代所遭遇的三个不同阶段的特点揭示出来了。而所谓在传统之中变，就是讨论诸如武术这样本来就是我们自己的东西，面对新的形势如何演进的问题。这样的问题，在今天仍然需要得到多方面的研究和解答。

在传统之外变：火车和现代性

我们再举一例，是中国文化传统之外变的案例，即火车在中国的命运。毫无疑问，火车是个彻头彻尾的现代性产物。火车来到中国，就是所谓在传统之外变，因为它涉及完全外来的东西如何进入中国近现代历史进程的问题。

火车是现代性的一个标志性成果，因为**火车改变了人类的时间观念**。普鲁斯特在《追忆似水年华》中就讲到了火车出现以后人类生活的革命性变化，那就是火车时刻表：为了赶火车，我们必须要把时间精确到具体的某一小时的某一分钟，但在此以前，人类的生活中从来没有如此精确的时间管理。我们知道，古代人的时间都是按照时辰来进行的，但绝大多数人没有注

第十讲 旧邦新命：现代性的中国表达

意到，每年过春节的时候，都会有个天大的误会，就是人们会在午夜十二点整的时候开始放鞭炮庆祝新年。但古代人其实没有这样的一个十二点整的观念，新年始于亥时和子时的交界点，也就是晚上十一点，所以如果要放烟火庆祝，应该是在十一点开始，这才是时辰交接的时候，但是我们却如此自然地错误地把新年始点理解成十二点，这是受现代时间观念影响的结果。有了火车以后，我们生活的时间就要非常的精确，《追忆似水年华》里面讲，自从有了铁路，大家就学会了重视每一分钟。而今天大家的紧张生活，某种程度上就源于火车的发明，以及随之形成的时刻表观念。

大家想一想，没有时刻表的生活，是一种什么样的生活？

如今学校的课程，都是按照课表进行的。但古代却没有这样的授课形式。在中国古代的书院，还有西方教会大学，学生都是平时自己在图书馆或者书斋里读书，定时每月某个早晨某个时辰，大家聚在一起写文章，写到大概下午五六点钟交卷，随后给文章评等级。古代教育就是这样。而今天我们的教育方式叫作班级授课制，它是典型的现代性产物，是根据工业革命以后大规模的机器化生产的要求设计的。最初这种班级授课制是为了批量培训技术工人，因为工厂需要大量技术工人去操作机器。比如卓别林的电影，就呈现过这 从培训到上岗的现代过程，那完全是把人当成工具，而一种现代性的工厂和学校生活就是这样来的。在本书第三部分中所讲到的现代性批判，显然也就包含着对这种时间观念和生活组织方式的批评。

除了上述在传统之外变的体现外，从国家层面上来看，铁路干线的修建还有另外的作用，就是主权国家疆域的宣誓。孙中山卸任临时大总统后，便选择担任全国铁路督办，到处去勘察铁路怎么修。此外，火车还改变了我们的社会心理。当我们坐火车出行时，火车车厢给我们提供了一种新的生活空间——与陌生人相处的空间。这些都是火车带给我们的现代性。

用上述两个例子来结束本书关于现代思想的巡礼，是一个不错的选择。因为正如本书前言所说，一本通识读物的任务，是提供基本的框架，激发继续思索与钻研的兴趣。而举例子正是为后者，它也是任何对现代思想有兴趣的人在拥有了基本的脚手架之后，向着更远未来起跳的垫脚石。

现代思想：兴起、变迁与未来

在本书中，我们从现代与古代的分期问题入手，逐步刻画了现代科学思想、伦理思想和艺术思想兴起处的那些最突出的结构特征，并追踪了它们在之后的各种变迁轨迹，最后，在一幅未竟的图景中，我们还探索了现代性在中国的历程和表现。这些努力成功与否，不仅在于读者是否拥有了关于自己时代的更为深邃和更为广博的知识，而且在于——甚至关键在于——你们是否想要继续提出更多的问题。

事实上，在中国，关于现代思想的通识读物数量稀少，且其中以结构特征刻画为着眼点的书籍，更是寥若晨星，这与我们自己深入探求自身处境的要求是不相匹配的。而学者的工作不仅是要推动知识的进步，也包括为大家写作，写那些时代需要的书籍，尽管它们看上去并不那么专业，但因为它们令人感到亲切的关系，说不定会比专业书籍走得更远。而假如一位读者在阅读至此时，愿意再次回顾全书并感到某种喜悦，那么他就已经是这条通向远方道路上的那些写作者的同行人了。

阅读文献

以下书目分别从不同的时间点开始阐述世界进入现代的进程。《万历十五年》选取1587年作为这个节点，尽管在中国这不过是平常的一年，但世界的种种改变已经展开了现代化的进程；《叫魂：1768年中国妖术大恐慌》通过1768年发生在清朝的"叫魂"事件，以小见大地描绘了当时的世界图景；《现代世界的诞生》则将目光聚焦于英国早期的工业革命，将现代化与英国早期的工业化绑定。这三种历史视野可以帮助读者更好地理解现代化的历史意义。

1. 黄仁宇：《万历十五年》，生活·读书·新知三联书店2023年版。
2. 孔飞力：《叫魂：1768年中国妖术大恐慌》，陈兼、刘昶译，生活·读书·新知三联书店2014年版。
3. 艾伦·麦克法兰：《现代世界的诞生》，管可秾译，上海人民出版社2013年版。

讨论和彩蛋

后　记

"展现框架，抛出问题，激活经典，引发兴趣"，这是本书的任务所在，也是通识教育的内涵所在。此时，你可能已经在我们的指引下，打开了通往现代思想之各个异世界的大门，并看到了我们描述的美妙风景。其间，你也许收获了一些可能的朋友，一同在这次时空穿梭中感叹或欢笑。如今，回忆的装瓶是否填满，回味之间，是否还有些许故事和问题历历在目？

如果，你还并未像以上所说的那样完整游历，而是想提前看看在此番冒险的尽头，能够获得什么，或者说是否有什么终极的钥匙，可以一次性打开所有世界的大门，因此便直接翻到了后记的部分。那么，很遗憾，本书的末尾没有藏着问题的答案，也并未揭示"异世界"的秘密。本书"大略"的刻画是一次"速写"，一次"写生"，一次"捕捉"。这一方面是说，在十讲的内容中，我们尽力地呈现出关于"现代世界"的主要特征，可以让你在些许标示的指引下，进一步去训练自己的"方向感"；另一方面是说，这永远是一幅未完成的"图像"——可以无限地涂抹下去，并且指向着一个超越可完成性的丰富宇宙。

当诸多"异世界"在你面前展现时，"异样感"与"熟悉感"同时向你涌现。"异样感"开放并激发你的兴趣，使你关注到周遭世界各种各样的感觉与体验；"熟悉感"维持兴趣的不断活跃：因为奇异的世界并非完全无法理解，而是仍然拥有某种"可通达"的方式，使你可以获得对其的理解。一方面，这种熟悉来源于你所受到的训练和掌握的技巧，让你虽身处陌生境地，但却可以进行分析；另一方面，这也更为重要：这些"异世界"并不在你的生命之外，它们汇聚成一条永不停息的历史之流，源源不断地朝向着你如今的生活。当你沉潜并超拔其中，并在回忆的往复叠加中，进入整体性的结构分析时，你便真正地建立了一个世界。

正是在这时候，人类智慧的群星会指引我们走向正确的方向。通识教育不能提供你自己在这世上行走的地图，但可以提供一幅"大略"的星象图，那是由已经拥有永恒地位的人类精神的先驱者之星所组成的图像，它们温柔地包围着这个世界，给予光亮，也给予刻苦练习者其他必要的帮助。方法是贯通零散知识的路径，而思想就是这些路径上空的灿烂星象。从最早被他看作与他生活漠不相关的这些星星中，识路的人后来可以在与它们的亲密互动中走上自己的路。在这个时刻，人和这些精神之星仿佛是融为一体的。从漠然相对到获得这种奇妙的一体感受，这就是教育想要做的事情。

本书属于四川大学特色通识教育体系建设的成果，由四川大学通识教育核心课程"现代思想：兴起、变迁与未来"课程组共同完成，具体分工为：余玥负责撰写前言和一至三讲；张怡负责撰写四至五讲；刘利霞负责撰写六至八讲；李晓宇提供了九至十讲的内容素材，后由李晓宇和罗子皓、侯建宇、余玥共同整理成稿；罗子皓撰写了后记。每一讲内容后的阅读文献和讨论题目由罗子皓、侯建宇和余玥共同编写修改，视频彩蛋由余玥、张怡和罗子皓设计并录制，读者可扫描二维码查阅和观看讨论和彩蛋部分。罗子皓和侯建宇负责了全书的初稿整理和初步校订工作。全书成型后，余玥做了最后的通审。由于流程繁杂琐碎，尽管团队已经尽力，但可料想错谬难免，并当负文责。衷心欢迎读者对本书的批评建议，以便我们在未来合适时机予以修正改进。

图书在版编目（CIP）数据

现代思想：兴起、变迁与未来 / 余玥等著.
成都：四川大学出版社，2025.1. --（明远通识文库）.
ISBN 978-7-5690-7338-6

Ⅰ．B15

中国国家版本馆 CIP 数据核字第 2024EF6189 号

书　　名：	现代思想：兴起、变迁与未来
	Xiandai Sixiang: Xingqi、Bianqian yu Weilai
著　　者：	余　玥　刘利霞　张　怡　李晓宇
丛 书 名：	明远通识文库

出 版 人：	侯宏虹
总 策 划：	张宏辉
丛书策划：	侯宏虹　王　军
选题策划：	曹雪敏
责任编辑：	曹雪敏
责任校对：	张宇琛
装帧设计：	墨创文化
责任印制：	李金兰

出版发行：	四川大学出版社有限责任公司
	地址：成都市一环路南一段 24 号（610065）
	电话：（028）85408311（发行部）、85400276（总编室）
	电子邮箱：scupress@vip.163.com
	网址：https://press.scu.edu.cn
印前制作：	四川胜翔数码印务设计有限公司
印刷装订：	四川省平轩印务有限公司

成品尺寸：	165 mm×240 mm
印　　张：	16
插　　页：	4
字　　数：	248 千字

版　　次：	2025 年 1 月 第 1 版
印　　次：	2025 年 1 月 第 1 次印刷
定　　价：	58.00 元

本社图书如有印装质量问题，请联系发行部调换

版权所有 ◆ 侵权必究

扫码获取数字资源

四川大学出版社
微信公众号